週末開運さんぽ

集めるごとに運気アップ!

御朱印でめぐる山陰 山陽の神社

島根 岡山
山口 鳥取
広島

改訂版

御朱印、頂けますか？
のひと言からはじまる幸せ

もともと、お寺で納経をしたときに、
その証として授与していた御朱印。

今では参拝の証として、
気軽に頂けるようになり、
最近では女性を中心に
集める人が増えています。

集めてみたいけれど
なんだかハードルが高そうで
踏み出すのをためらっていませんか？

大切なのは感謝の気持ちとマナー。
（マナーは本書で詳しくお伝えします！）

出雲大社（島根）

本書では、御朱印がすばらしい、
御利益が凄い、と評判の高い
山陰 山陽の神社を約７０００社のなかから
徹底リサーチし、厳選しました。

取材を通じて、すばらしい神社と
御朱印にたくさん出合いました。

結婚や出会い、金運、仕事運……。
参拝や御朱印集めがきっかけで
幸せになった方の話を神社の皆さんから
たくさん教えてもらいました。

初めてでも
「御朱印、頂けますか？」と
勇気を出して、ひと言を。

きっと神様と御朱印が、幸せを
運んでくれることでしょう。

本書の楽しみ方

御朱印集めが楽しくなる情報と運気アップの秘訣を詰め込みました。初めての方は第一章から、ツウの方は第三章から読むのがおすすめ。もちろん御朱印をぱらぱら眺めるのも◎です。

この本と御朱印帳を
持って出かければ
もっと楽しくなる！
もっと幸せになる！！

目次

御朱印でめぐる山陰 山陽の神社
週末開運さんぽ 改訂版

- 002 「御朱印、頂けますか？」のひと言からはじまる幸せ
- 006 山陰 山陽 神社のお祭り&限定御朱印カレンダー
- 010 山陰 山陽 神社 INDEX

第一章 まずはここから！ 神社の御朱印入門

- 012 御朱印ってナニ？／神社の御朱印の見方
- 014 個性がキラリ 御朱印ギャラリー
- 020 山陰 山陽の神社 interview
- 022 ファースト御朱印帳をゲットしよう！
- 023 御朱印帳コレクション
- 028 デビュー前に教えて！ もっと知りたい御朱印Q&A
- 030 お作法講座 いざ！ 御朱印を頂きに
- 032 開運さんぽに行く前におさえておくべき！ 神社の基本
- 034 知っておきたい『古事記』と神様
- 038 神様との縁結びチャート
- 039 行きつけ神社の見つけ方！
- 040 キーワードで知る神社

第二章 週末御朱印トリップ

- 044 【1泊2日プラン】出雲&松江
  出雲の聖地をぐるりめぐって最強パワーを頂く縁結び参り
  出雲大社／日御碕神社／玉作湯神社／八重垣神社／松江神社／松江城山稲荷神社

- 050 【フリープラン】島根 隠岐
  神々が宿るナチュラルアイランド 隠岐の島々で御朱印めぐり
  伊勢命神社／宇受賀命神社／黒木神社／由良比女神社／焼火神社

- 052 【日帰りコース1】下関
  歴史舞台を訪ねて未来を開く 平安と幕末へのタイムスリップ
  大歳神社／赤間神宮／亀山八幡宮／嚴島神社／櫻山神社

- 056 【日帰りコース2】宮島&広島
  海の女神に心願成就をお願い！ 幸せを引き寄せる絶景の島旅へ
  嚴島神社／胡子神社／廣瀬神社／空鞘稲生神社／広島護國神社

- 060 【日帰りコース3】岡山&倉敷
  人生まるごと運気アップ！ 桃太郎のパワーで勝運ゲット
  吉備津神社／吉備津彦神社／岡山神社／伊勢神社／羽黒神社

- 064 【フリープラン】島根&鳥取
  スピリチュアルな古代の聖地へ！ 出雲神話ドライブ巡礼
  赤猪岩神社／大石見神社／揖夜神社／比婆山久米神社

- 066 【日帰りコース4】鳥取
  恋愛運と金運を爆上げする 山陰屈指のパワスポめぐり
  白兎神社／賀露神社／長田神社／宇倍神社

本書をご利用になる皆さんへ

※本書に掲載の神社はすべて写真・御朱印の掲載等許可を頂いています。掲載許可を頂けなかった神社は掲載していません。

※掲載の神社のなかには神職が少なく、日によっては対応が難しい神社や留守の神社、書き置きで対応している神社などもあります。あらかじめご了承ください。

※本書のデータはすべて2024年12月現在のものです。参拝時間、各料金、交通機関の時刻等は時間の経過により変更されることもあります。また、アクセスやモデルプランなどにある所要時間はあくまで目安としてお考えください。

※第三章でご紹介している「みんなのクチコミ！」は、読者の皆さんからの投稿を編集部にて抜粋しております。クチコミの内容を優先するため、ご投稿者のお名前や属性を省略させていただいておりますのでご了承ください。

※神社名・神様の名称・施設名等は各神社で使用している名称に準じています。

2025年版

山陰 山陽 神社のお祭り&限定御朱印カレンダー

山陰 山陽の神社で催されるおもなお祭りや神事の開催日と
限定御朱印が頂ける期間がひと目でわかるカレンダーです。
こちらで紹介しているのはほんの一部。
詳細は神社にお問い合わせください。

1月

1/1　歳旦祭（亀山八幡宮／P.54）
限定御朱印あり

1/1　歳旦祭
（広島護國神社／P.59）

1/1　元旦祭
（嚴島神社・下関／P.55）
限定御朱印あり

1/1 ～ 3　正月祭
（縣主神社／P.111）
限定御朱印あり

1/2　舞楽始め祭
（赤間神宮／P.53）

1/3　元始祭（嚴島神社・宮島／P.56）

1/3　元始祭
（由加神社本宮／P.107）

1/3　矢立の神事
（吉備津神社／P.60）

1月第2月曜　お綱まつり
（岡山神社／P.62）

1/14　とんど祭
（吉備津彦神社／P.61）

1/25　献香祭
（御袖天満宮／P.91）

2月

2/1 ～ 2　節分祭
（防府天満宮／P.116）
限定御朱印あり

2/2　節分祭
（亀山八幡宮／P.54）
限定御朱印あり

2/2　節分祭
（嚴島神社・下関／P.55）
限定御朱印あり

2/2　節分祭
（亀山神社／P.130）

2/2　節分祭
（吉備津彦神社／P.61）

2/2　節分豆まき式
（由加神社本宮／P.107）

2月初旬　初午大祭
（太皷谷稲成神社／P.71）
限定御朱印あり

2/11　紀元祭
（広島護國神社／P.59）

2/11　建国記念祭
（阿智神社／P.92）

2/17　百手の的神事
（須我神社／P.73）

**2月中旬～ 3月上旬
梅まつり**
（防府天満宮／P.116）
限定御朱印あり

2/23　天長祭
（嚴島神社・宮島／P.56）

2/23　天長祭
（吉備津彦神社／P.61）

3月

**3月上旬
平家雛流し神事**
（赤間神宮／P.53）

3/2　初午祭
（空鞘稲生神社／P.59）
限定御朱印あり

3/3　御鎮座奉祝祭
（由加神社本宮／P.107）

3月春分の日　春の慰霊祭
（広島東照宮／P.111）

3/20　出雲大社教春季祖霊社大祭
（出雲大社／P.44）

3/20　祖霊社祭
（吉備津彦神社／P.61）

3/28　蚕種祭
（忌宮神社／P.128）

五節句って何?

「節句」の「節」とは季節の変わり目のこと。古くから季節の変わり目には邪気を祓うことを目的に、神社でも節句に関する行事が行われています。節句は1/7の「七草の節句」、3/3の「桃の節句」、5/5の「端午の節句」、7/7の「七夕の節句」、9/9の「重陽の節句」があります。

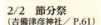

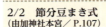

4月

4/6　春季例大祭
（広島護國神社／P.59）

4/7　青柴垣神事
（美保神社／P.74）

4月第２日曜　春季例大祭
（和氣神社／P.112）

4/13　御櫛祭（熊野大社／P.84）

4/13　例大祭
（大歳神社／P.52）

4/15　春季例大祭
（遠石八幡宮／P.78）

4/18 ～ 19　例大祭
（須佐神社／P.106）

4/21　例祭
（宇倍神社／P.68）

4/25　春季例祭
（金持神社／P.96）

4/25　道通宮お日待ち祭
（沖田神社・道通宮／P.102）

4/29　春季大祭
（鶴羽根神社／P.91）

4/29　春季例祭
（大神山神社 本社／P.70）

4/29　植樹祭
（吉備津彦神社／P.61）

5月

5/3　先帝祭 上臈参拝
（赤間神宮／P.53）

限定御朱印あり

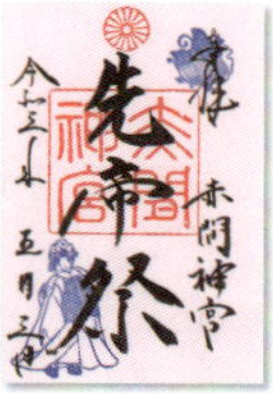

5/3　祈年祭・身隠神事
（八重垣神社／P.48）

5/17 ～ 18
春季例大祭
（阿智神社／P.92）

限定御朱印あり

5/5　神迎神事
（美保神社／P.74）

5月第２土・日曜　卯之大祭
（草戸稲荷神社／P.100）

5月第２日曜　春季大祭
（牛窓神社／P.80）

5/14 ～ 16　大祭礼
（出雲大社／P.44）

5/15　春季大祭
（太皷谷稲成神社／P.71）

5/19　勇鷹祭
（備後護國神社／P.121）

5/25　春季大祭
（松陰神社／P.117）

5月第３日曜
御田植祭
（住吉神社
／P.76）

5月最終の金・土・日曜
万灯みたま祭
（広島護國神社／P.59）

6月

6月第１土・日曜
大山(だいせん)山開き祭
（大神山神社 奥宮／P.70）

6/21　日の出祭
（吉備津彦神社／P.61）

6/29　夏祭り茅の輪くぐり
（日本第一熊野神社／P.113）

6/29　夏越祭
（空鞘稲生神社／P.59）

限定御朱印あり

6/30　夏越大祓
（亀山神社／P.130）

6/30　夏越大祓
（比治山神社／P.86）

6/30　夏越大祓式わくぐり祭
（由加神社本宮／P.107）

6/30　大祓式
（岡山神社／P.62）

6/30　夏越神事
（防府天満宮／P.116）

限定御朱印あり

6/30　茅之輪神事
（須我神社／P.73）

6/30　夏越《なごし》の祓

大祓は日々の暮らしのなかでたまってしまった穢れや過ちを祓い、心身を清める神事です。多くの神社で６月末と12月末の年２回行います。清く正しく本来あるべき姿に戻り、新たな気持ちで半年を過ごしましょう。

※2024年12月時点の情報です。お祭りの日程や限定御朱印の授与日は変更･中止となることもありますので、最新情報をご確認ください。

7月

7/1 ~ 7　七夕まつり
(亀山八幡宮／ P.54)
限定御朱印あり

7/1 ~ 7　七夕まつり
(防府天満宮／ P.116)
限定御朱印あり

7/7　七夕まつり
(吉備津彦神社／ P.61)

7/11　管絃祭
(嚴島神社・宮島／ P.56)

7/14 ~ 15
古式祭・もひとり神事
(大神山神社 奥宮／ P.70)

7/15　耳なし芳一祭
(赤間神宮／ P.53)

7月第3日曜と前後日　祇園祭
(素盞嗚神社／ P.90)

7/25　例大祭
(賀茂神社天満宮／ P.134)

7/25　夏季例祭
(金持神社／ P.96)

7/25　天神祭
(御袖天満宮／ P.91)

7/29 ~ 30
夏越祭
(亀山八幡宮／ P.54)
限定御朱印あり

7/29 ~ 30　夏越祭
(彦島八幡宮／ P.72)
限定御朱印あり

7/30　夏季大祭
(牛窓神社／ P.80)
限定御朱印あり

8月

8/2 ~ 3　御田植祭
(吉備津彦神社／ P.61)

8/3 ~ 5
御誕辰祭
(防府天満宮／ P.116)
限定御朱印あり

8/4　生誕祭
(松陰神社／ P.117)

8/6　原爆慰霊祭
(広島護國神社／ P.59)

8/7　夏越大祓式・七夕まつり
(阿智神社／ P.92)

8/7 ~ 13　数方庭祭
(忌宮神社／ P.128)

8/8　茅の輪くぐり大祓
(素盞嗚神社／ P.90)

8/8　献灯みたま祭
(備後護國神社／ P.121)

8/15 切明神事 (須佐神社／ P.106)

8/15　戦没者追悼慰霊祭
(濱田護國神社／ P.75)
限定御朱印あり

8/15　英霊感謝祭
(広島護國神社／ P.59)

8/22　奥宮祭・莫蓙替祭
(須我神社／ P.73)

8/23　夏祭り
(瀧宮神社／ P.80)

8/26　福部童子祭
(古熊神社／ P.120)

9月

9月1日
田面祭・新穀祭
(物部神社／ P.124)

9/15　秋季例大祭
(遠石八幡宮／ P.78)

9月秋分の日　祖霊祭
(嚴島神社・下関／ P.55)

9月秋分の日　秋の慰霊祭
(広島東照宮／ P.111)

9/23　秋季祖霊祭
(高尾神社／ P.101)

9/23
出雲大社教秋季祖霊社大祭
(出雲大社／ P.44)

9/23　秋季祖霊社祭
(嚴島神社・宮島／ P.56)

9/23　祖霊祭
(吉備津彦神社／ P.61)

9/24　御座替祭
(佐太神社／ P.87)

9/28　例大祭 (須我神社／ P.73)

12月

12/3　諸手船神事
（美保神社／P.74）

12/5　御鎮座祭
（嚴島神社・宮島／P.56）

12/8　火焚祭
（太皷谷稲成神社／P.71）

12/10　しめなわ祭
（赤間神宮／P.53）

12月第2日曜　注連縄奉張祭
（阿智神社／P.92）

12/15　新嘗祭・還幸祭
（八重垣神社／P.48）

12月第3日曜　すす祓い神事
（由加神社本宮／P.107）

12/23　白龍社祭
（玉井宮東照宮／P.139）

12/31　歳晩祭
（鶴羽根神社／P.91）

12/31　除夜祭
（吉備津彦神社／P.61）

12/31　年越大祓
（広島護國神社／P.59）

12/31　鎮火祭
（嚴島神社・宮島／P.56）

12/31　年越しの祓

多くの神社では形代（かたしろ／人の形をした紙）で体をなで、息を吹きかけて体の穢れや罪を移したり、大祓詞（おおはらえのことば）を唱えたり、境内に作られた茅や藁の輪をくぐり、心身を清めます。

11月

11/3　由加山火渡り大祭
（由加神社本宮／P.107）

11/3　三日相撲
（忌宮神社／P.128）

11/14　えびす祭
（空鞘稲生神社／P.59）
限定御朱印あり

11/16　秋季大祭
（太皷谷稲成神社／P.71）

11/18～20　胡子大祭
（胡子神社／P.58）
限定御朱印あり

11/20～25　神在祭
（佐太神社／P.87）
限定御朱印あり

11/23　新嘗祭
（嚴島神社・下関／P.55）
限定御朱印あり

11/17～25　山口天神祭
（古熊神社／P.120）

11月第4土曜　御神幸祭
（防府天満宮／P.116）
限定御朱印あり

11/24　鎮魂祭
（物部神社／P.124）

11/29　神迎神事
（出雲大社／P.44）

新嘗祭《にいなめさい》

天皇がその年の収穫を神に感謝する宮中行事のひとつです。天皇が即位後に初めて行う新嘗祭を大嘗祭（だいじょうさい）といい、その中心儀式が2019年11月14～15日に行われました。新嘗祭は全国の神社でも行われていて、神社によっては一般の人も参加することができます。

10月

10/9　例大祭
（物部神社／P.124）

10月第2土・日曜　秋季例大祭
（亀山神社／P.130）

10/10　例大祭
（玉作湯神社／P.47）

10/15　鑽火祭（熊野大社／P.84）

10月第3土・日曜　秋季大祭
（空鞘稲生神社／P.59）
限定御朱印あり

10月第3土・日曜　秋季例大祭
（阿智神社／P.92）

10/18～19
秋季例大祭
（吉備津彦神社／P.61）
限定御朱印あり

10月第3土・日曜　秋季例大祭
（彦島八幡宮／P.72）
限定御朱印あり

10月第3日曜　秋季例祭
（和氣神社／P.112）
限定御朱印あり

10/20　例大祭
（八重垣神社／P.48）

10月第4土・日曜　龍神祭
（玉井宮東照宮／P.139）

10/27　例大祭
（松陰神社／P.117）

※2024年12月時点の情報です。お祭りの日程や限定御朱印の授与日は変更・中止となることもありますので、最新情報をご確認ください。

山陰 山陽 神社 INDEX

本書に掲載している山陰 山陽の神社を県市郡別に五十音でリストアップ。御朱印さんぽの参考にしてみてください。御朱印を頂いたら□にチェック✓しましょう！

第一章

まずはここから!
神社の御朱印入門

御朱印の見方から頂き方のマナーまで、御朱印デビューする前に知っておきたい基本をレクチャー。基礎知識を知っているだけで御朱印めぐりがだんぜん楽しくなります。

御朱印ってナニ？

御朱印は、もともとお経を納めた証に寺院で頂いていたもの。それがいつしか、神社でも、参拝によって神様とのご縁が結ばれた証として頂けるようになりました。ですから、単なる参拝記念のスタンプではありません。

御朱印の本来の役割って

御朱印はもともと、自分で書き写したお経を寺院に納め、その証に頂くものでした。寺院で「納経印」ともいわれているのはこのためです。いつしか、納経しなくても参拝の証として寺社で頂けるようになりました。お寺で始まった御朱印ですが、江戸時代にはすでに神社でも出されていたといわれています。

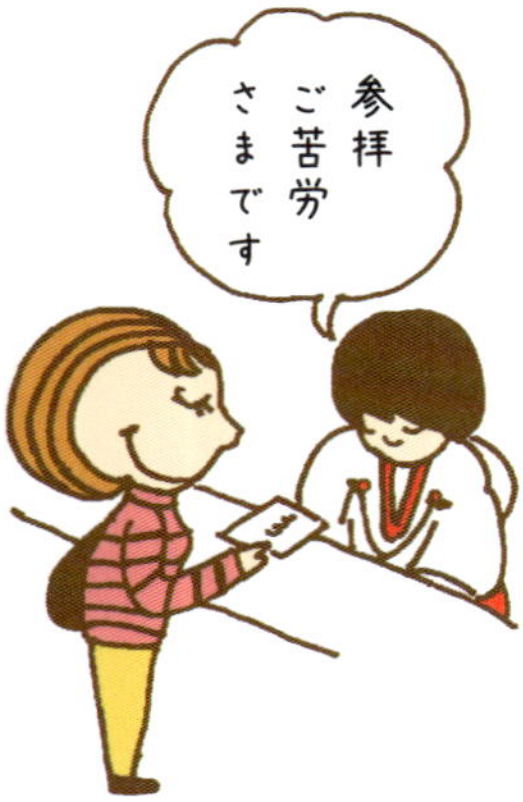
参拝ご苦労さまです

神社で御朱印を頂くってどういうこと

神社で御朱印を頂ける場所はお守りやお札の授与所がほとんどです。書いてくださるのは神職の方々。御祭神の名前や神社名が墨書され、神社の紋などの印が押されます。

　神社で御朱印を頂くというのはその神社の神様との絆が結ばれたといえるでしょう。決して記念スタンプではありません。ていねいに扱いましょう。

私たちつながっているのよ

世界でひとつの御朱印との出合いを楽しみましょう

御朱印は基本的に印刷物ではありません。神職の皆さんがていねいに手書きしてくださる、世界にひとつのものです。ですから、墨書には書き手の個性が表れます。そのため、本書に掲載した御朱印と同じものが頂けるとは限りません。同じ神社でも書き手によって、頂くたびに墨書や印の押し方が違うからです。印も季節によって変わったり、新しく作り替えられたりすることもあります。御朱印自体が頂けなくなることさえあるのです。二度と同じ御朱印は頂けない、それが御朱印集めの楽しみでもあります。

神社の御朱印の見方

白い紙に鮮やかな朱の印と黒々とした墨書が絶妙なバランスで配置されている御朱印。まさにアートを見ているような美しさがあります。では、いったい、墨書には何が書かれ、印は何を意味しているのでしょう。御朱印をもっと深く知るために墨書や印の見方をご紹介します。

御朱印帳を持ち歩くときは袋に入れて

神社によっては神社オリジナルの御朱印帳と御朱印帳袋を頒布しているところがあります。御朱印帳袋は御朱印帳を汚れから守ってくれ、ひとつあると御朱印帳を持ち歩くときに便利です。

大山神社（P.137）で授与される御朱印帳と御朱印帳袋です。自転車でしまなみ海道を疾走する神職が描かれています

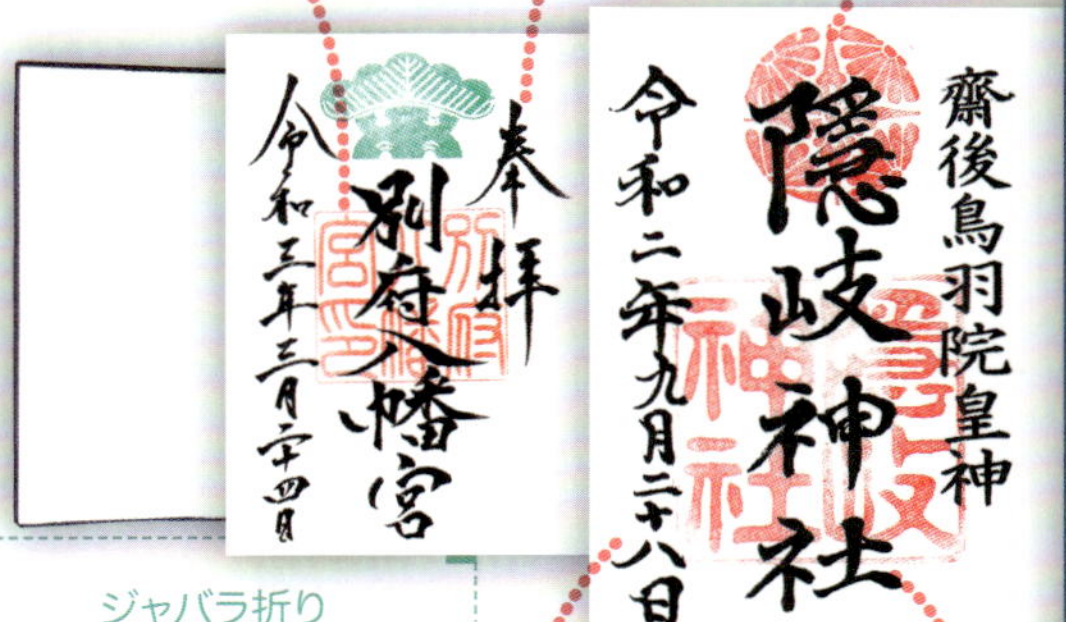

御朱印帳のサイズは「約16㎝×11㎝」が一般的で、ひと回り大きな「約18㎝×12㎝」などもあります

社名の押し印

神社名の印です。印の書体は篆刻（てんこく）という独特の書体が多いのですが、なかには宮司自らが考案したオリジナルの書体の印もあります。

奉拝

奉拝とは「つつしんで参拝させていただきました」という意味です。参拝と書かれることも。

神紋

神社には古くから伝わる紋があります。これを神紋あるいは社紋といいます。神紋の代わりに御祭神のお使いを表す印や境内に咲く花の印、お祭りの様子を表した印などが押されることもあります。

ジャバラ折り

御朱印帳はジャバラ折りが基本。表だけ使っても、表裏使っても、使い方は自由！

参拝した日にち

何年たっても、御朱印を見れば自分がいつ参拝したのか、すぐわかります。同時に日付を見るとその日の行動も思い出せるので、旅の記録にもなるでしょう。

社名など

中央には朱印の上に神社名が墨書されることが多く、社名のほかに御祭神の名前を書く場合もあります。また、朱印だけで神社名の墨書がない御朱印もあります。八百万神だけあって、史実の人名やおとぎ話の登場人物の名前が書かれることも。

表紙

神社ではオリジナルの御朱印帳を作っているところが多くあります。表紙には、社殿、境内、神紋や祭礼、御神木、花、紅葉など、その神社を象徴するシンボルがデザインされていることが多いです。

個性がキラリ 御朱印ギャラリー

御朱印は参拝の証であるだけではなく、御祭神とのご縁を結んでくれるものです。
墨書や印に各神社の個性が現れた御朱印の数々を一挙にご紹介します。

大迫力！ 歴史ロマンあふれる御朱印

大歳神社（山口）

P.52

この地で必勝祈願した源義経の御朱印が頂けます。神社所有の浮世絵やオリジナルはんこを使った作品は期間限定の領布です（各1000円、1300円、1500円）

［共通］墨書／奉拝、大歳神社　印／大歳神社

義経八艘飛び（3枚綴り）

義経と弁慶（3枚綴り）

義経と海女

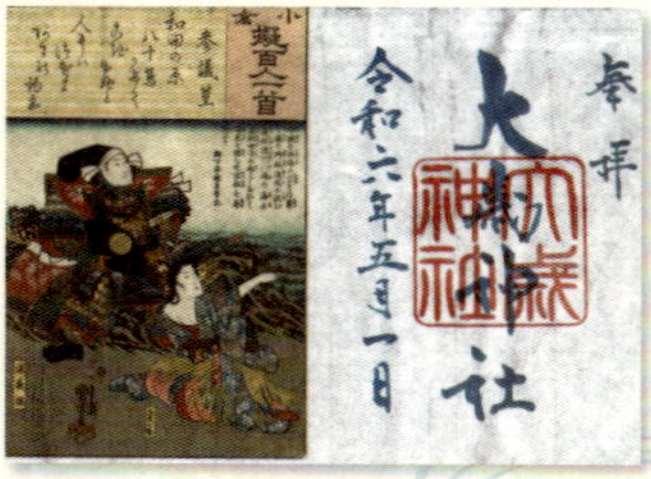

五條橋の月

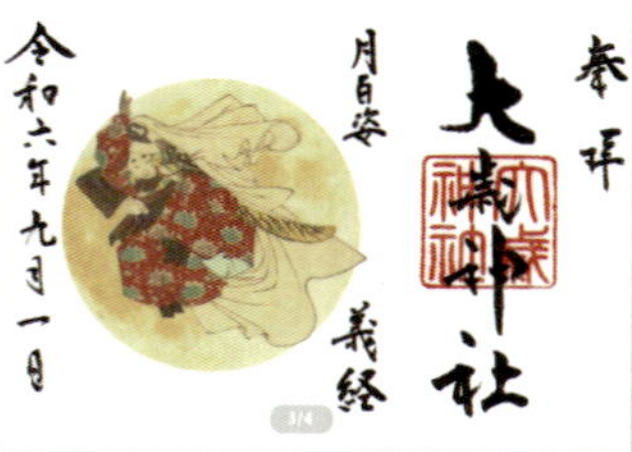

北斎画 瓜に蛇

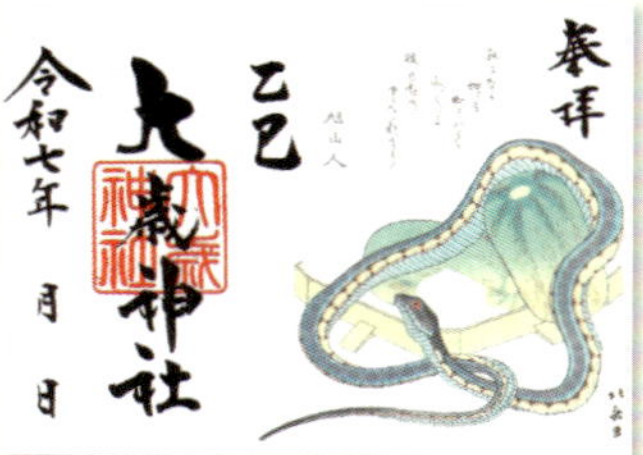

赤間神宮（山口）

P.53

5月2～4日に行われる先帝祭での限定御朱印です。壇ノ浦で入水された安徳天皇をしのんで赤間神宮を参拝する雅やかな上臈（じょうろう）の印も入ります（500円）

先帝祭

墨書／奉拝、赤間神宮、先帝祭　印／揚羽蝶、神紋（菊）、赤間神宮　●上臈参拝の印

縦長の浮世絵御朱印

大歳神社で辰年に頒布された御朱印です。摂社の八坂神社に祀られている須佐之男命が辰（ヤマタノオロチ）と対峙する歌川国芳の浮世絵を使用。神社所有の原画を実寸（36x12cm）で再現するため縦長の因州和紙で奉整されています（1300円）

墨書／奉拝
印／蛭子八坂神社

神社の特色が出たユニークな御朱印

亀山八幡宮（山口） P.54

毎月29日や2月9日に頒布される「ふくの日」の限定御朱印です。フグは下関でふくと呼ばれる縁起物です（各500円、切り絵1500円）

こちらは直書きも頂けます

波乗りふく

しろがね

くろがね

ふく笛を吹く娘

墨書／奉拝、亀山八幡宮　●山口県出身の切り絵アートクリエイターAsuomisaさんの作品です

金ふく

銀ふく

※金ふくと銀ふくは2月9日と11月29日のみに頒布されます

［共通］墨書／奉拝、開運招ふく　印／亀山八幡宮

春日神社（山口） P.129

通常御朱印は季節で内容が変わり前向きな言葉が多彩な書体で記されます（各500円）。ハート桜の御朱印は開花時期限定です（800円）

多福

希望

結 ～ハート桜～

［共通］墨書／奉拝、春日神社　印／周防春日神社牟禮　●ハート桜の御朱印は和紙を貼り絵にしてハート型にしています

瀧宮神社（広島） P.80

三原城主·小早川隆景や紫式部などを描いた水彩画の御朱印が季節ごとに頒布されます（各800円）。優雅な巫女舞やカラフルな風物詩など絵柄は種類豊富です

紫式部

小早川隆景

龍神

［共通］墨書／瀧宮神社　印／瀧宮神社

※各神社の限定御朱印の中には、デザインが毎年変わるものもあります。

季節感たっぷりのアートな御朱印

縣主神社（岡山）

P.111

ネコ、大蛇ミズチ、風物詩の３テーマがそれぞれ月替わりで頒布されます（各1000円）。直書きなので一体一体の表情や彩色が異なります！ ［共通］墨書／奉拝、縣主神社　印／宮司之印

ネコ

ミズチ

風物詩

和氣神社（岡山）

P.112

風物詩と一緒にイノシシが描かれてた月替りイラスト御朱印（各1000円）。切り絵、クリア、刺繍の御朱印も頒布されます。

［共通］墨書／和氣神社　印／和氣神社

藤まつり

紅葉狩り

お月見

玉祖神社（山口）

P.135

季節の花々や風物誌がラメ入りで美しく手書きされています！ 月参りして12ヵ月分すべてを集めたくなるような御朱印です（各500円）

［共通］印／周防国一宮、玉祖神社

睦月

如月

弥生

卯月

皐月

水無月

七夕

葉月

神無月

師走

節分祭

梅まつり

桜開花

防府天満宮（山口）

P.116

祭礼・祭事のほか境内で梅や桜が咲く時期になるとさまざまな限定御朱印が頒布されます（各700円〜）。特別感のある一体が御朱印帳を華やかにしてくれます

［共通］墨書／防府天満宮　印／防府天満宮　●節分祭の牛替神事ではくじで生きた牛も当たります

比治山神社（広島）

P.86

雛人形や鯉のぼりなど月替わりのカラフルな印を押していただけます（各300円）。8月は原爆ドーム、10月はお神輿と広島情緒もたっぷり（モチーフは毎年変わります）

［共通］墨書／奉拝、比治山神社　印／赤ヘル、廣島鎮座、神紋（亀甲の中星）、比治山神社

3月〜ひな祭り〜

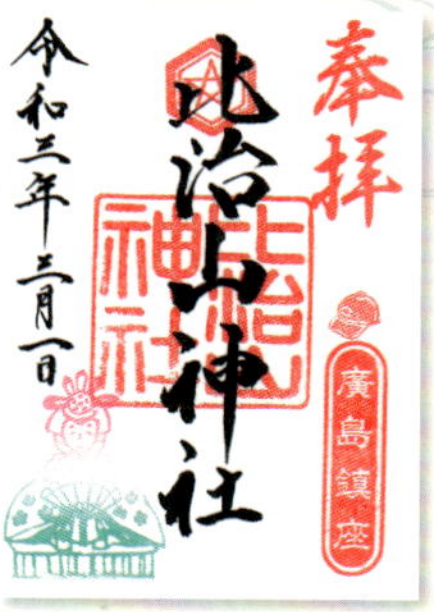

5月〜鯉のぼり〜

6月〜茅の輪〜

嚴島神社（山口）

P.55

和紙文化に対する神職の強い思いから各月をイメージさせるカラフルな和紙で月替わり御朱印を出されています（各500円）。高杉晋作と大太鼓が描かれた見開き御朱印は通年で頒布されています（1000円）

墨書／高杉東行晋作戦勝祈願乃社、奉拝、嚴島神社、長門國馬関鎮座　印／嚴島神社　●小倉城にあった大太鼓を戦利品として嚴島神社に持ち帰る凱旋の絵柄です

［共通］墨書／奉拝、長門國、嚴島神社　印／嚴島神社

皐月

水無月

文月

葉月

長月

神無月

例祭・イベント限定の特別な御朱印

牛窓神社（岡山）P.80

主祭神による牛鬼退治の伝説で知られる牛窓神社ではアートのような御朱印（基本的に書き置き）が頂けます。季節変わりの限定御朱印が豊富で、押される印や、墨書きの文字も異なります（各500円）

ツツジ開花

七夕

夏越大祓

［共通］墨書／御神拝、備前岡山、牛窓神社　印／瀬戸内海國立公園、五三の桐紋、牛窓神社

人日の節句

上巳の節句

端午の節句

遠石八幡宮（山口）P.78

七草粥を食べる「人日（じんじつ）」や桃の節句「上巳（じょうし）」など五節句で限定御朱印を頒布しています。癒やしたっぷりのかわいい絵柄です（各500円）

［共通］墨書／遠石八幡宮　印／遠石八幡宮

彦島八幡宮（山口）P.72

初詣や例祭など年間を通じて多彩な限定御朱印を頂けます。同じテーマの御朱印で通常版（500円）と見開き（800円）が頒布されることもあります

初詣

例祭

［共通］墨書／奉拝　印／神紋（つる柏）、彦島八幡宮、奉拝彦島

太鼓谷稲成神社（島根）P.71

境内の４社めぐりで頂ける御朱印

元宮、命婦社、本殿、本殿裏奉拝所の4ヵ所を参拝し油揚げとローソクを供えることで頂ける特別な御朱印です（500円）

墨書／四拝、津和野、神徳宏大　印／神紋、稲成印（宝珠と御眷属）、太鼓谷稲成神社

和紙に紅葉を漉き込んでます

紅葉や七夕など四季折々の限定御朱印も頒布されています（500円～）

金運を招きそうなおめでたい御朱印

美保神社（島根） P.74

毎月7日のえびす祭で切り絵の御朱印が頂けます。薄青、薄桃、山吹、萌黄、二藍、朱の全6色あるので、どの色になるかは月々のお楽しみです（各700円）

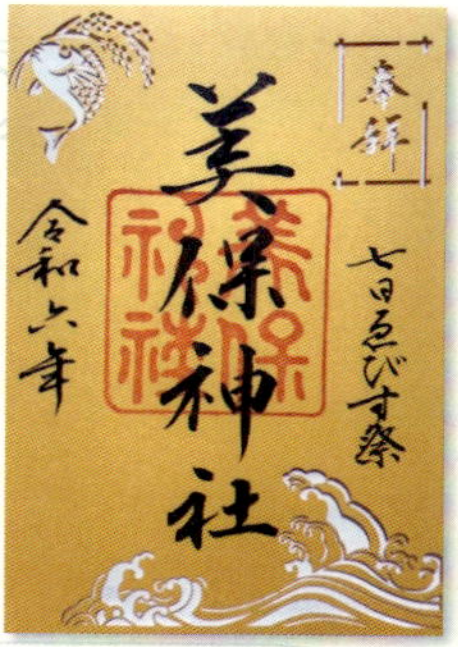

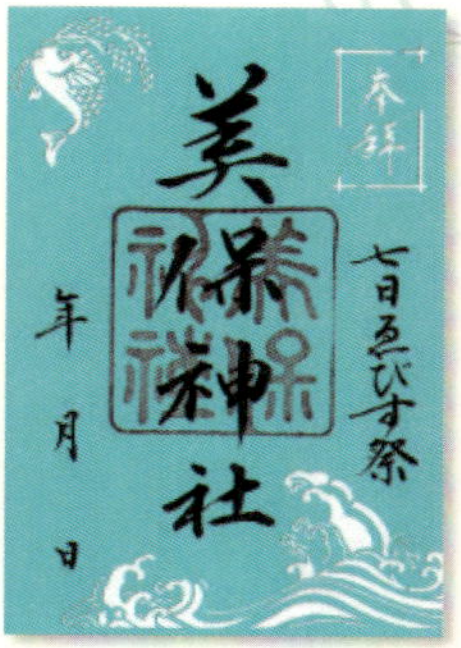

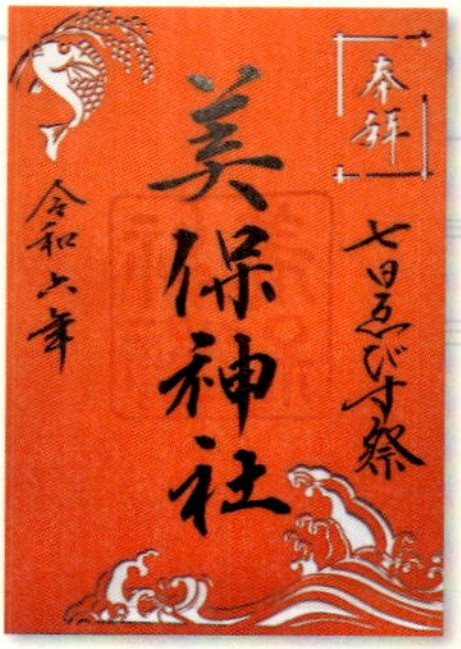

［共通］墨書／奉拝、七日えびす祭、美保神社　印／美保神社

白崎八幡宮（山口） P.125

上空に龍が舞うとされるパワースポットで1日・15日・辰の日に授与されます（1000円）。「龍舞金宝」の文字は47画で成功運に満ちているそうです

龍舞金宝

墨書／岩國、白崎八幡宮、龍舞金宝　印／龍神印、白崎宮

胡子神社（広島） P.58

11月18日～20日の大祭期間のみ、金文字で記帳していただけます。金運アップで知られる神社の限定御朱印なので参拝者で混み合います（500円）

例大祭

墨書／胡子神社　印／鎮座四百十八年大祭、神紋（つる柏）、胡子神社

国宝がモチーフ！ 板戸絵の御朱印

住吉神社（山口） P.76

国宝の本殿にある板戸絵を再現した御朱印で、春・夏・秋・冬で季節ごとの限定授与となります（各1000円）。アートマニアからも注目される美術品のようなクオリティです

［共通］墨書／奉拝、国宝本殿板戸絵、住吉荒魂本宮　印／住吉神社、長門國一宮

春之図

夏之図

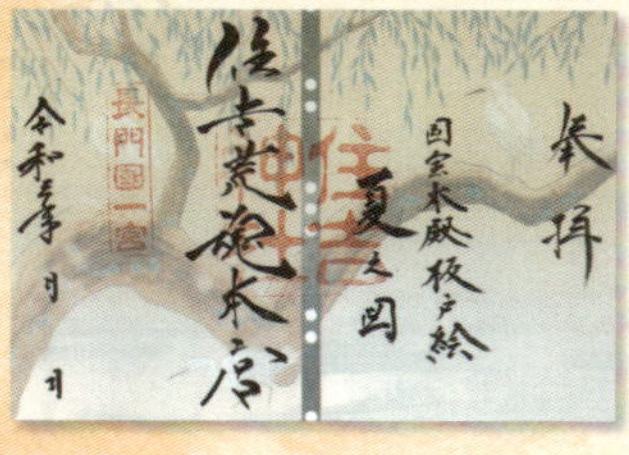

秋之図

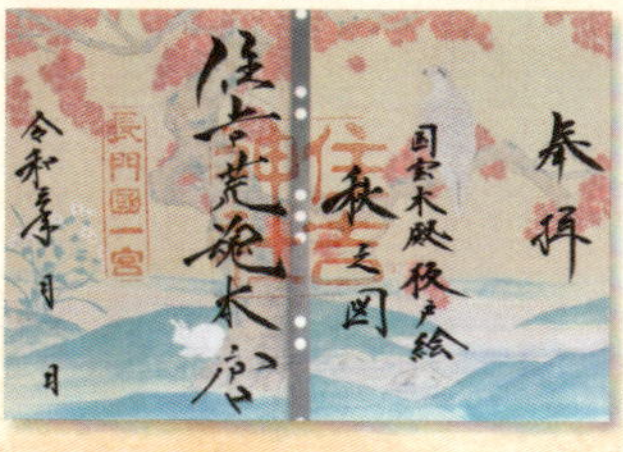

冬之図

アート御朱印で始まる神様との縁結び

御朱印で参拝者と神様を取り次ぎ地域に活力を！
創意工夫を凝らした作品にかける思いを届けます

オリジナリティあふれる版画の御朱印は「神社をもっと知ってもらいたい」という熱い気持ちから生まれました。北前船《きたまえふね》での繁栄を物語る壮麗な社殿装飾に満ちた羽黒神社で、宮司の福田真人《まこと》さんと御朱印を担当される福田祐子《ゆうこ》さんからお話をうかがいました。

羽黒神社の詳しい紹介はP.63へ

北前船の文化を伝える日本遺産をもつ氏神様へ

瀬戸内有数の港町として栄えた玉島の鎮守は「羽黒山」と呼ばれる小高い丘の上に鎮座します。社殿へは東・西・南と3本の参道がありますが、昭和レトロな町並みに溶け込んでいるので、初参拝だとなかなか見つけにくいかもしれません。高台にある境内で出迎えてくださった福田宮司に、町と神社の歴史から教えていただきました。

「玉島は大阪と北海道を結んだ北前船の一大拠点で最盛期には40もの廻船問屋があったそうです。成功を収めた商人たちから崇敬されて、社殿装飾の多くは江戸時代に寄進されました。境内の玉垣と船絵馬は日本遺産の構成文化財なんです」

江戸中期から明治時代まで日本経済の大動脈だった北前船は、各地で商品を売り買いしながら交易し、一攫千金で大金持ちとなった船主も続出しました。当時の名匠たちが腕を振るった社殿の彫り物や装飾品は廻船商人からの信奉の証です。

拝殿の格天井は丸い草花の絵で彩られています

拝殿の屋根から飾り瓦の「からす天狗」が玉島を見守ります

アートな版画の御朱印は奥さまひとりの完全手作業

社務所の前には御朱印を求める行列ができていました。版画の作品はすべて手刷りなので一体の頒布におよそ10分かかるそうです。御朱印はデザインから彫り、摺り、筆耕まで、奥さまの祐子さんがおひとりで担当されています。

「最初に特別御朱印を出したのは令和改元、天皇陛下の御即位のときです。皇室の方々には『お印《しるし》』というシンボルがそれぞれあることを伝えたいと思い、天皇陛下の梓と皇后陛下のハマナスの版画を当日の朝に製作しました」

そう教えてくださった祐子さんは大学で美術を専攻し陶芸の絵付けを学ばれたのだそうです。2019年12月から月替わり御朱印を始めるとたちまち評判となり、参拝者の要望に応えて毎月出し続け、金曜を「御朱印定休日」と設定するまでの1年間ほとんど休むことなく頒布されました。

先人が残したデザインからイメージの扉を開いて御朱印へ

熱い御朱印愛が伝わってきます。

拝殿では松鷹や獅子の彫刻が表情たっぷりに出迎えます。屋根の上には亀の飾り瓦、神仏習合の名残りを感じさせる卍(マンジ)模様の丸瓦などで緻密に装飾されて社殿自体がアートの集合体のよう！ そして月替わり御朱印のモチーフもすべて御祭神や社殿彫刻、そして神社の奉納品です。

「御朱印のデザインは宮司から一任されています(笑)。これからも社殿装飾に込められた祈りと季節感にこだわりたいですね。小さな神社ですが、例えば拝殿の格天井には日本画家が描いた草花の絵が160もあるんです。七福神像など本殿の奥に隠れている彫刻も、ハシゴで登ってスケッチすればモチーフは尽きません」

7月の御朱印では「七夕＝天界」のイメージから本殿扉に描かれた天界の鳥「迦陵頻伽《かりょうびんが》」を絵柄に選んだのだそうです。先人の意匠からインスピレーションを頂いて、心を凛とさせる作品が誕生します。

神社ならではの町おこしでこれからの地方文化を見守る

羽黒神社の御朱印はデザインはもちろん、ワクワクするような発想や工夫もたくさん散りばめられています。観音開きで本殿の扉を開くような仕掛けの8面御朱印、神社の宝刀を実物大で再現する連作など、他県からの月参り参拝者も多いほど。

「神様と人をつなぎ、人と人を結ぶことも神社の役割です。つまり地域活性ですね。以前は祭りになれば地元へ人が戻り神輿を担いだりしましたが、今の時代には御朱印をきっかけに地元の氏神を知ったり、神社と縁を結ぶのもいいと思います」

笑顔で語った福田宮司は神社の未来像をしっかり見据えているようです。拝殿上から玉島を見守ってきた「からす天狗」は時代に合わせたゆるキャラ「はぐろん」にも変化して町おこしに奮闘しています。

版画で表現される季節ごとの社殿アート

はぐろんが玉島のお祭りを盛り上げます。お守りも人気だよ！

月替わり御朱印は版画もデザインも毎回新作です。季節感たっぷりの絵柄に日々を応援する言葉が添えられます。

月替わり御朱印(初穂料1000円)を求められる方が多いため、参拝当日の授与は難しくなっています。御朱印帳を社務所に預け、ホームページやインスタグラムで告知される完成日を確認し、再訪して御朱印を頂きましょう。レターパックなどを持参すれば郵送にも対応していただけます。

卯月 〜颯〜

「経の巻瓦」の脇を飛ぶ燕のように颯爽と新生活へ

弥生 〜紡〜

心静かに「神鏡」を礼拝して年度末を締めくくり

皐月 〜慈〜

「布袋様」に見守られ子供がスクスクと育ちますように

公式サイトURL
https://hagurojinja.jimdofree.com/

インスタグラム
https://www.instagram.com/tamayorin/

一体一体がこだわりのアート作品！

描かれるのは社殿彫刻と季節のあしらい。すべて手作業のため1日で対応できるのは40体ほどです

本殿扉を開け御祭神に出会える8面御朱印！

全長1.53mの宝刀を実寸で再現しました！

奉納された大太刀を黒和紙の御朱印帳に全30面、約1年で完成させる大作です！ 双龍が彫られた剣身の周りには格天井に描かれた文様があしらわれています

ファースト御朱印帳をゲットしよう！

御朱印を頂きにさっそく神社へ！
その前にちょっと待って。
肝心の御朱印帳を持っていますか？
まずは１冊、用意しましょう。

1 あなたにとって、御朱印帳は思い入れのある特別なもの

御朱印はあなたと神様とのご縁を結ぶ大事なもの。きちんと御朱印帳を用意して、御朱印を頂くのがマナーです。御朱印帳はユニークでかわいい表紙のものがいっぱいあるので、御朱印帳を集めることも楽しいでしょう。御朱印帳が御朱印でいっぱいになって、何冊にもなっていくと、神様とのご縁がどんどん深まっていくようでとてもうれしいものです。御朱印には日付が書いてありますから、御朱印帳を開くと、参拝した日の光景を鮮明に思い出すこともできるでしょう。

2 御朱印帳は、神社はもちろん文具店やネットでも入手できます

どこで御朱印帳を入手すればよいのかを考えると、まず、思い浮かぶのは神社。本書で紹介している神社の多くは、お守りなどを頒布している授与所で御朱印帳も頂くことができます。ファースト御朱印と同時に、その神社の御朱印帳を入手するとよい記念になりますね。神社以外で御朱印帳を入手できるのは、和紙などを扱っている大きな文房具店やインターネット通販。自分が行きたい神社に御朱印帳がないようなら、こうした取扱店であらかじめ入手しておきましょう。最近は御朱印帳を手作りするのも人気です。

3 御朱印帳を手に入れたらまず名前、連絡先を書き入れます

御朱印帳を入手したら、自分の名前、連絡先を記入しましょう。神社によっては参拝前に御朱印帳を預け、参拝の間に御朱印を書いていただき、参拝後に御朱印帳を返してもらうところがあります。混雑しているとき、同じような表紙の御朱印帳があると、自分のものと間違えてほかの人のものを持ち帰ってしまう……なんてことも。そうならないよう裏に住所・氏名を記入する欄があれば記入しましょう。記入欄がなければ表紙の白紙部分に「御朱印帳」と記入し、その下などに小さく氏名を書き入れておきます。

4 カバーを付けたり専用の入れ物を作ったり、大切に保管

御朱印帳は持ち歩いていると表紙が擦り切れてきたり、汚れがついたりすることがしばしばあります。御朱印帳をいつまでもきれいに保つためにカバーや袋を用意することをおすすめします。御朱印帳にはあらかじめビニールのカバーが付いているものや神社によっては御朱印帳の表紙とお揃いの柄の御朱印帳専用の袋を用意しているところがあります。何もない場合にはかわいい布で御朱印帳を入れる袋を手作りしたり、カバーを付けたりしてはいかがでしょう。

わたしにピッタリ♥の
御朱印帳って
どんな御朱印帳
なのかな？

神社で入手できる御朱印帳1

御祭神や由緒、祭礼、縁起物などにまつわるモチーフを取り入れた、神社オリジナルの御朱印帳。

四季折々の風景からかわいいキャラクターまで、各社の個性とこだわりが表現されています。

ど迫力！ 筆アートのかっこいい御朱印帳

玉井宮東照宮

(岡山)P.139

表面に金龍、裏面に白龍の書がデザインされています。どちらも前衛書道家の曽我英丘の潤筆です。独創的な「龍」の作品は、玉井宮東照宮で書かれたそうです(2000円)

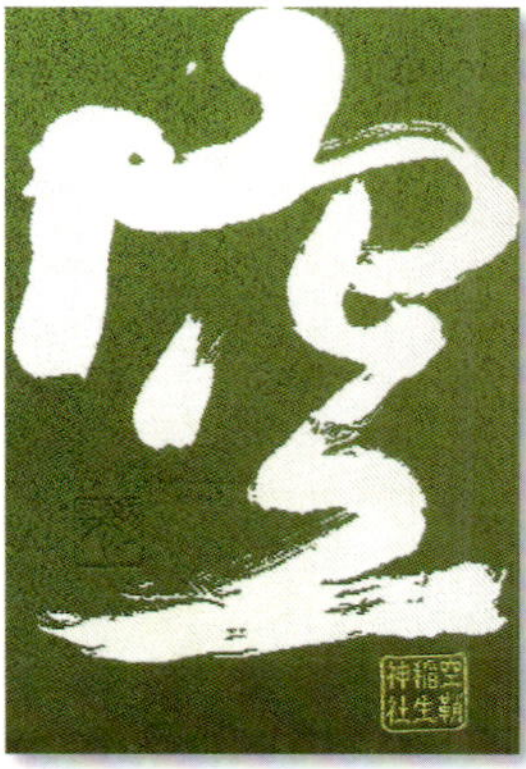

空鞘稲生神社

(広島)P.59

表紙には宮司直筆の「氣」の文字、裏表紙には和歌山県の書家が潤筆した「空」の文字が縫製されています。パープルとグリーンの2色があります(2500円)

郷土色たっぷり、祭礼を描いた御朱印帳

宇倍神社(鳥取)P.68

幸福をもたらす麒麟獅子が描かれています。裏面の猩々(しょうじょう)は獅子のあやし役です(2000円)

彦島八幡宮

(山口)P.72

海中から武者が御神体を引き上げるサイ上リ神事が裏面に描かれています。色は藤紫と紺の2色(2000円)

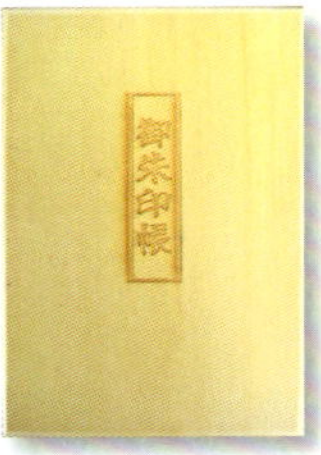

亀山神社(広島)P.130

檜葉の木を使用した風格漂う御朱印帳です。秋祭りに登場するヤブ(鬼)が彫り込んであります(3000円)

呉の名所をアイコン風に並べた御朱印帳(2000円)

忌宮神社(山口)P.128

「天下の奇祭」と呼ばれる特殊神事が裏面に描かれています。同じ絵柄で黒地に金文字もあります(2000円)

第一章

全部集めたくなる！ 種類豊富な御朱印帳

嚴島神社（広島）P.56

桜色の花びらが舞い散る春、青い海に大鳥居が浮かぶ夏、やまぶき色に野山が色づく秋、高舞台で舞楽が奉納される冬。四季折々の景色が描かれた御朱印帳は、それぞれの季節限定で頂けます（各1200円）

由加神社本宮（岡山）P.107

デニム、畳縁、帆布など倉敷市児島の特産品を、御朱印帳の表紙に使用しています。どれも郷土への愛情を強く感じさせてくれる逸品です（各2200円）

赤間神宮（山口）P.53

竜宮城のような水天門や、安徳天皇を敬う上臈（じょうろう）の参拝など歴史絵巻のような御朱印帳が頂けます（蘭陵王3000円、上臈と印伝風は各2000円）

広島護國神社（広島）P.59

鯉城（りじょう）と呼ばれる広島城跡に鎮座しているので鯉の絵柄の御朱印帳が頂けます。奉納の舞を披露する巫女さんのイラストは春のような色合いがキュート（各2500円）

裏表紙のデザインにも要注目の御朱印帳

櫻山神社(山口) P.55
高杉晋作が残した直筆の書が筆の滲みまで再現されています。杉の木目と香りもすてき（2000円）

白崎八幡宮(山口) P.125
見開きの錦帯橋が大迫力。裏表紙の「千里将願」は将来を見通すパワーワードです（2000円）

錦帯橋を描いた青表紙もあります（1800円）

吉備津神社(岡山) P.60
桃太郎の鬼退治の場面は絵本のよう。お供のキジ、サル、イヌは主祭神の家臣とされます（1700円）

牛窓神社(岡山) P.80
牛鬼退治の神話と、御祭神の活躍で平和になった牛窓の海景が対照的に描かれています（2500円）

大イチョウの御朱印帳は四季ごとに限定色で頒布します（1500円）

大頭神社(広島) P.90
裏面で描かれている「妹背の滝」は人や神との縁を結ぶとされる夫婦滝です（1500円）

岡山神社(岡山) P.62
モモソヒメの笑顔を大胆に配置。裏面には大吉や寿など、縁起のよい言葉がアイコン風に並びます（2300円）

岡山城に桃をあしらった御朱印帳（2100円）

神社の個性が表れたユニークな御朱印帳

玉祖神社（山口）P.135

御社殿の上で勾玉が神々しく光を放ち、裏面には境内で飼われている黒柏鶏の刺繍が入ります（1500円）

白兎神社（鳥取）P.66

因幡の白うさぎが描かれた御朱印帳を頒布しています。神社の目の前に広がる日本海はまるで浮世絵のよう（1200円）

岩國白蛇神社（山口）P.97

金地に白蛇をあしらった縁起のいいデザインです。宝珠や小判も描かれて金運が上昇しそう（1700円）

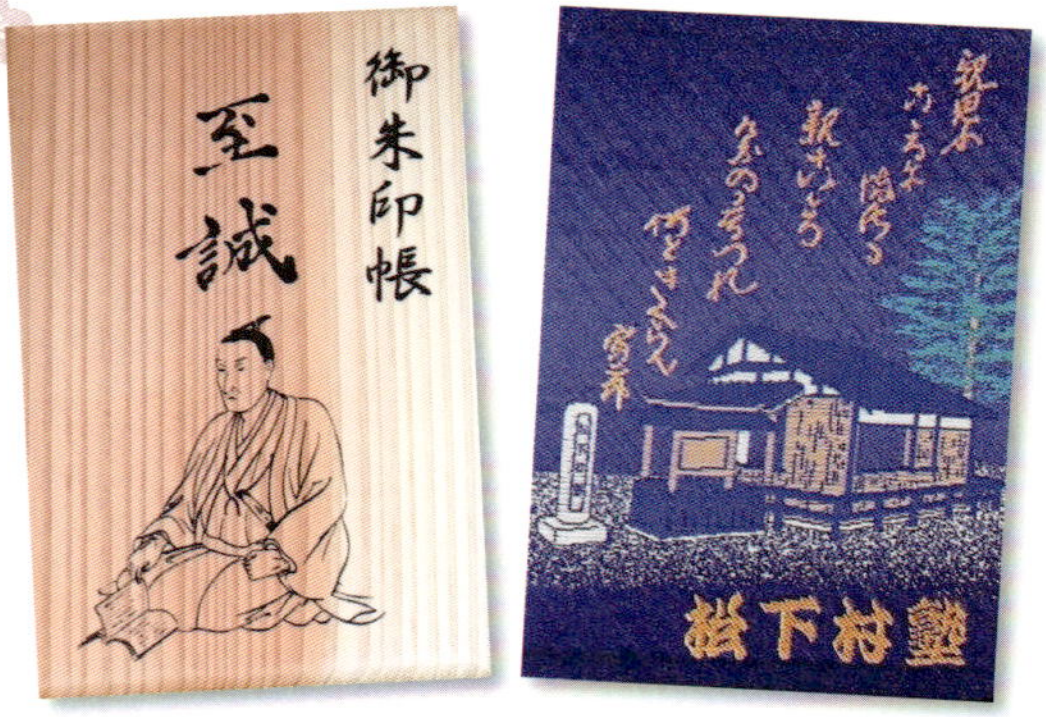

松陰神社（山口）P.117

吉田松陰の肖像が焼印で入った木製（3000円）。松下村塾と松陰の句が入った布製（2000円）もあります

大歳神社（山口）P.52

源平合戦の開戦を告げる矢文を射る源義経の勇姿が描かれています（2000円）

賣布神社（島根）P.109

本殿の後ろ側に刻まれた名工の龍刻をカラフルに再現しています（1500円）

大神山神社（鳥取）P.70

神の山・大山が背後にそびえる奥宮の社殿と石段が描かれています（1500円）

亀山八幡宮（山口）P.54

江戸時代の社殿と唐戸港が描かれています。題字は宮司による揮毫です（2000円）

神社で入手できる御朱印帳 5

セットで揃えたい！御朱印帳と御朱印帳袋

岡山レースとのコラボ作品です！

見開き御朱印が24枚入ります

藤の花の御朱印帳袋は2000円

和氣神社（岡山）P.112
猪の刺繍が入ったレース生地（3000円）。切り絵が保管できるポケットファイル（2500円）もあります！

お稲成さんの御朱印帳袋に2000円

太皷谷稲成神社（島根）P.71
千本鳥居が並ぶ神社風景にSLや鯉など津和野の風物をちりばめた木製の御朱印帳です（2200円）

オリジナル柄の御朱印帳袋は1500円

しまなみ海道の御朱印帳袋は1500円

賀茂神社天満宮（鳥取）P.134
オリジナルキャラクターの雷神が一家揃って描かれています。紺色と桃色の2種類（3600円）

大山神社（広島）P.137
裏表紙には神主がしまなみ海道を自転車で疾走する姿が描かれています！　青と赤の2色（2000円）

物部神社（島根）P.124
勝運の神様を乗せて天から舞い降りる「ひおい鶴」の神紋が入ります（1500円）

ひおい鶴の御朱印帳袋は1500円

梅鉢紋の御朱印帳袋は1000円

防府天満宮（山口）P.116
菅原道真公が愛した梅の花を見開きに配置した気品のあるデザインです（1500円）

デニム御朱印帳もあります！

入手が困難なレア御朱印帳！

縣主神社（岡山）P.111
神職により大蛇のミズチが大胆に描かれています。デニム生地はインディゴブルーとホワイト（4000円）。新作も続々と登場！

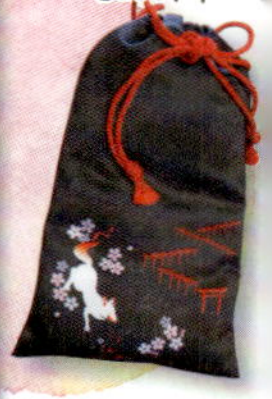

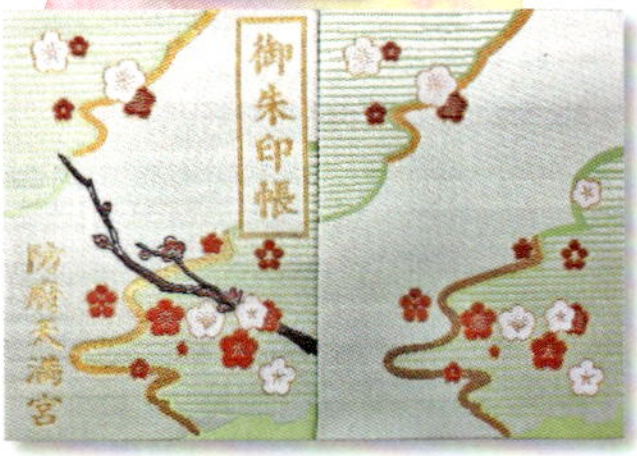

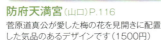

デビュー前に教えて！

もっと知りたい御朱印Q&A

御朱印に関するマナーから素朴なギモン、御朱印帳の保管場所、御朱印帳を忘れたときのことまで、デビューの前に知っておきたいことがいろいろあるはず。御朱印の本を制作して15年以上の編集部がお答えします。

Q この本で紹介している神社でしか御朱印は頂けませんか？

A 神職常駐の神社ならたいてい頂けます

本書に掲載している神社以外でも、神職が常駐しているところなら頂けます。ただし、なかには神職がいても御朱印を頒布していない神社もあります。社務所に問い合わせてください。

Q ひとつの神社に御朱印が複数あるのはなぜですか？

A 複数の神様をお祀りしているからです

主祭神のほかに、主祭神と関係が深い神様など、さまざまな神様を境内にお祀りしている神社では主祭神以外の御朱印を頒布するところもあります。いずれにせよ、参拝を済ませてから、授与所で希望の御朱印を伝えて、頂きましょう。

Q 御朱印を頂く際に納める初穂料（お金）はどのくらいですか？ また、おつりは頂けますか？

A 300～500円。小銭を用意しておきましょう

ほとんどの神社では 300～500 円ですが、限定御朱印など特別な御朱印ではそれ以上納める場合もあります。おつりは頂けます。とはいえ、1万円札や 5000 円札を出すのはマナー違反。あらかじめ小銭を用意しておきましょう。「お気持ちで」という場合も 300～500円を目安にしましょう。

Q ジャバラ式の御朱印帳ではページの表裏に書いてもらうことはできますか？

A 裏にも書いていただけます

墨書や印などが裏写りしないような厚い紙が使用されているものなら裏にも書いていただけます。

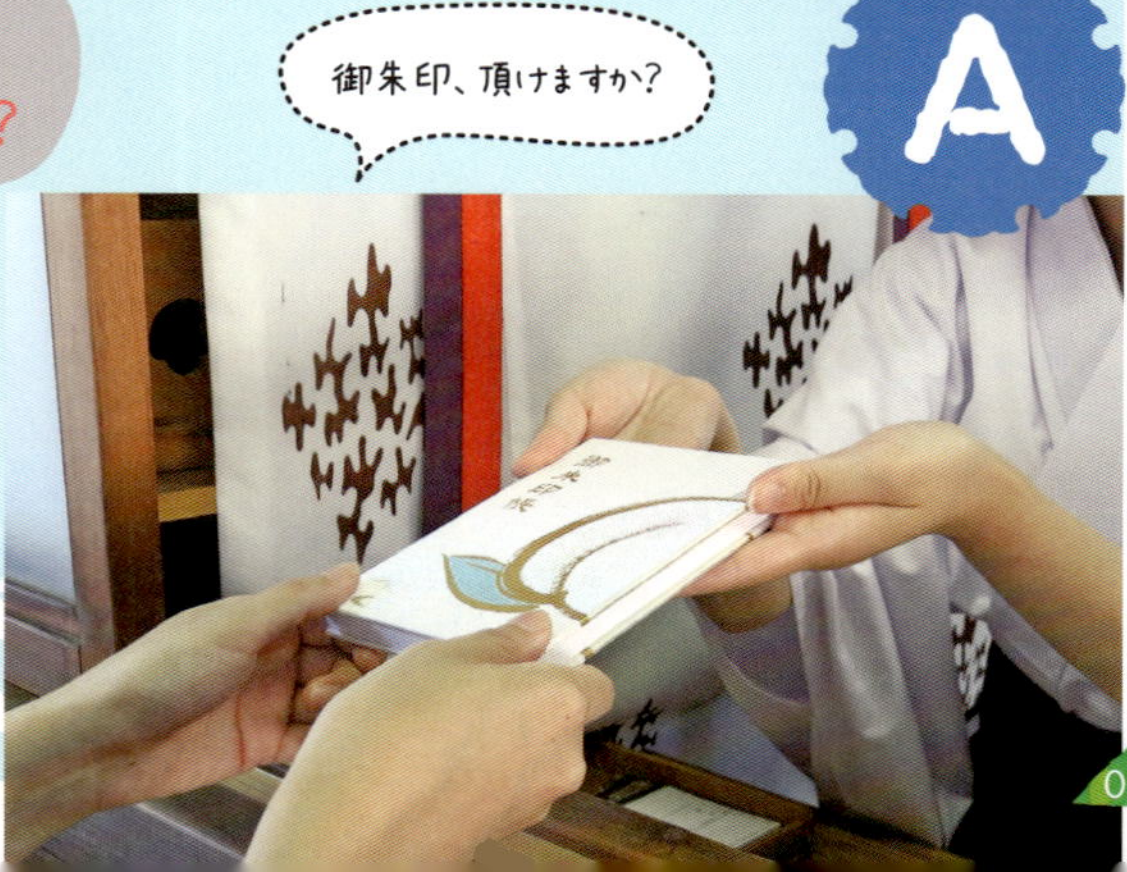

撮影地：吉備津彦神社

Q 御朱印帳の保管場所は、やはり神棚ですか？

A 本棚でも大丈夫です

神棚がベストですが、大切に扱うのであれば保管場所に決まりはありません。本棚、机の上など、常識の範囲でどこでも大丈夫です。ただし、お札だけは神棚に祀ってください。

Q 御朱印帳を忘れたら？

A 書き置きの紙を頂きます

たいていの神社にはすでに御朱印を押してある書き置きの紙があります。そちらを頂き、あとで御朱印帳に貼りましょう。ノートやメモ帳には書いていただけません。

Q 御朱印を頂くと御利益がありますか？

A 神様を身近に感じられます

神様とのご縁ができたと思ってください。御朱印帳を通し、神様を身近に感じ、それが心の平穏につながれば、それは御利益といえるかもしれません。

Q 御朱印はいつでも頂けますか？すぐ書いていただけますか？

A 9:00〜16:00の授与が多いです

授与時間は9:00〜16:00の神社が多いです。本書では各神社に御朱印授与時間を確認し、データ欄に明記しているので、参照してください。また、どちらの神社もすぐに授与できるよう心がけてくださいますが、混雑していると時間がかかることも。時間がない場合は、御朱印を頂く前に神職に確認しましょう。

Q 御朱印帳は神社と寺院では別々にしたほうがいいですか？

A 一緒にしてもかまいません

特に分ける必要はありませんが、気になる人は分けてもよいでしょう。たいていの御朱印には日付が入っていて、前回の参拝日や参拝の回数がすぐわかるため、気に入った神社専用の御朱印帳を作るのもおすすめです。

Q 御朱印を頂くときに守りたいマナーはありますか？

A 静かに待ちましょう

飲食しながら、大声でおしゃべりしながらなどは慎んだほうがよいでしょう。

Q 御朱印を頂いたあと、神職に話しかけても大丈夫ですか？

A 行列ができていなければ大丈夫です

行列ができているときなどは避けましょう。しかし、待っている人がいないときなどには、御朱印や神社のことなどをお尋ねすると答えてくださる神社もあります。

Q 御朱印ビギナーが気をつけたほうがいいことはありますか？

A 自分の御朱印帳かどうか確認を！

難しいことを考えずにまずは御朱印を頂いてください。ちょっと気をつけたいのは書いていただいたあと、戻ってきた御朱印帳をその場で必ず確認すること。他人の御朱印帳と間違えることがあるからです。後日ではすでに遅く、自分の御朱印帳が行方不明……ということもあるので気をつけましょう。

お作法講座
GOOD MANNERS

いざ！御朱印を頂きに

さまざまなお願いごとをかなえていただき、そして、御朱印を頂くためには、正しい参拝の方法、御朱印の頂き方をマスターしておきましょう。神様は一生懸命、祈願する人を応援してくれます。難しく考えずに、こちらに書いてある最低限のマナーさえおさえればOK！　それにきちんと参拝すると背筋が伸びて、気持ちもびしっとしますよ。ここでは身につけておきたいお作法を写真で解説します。

撮影地：吉備津彦神社

1 鳥居をくぐる

POINT
神道のお辞儀は数種類あり、軽く頭をさげることを「揖(ゆう)」といいます。

鳥居は「神様の聖域」と「人間界」を分ける結界という役目を担っています。まずは、鳥居の前で一礼(揖)。これは神域に入る前のごあいさつです。鳥居がいくつもある場合には一の鳥居(最初の鳥居)で一礼を。真ん中より左にいれば左足から、右にいれば右足から進みます。帰りも「参拝させていただき、ありがとうございました」という気持ちで、振り返って一礼します。

2 参道を歩く

参道を歩いて社殿を目指しましょう。歩くときは神様の通り道である真ん中「正中」を避けましょう。神社によって右側か左側か歩く位置が決まっている場合があります。

3 手水舎で清める

①まずは両手を清めます。
②手で水を取り、口をすすぎ、両手をまた水で清めます。

<柄杓がある場合>
①柄杓を右手で取り、まず左手を清め、次に柄杓を左手に持ち替えて右手を清めます。
②右手に柄杓を持ち、左手に水を受けて口をすすぎ、口をつけた左手をまた水で清めます。
③最後に柄杓を立て、残った水を柄杓の柄にかけて清め、もとに戻します。

古来、水は罪や穢れを洗い流し清めるとされてきました。ですから、参拝前に必ず手水舎へ行って、身を清めます。

POINT
コロナの影響で柄杓がない神社や手水舎が使えない神社が増えています。

※お作法の案内板がある場合は、それに従って身を清めましょう。

4 お賽銭を入れる

参拝の前に、まずお賽銭を静かに投じましょう。金額に決まりはなく、「いくら払うか」よりも、「神様へ感謝の心を込めてお供えする」ことが大切です。

撮影地：牛窓神社（岡山県）

POINT
鈴があれば鈴を静かに鳴らします。鳴らすタイミングは、賽銭を投じてからという方が多いようです。

拝礼は二拝二柏手
一拝と覚えましょう

5 拝殿で拝礼

2回お辞儀をします。これを二拝といいます。お辞儀の角度は90度、お辞儀が済んだら二柏手。二柏手はパンパンと2回手をたたく動作です。手を合わせ、感謝の気持ちを神様にささげ、祈願を伝えましょう。次にまたお辞儀。二拝二柏手一拝と覚えましょう。拝礼が済んだら静かに拝殿から離れます。

POINT

手をたたく際、一度揃えてから、右手を左手の第一関節くらいまでさげ、たたいたら戻します。

6 御朱印を頂く

POINT
御朱印を書いていただいている間は飲食や大声でのおしゃべりは慎み、静かに待ちましょう。受け渡しは両手で。

拝礼を済ませたら、いよいよ御朱印を頂きます。御朱印はお守りやお札などを授与している「授与所」や「社務所」、「御朱印受付」と表示してある場所で、「御朱印を頂けますか?」とひと言添えて頂きましょう。御朱印帳を出すときは、カバーを外したり、ひもでとじてあるものは開きやすいように緩めてから、挟んである紙などは外し、書いてほしいページを開いて渡します。御朱印代はほとんどの神社で300～500円。新型コロナウイルスの影響で持参した御朱印帳への記帳は控え、書き置きで対応される神社もあります。最新情報は各社ウエブサイトなどで確認しましょう。

無事、御朱印を
頂きました!

神社の基本

そもそも神社ってどういうところ？　祈願やお祓いって何？
そんな疑問に答えます。

開運さんぽに行く前におさえておくべき！

協力：神田神社

神社の始まり

日本人は古代からあらゆる物に神が宿っていると考え、天変地異、人間の力ではどうにもならないような災害は神の戒めだと思っていました。ですから、自然のなかに神を見いだし、平穏無事を願いました。そのため、特に大きな山や岩、滝や木などに神の力を感じ、拝んでいた場所に社を建てたのが神社の始まりです。

神社とお寺の違いは？

大きな違いは、神社が祀っているのは日本古来の神様、お寺が祀っているのはインドから中国を経由して日本に伝わった仏様ということです。仏教が伝わったのは6世紀ですが、１００年ほどたつと神様と仏様は一緒であるという神仏習合《しんぶつしゅうごう》という考えが生まれます。しかし、明治時代になると、神様と仏様を分ける神仏《しんぶつ》分離令《ぶんりれい》が出され今に至ります。一般的に神社は開運などの御利益をお願いに行くところ。お寺は救いを求めたり、心を静めに行くところといわれています。

神社で祀られている神様って？

日本人は「日本という国は神が造り、神が治めてきた」と思ってきました。そこで神社では日本を造り治めた神々、風や雨、岩や木に宿る神々を祀っています。さらに菅原道真公や織田信長公など歴史上に大きな功績を残した人物も神としてあがめてきました。それは一生懸命生きたことに対するリスペクトからです。

神主さんってどういう人？

神社で働く人のこと。神社内の代表者を宮司《ぐうじ》といいます。位階は宮司、権宮司《ごんぐうじ》、禰宜《ねぎ》、権禰宜《ごんねぎ》、出仕《しゅっし》の順となっています。宮司から出仕まで神に奉職する人を神職と呼び、神職を補佐するのが巫女《みこ》です。神職になるには神道系の大学で所定の課程を修了するか、神社庁の養成講習会に参加するなどが必要ですが、巫女は特に資格は必要ありません。

神社という場所とは

神社は神様のパワーが満ちている場所です。一般的には、神社に参拝するのは神様に感謝し、神様からパワーをもらうため。そのためには自分の望みは何か、意思を神様に伝え、祈願することが大事です。感謝の気持ちを忘れず、一生懸命にお願いし、行動している人に神様は力を与えてくれるからです。また災難を除けるお祓いを受ける場所でもあります。

「お祓い」を受ける理由

穢れを落とすためです。「穢れ」は洋服などの汚れと同じと考えればよいでしょう。生きるためには食事をしますが、食事は動植物の命を奪い、頂くことです。いくら必要とはいえ、他者の命を奪うことはひとつの穢れです。穢れは災難を呼びます。その穢れを浄化するのがお祓いです。ときにはお祓いを受けて、生き方をリセットすることも必要です。

神社めぐりをもっとディープに楽しむために

知っておきたい『古事記』と神様

日本を造った神様の興味深いエピソードが書かれているのが『古事記』です。『古事記』を読むと、神社に祀られている神様のことが深く理解できます。難しそうだけど、ポイントをおさえれば神社めぐりがより楽しくなること間違いなし！

『古事記』でわかる神様の履歴

『古事記』には神々がどのように誕生し、どんな力をもっているのかなど、さまざまなエピソードが紹介されています。つまり神様のプロフィールが記されているというわけです。神社の多くが『古事記』で登場する神々を御祭神として祀っています。ですから、『古事記』を読むとその神社の御祭神のことが、より深く理解できるようになるのです。

御祭神を理解してから神社に参拝

神社の御利益は御祭神のプロフィールに大きく関係しています。例えば大《おお》国主命《くにぬしのみこと》。試練を乗り越えて恋人と結ばれたと『古事記』に書かれていることから、縁結びに強く、オオクニヌシを祀る島根県の出雲大社は日本一の良縁パワースポットといわれています。ですから、神社でお願いごとをするときには、御祭神について知っておくと、その神社はどんな御利益があるかがわかるようになるのです。

『古事記』は日本最古の歴史書

『古事記』という書名は、「古いことを記した書物」という意味。全3巻からなる日本最古の歴史書で、日本誕生に関する神話、神武天皇から推古天皇までの歴代天皇一代記などが記されています。皇室や豪族の間で語り継がれてきた話を太安万侶《おおのやすまろ》が文字に著し編纂、712（和銅5）年、元明天皇に献上しました。

『古事記』に登場する神様のなかでも まずは5大神様は知っておこう

国生みの神様、太陽神、縁結びの神様……。大勢いる神様のなかでも絶対、知っておきたい最重要5大神様を紹介します。

神様PROFILE

1 日本を造った国生みの神
イザナギノミコト【伊邪那岐命】

神生み、国生みの男神。イザナミを妻とし、淡路島など数々の島を生み、日本列島を造りました。アマテラスやスサノオをはじめ、多くの神々の父親でもあります。妻が亡くなると黄泉《よみ》の国(死者の国)まで会いに行くという愛情の持ち主で、夫婦円満、子孫繁栄、長命、さらに厄除けにもパワーがあります。

御祭神の神社 ➡ 鶴羽根神社(→P.91)など

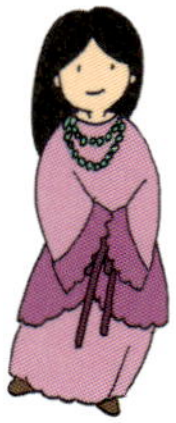

2 多くの神々を生んだ女神
イザナミノミコト【伊邪那美命】

イザナギの妻として神や日本を生んだ女神。イザナギとともに日本最初の夫婦神です。火の神を出産したことによる火傷で亡くなり、黄泉の国へ旅立ちます。そこで黄泉津大神《よもつおおかみ》として黄泉の国を支配する女王となります。神や国、万物を生み出す強い生命力の持ち主なので、参拝者の心や体にエネルギーを与えてくれます。

御祭神の神社 ➡ 揖夜神社(→P.65)、日本第一熊野神社(→P.113)など

3 天上界を治め、太陽を司る最高神
アマテラスオオミカミ【天照大神】

イザナギの禊によって生まれた女神。天上界である高天原を治める太陽神で八百万の神々の最高位に位置し、皇室の祖神とされています。全国の神明神社はアマテラスが御祭神で、その総本宮が伊勢神宮 内宮です。自分自身の内面を磨きたいとき、未来を開きたいときなどに力を貸してくれます。

御祭神の神社 ➡ 日御碕神社(→P.46)、伊勢神社(→P.62)など

4 乱暴者でも正義感が強い神
スサノオノミコト【須佐之男命】

アマテラスの弟。イザナギの禊によって誕生。父からは海を治めるように命じられますが、母のいる国に行きたいと反抗したため、追放されて放浪の身に。出雲に降り、ヤマタノオロチを退治して美しい妻を得ます。乱暴者ですが、正義感が強く、厄除け、縁結び、開運など多くの願いごとに応えてくれます。

御祭神の神社 ➡ 八重垣神社(→P.48)、須我神社(→P.73)など

5 優しくて恋多き、モテモテの神
オオクニヌシノミコト【大国主命】

スサノオの子孫です。ワニに毛をむしられた白ウサギを助けた神話『因幡の白ウサギ』で有名です。スサノオが与えた試練に耐え、人間界を治め、出雲の国造りを行いました。『古事記』によれば多くの女神と結ばれ「百八十」の神をもうけたとあり、良縁や子孫繁栄に御利益があるといわれています。

御祭神の神社 ➡ 出雲大社(→P.44)、大神山神社(→P.70)など

相関図

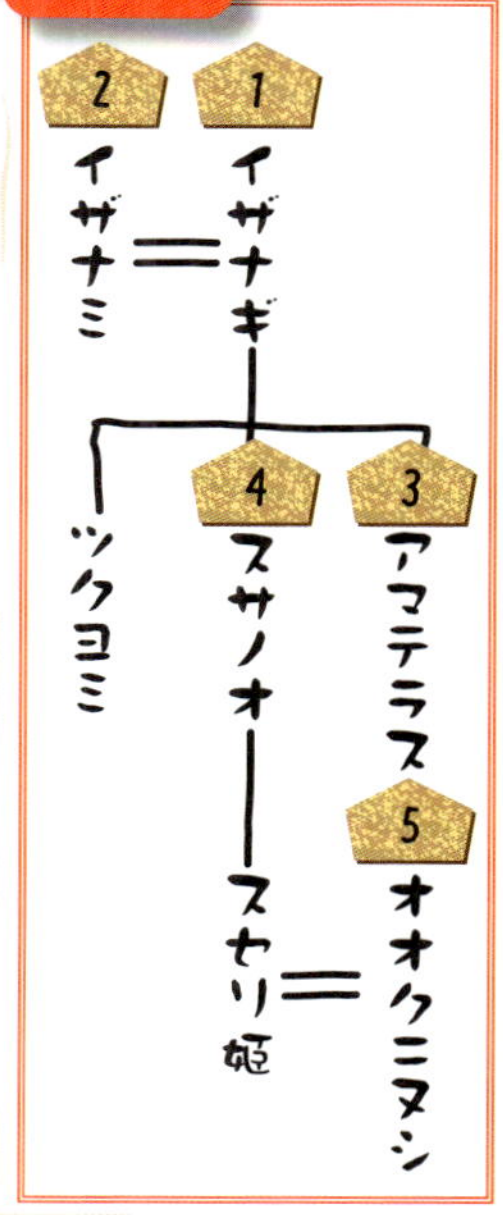

5大神様が主役。3つの神話

日本の神話で特に知っておきたい、3つの神話を『古事記』のなかからダイジェストでご紹介!

その1

日本列島とアマテラスの誕生

「国を完成させよ」と天上から命じられたイザナギとイザナミ夫婦は矛で海をかき回し、日本で最初にできた島・オノゴロ島を造ります。島に降り立ち、夫婦は島や多くの神々を生んでいき、日本列島が完成しました。ところが、イザナミは火の神を出産したときに亡くなり、黄泉の国（死者の国）へ行ってしまいます。妻を忘れられないイザナギは、妻を連れ戻しに黄泉の国に行ったものの、イザナミは屍と化した醜い姿になっていて、ビックリ! 驚いて逃げる夫をイザナミは追いかけます。

壮絶な夫婦バトルの末、夫・イザナギは無事、黄泉の国から生還。イザナギは穢《けが》れを祓うため、禊を行います。この禊によって日本の神話で重要な神、アマテラスやスサノオ、ツクヨミが生まれたのでした。

Point!

多くの神様と日本列島を生んだことから、イザナミとイザナギの夫婦神は力強い生命力を与えてくれ、子孫繁栄や夫婦円満、厄除けの神様とされています。

その2

最高神アマテラスと凶暴な神スサノオ

凶暴な性格で、父に反抗して追放されたスサノオは姉のアマテラスに会いに、神々がすむ天上界を訪ねます。天上界の最高神・アマテラスは「弟が攻めて来たのか」と疑いますが、スサノオは邪心がないことを証明。そこで姉は弟に滞在を許します。しかし、スサノオの変わらない行儀の悪さに、怒ったアマテラスは天岩戸《あまのいわと》に籠ってしまい、天上界に光がなくなってしまいました。困った神々はアマテラスを岩屋の外に出して、光を取り戻そうと連日会議。「岩屋の扉の前で大騒ぎすれば、アマテラスは様子をうかがうために外に出てくるのでは?」と考え、岩屋の外で神々の歌や踊りが始まりました。アマテラスが外をうかがおうと扉を少し開けた瞬間、力の神・天手力男神《あめのたぢからお》が扉を開き、アマテラスを引き出し世界に光が戻りました。この事件の原因でもあるスサノオは天上界からも追放されてしまいます。

その後、出雲の国に降り立ったスサノオは美しいクシナダヒメに出会います。ヒメは泣きながら、8つの頭と尾をもつ大蛇ヤマタノオロチに襲われていると訴えるのです。スサノオはオロチを退治。出雲に宮殿を建て、クシナダヒメを妻に迎え、仲よく暮らしました。

なんだか楽しそう

Point!

神々を治める絶対神・アマテラス。伊勢神宮をはじめ全国の神社に祀られ、人々の内面を磨いて成長させる御利益があります。スサノオは凶暴ながら愛する者のために闘うという一途さがあり、厄除け、縁結びのパワーがあります。

その3

国造りと国譲り

オオクニヌシには八十神といわれる大勢の兄弟神がいて、いつもいじめられていました。兄弟神たちは因幡の国に住む美しい神・ヤガミヒメに求婚するため旅に出ます。オオクニヌシは彼らの荷物持ちとして同行。**道中、毛皮を剥がされ八十神にいじめられた白ウサギを助けると、そのウサギは「ヒメはあなたを選ぶでしょう」と予言。そのとおりに結ばれます。**怒った兄弟たちは、オオクニヌシを殺してしまいました。

しかし、オオクニヌシは母の力で麗しい男としてよみがえります。母が言うには「兄弟たちに滅ぼされる前に根の国に逃げなさい」。

逃亡先の根の国は死者の国のような場所で、出雲から移ったスサノオが住んでいました。そこで**スサノオからさまざまな試練が課せられますが、スサノオの娘スセリ姫にオオクニヌシは救われます。**ふたりは苦難を乗り越えて結婚。根の国を出て、出雲の国を造りました。

さて、天上界ではアマテラスが地上界を平定しようとしていました。アマテラスは交渉役としてタケミカヅチを出雲に送り込みます。彼はオオクニヌシの息子と力比べをして、勝利。そこで**オオクニヌシは国を譲ることになりました。**その交換条件として出雲に壮大な社殿＝出雲大社が建てられ、オオクニヌシは出雲の神として祀られたのでした。

Point!

出雲大社に祀られているオオクニヌシは国を譲るなど協調性のある神様です。また女神にモテる神で出会いや縁を大切にしました。そこで人と人とを円満に結びつける縁結びの御利益があります。

出雲で
ひとふんばり

第一章

以上、駆け足でお送りしました！
パチ
パチ
パチ

この神様もおさえておきたい

神武天皇

アマテラスの末裔が東征
国を治め初代天皇となる

地上に降りたニニギノミコトはコノハナサクヤヒメと結婚。ふたりの曾孫であるカムヤマトイワレビコは地上界を統治するのに最適な場所を探すため、日向（今の宮崎県）を出て東に向かいます。熊野からは八咫烏《やたがらす》の案内で大和に入りました。反乱を鎮め、奈良の橿原の宮で即位。初代・神武天皇となったのです。

ニニギノミコト

地上を支配すべく
天上界から降臨

地上界の支配権を得たアマテラスは、天上から地上に統治者を送ることにしました。選ばれたのが、孫であるニニギノミコトです。彼は天岩戸事件で活躍した神々を引きつれて、高千穂嶺に降臨。この天孫降臨により、天上界と地上界が結びつき、アマテラスの末裔である天皇家が日本を治めていくことになりました。

あなたの悩みに応えてくれる神様がすぐわかる！

神様との縁結びチャート

どの神様をお参りしようかと迷ったら、このチャートを試してみて。
簡単な質問に答えていくだけで、今のあなたに必要なパワーを授けてくれる神様が見つかります。
どの神様も本書で紹介している神社に祀られている神様ばかり。
あなたに必要な神様が見つかったら、さっそくパワーを頂きにお参りに行きましょう。

YESは → に、NOは → に進んでください

START!

今、いちばん悩んでいるのは異性関係だ

絶対に負けられない戦いがここにはある……仕事や勉強のライバルがいる

しっかり寝てもダルい……最近ちょっと疲れ気味

雑誌やネットのチェックは欠かさず流行に敏感なほうだと思う

今、好きな人または、恋人がいる

出世なんて興味なし私はマッタリ派

今の自分に自信がない

結婚している

反骨心と正義感の強い勝運、開運の神様

スサノオノミコト

どんな困難があっても、解決策を見つけて乗り越えていけて、時代の流れにも敏感でとても前向きな人のようです。でも、油断をすると思ってもみなかったような災難が襲ってきそう。スサノオノミコトは厄除けの御利益が絶大。あなたの周囲に潜む災難を遠ざけ、さらに自分を高め、キャリアアップしていけるパワーを頂きましょう。

自分磨きや未来を切り開くパワーをくれる女神

アマテラスオオミカミ

今の自分に自信がない人、ライバルはいるけれど現状維持で満足という人。ときには周囲やライバルに自分の存在をアピールすることも大切です。そこで、最高神とも呼ばれる女神のパワーを頂きましょう。ファッションセンスを磨いたり、趣味や教養を身につけたり、魅力アップの力や未来を切り開くパワーを授けてもらえます。

優しくて恋多きモテモテの神

オオクニヌシノミコト

縁結びでは最強のパワーがある神様。恋人との仲が進展しない、でも自分から行動する勇気がないという人には一歩前に進む力を授けてくれます。自分に自信のあるあなた。もしかして他人にとって少し怖い存在で孤立していませんか？仲間との協調性を身につけ、友人との良縁が結べるパワーを授けてもらいましょう。

夫婦円満と生命力をもたらす国を生んだ夫婦の神

イザナギノミコト イザナミノミコト

国を生んだ二柱の神様は愛する人のいる人に、将来、何が起きても、ふたりの仲が壊れることなく、年月を重ねるごとに絆が強くなっていく力を授けてくれます。ライバルがいるあなたは、ストレスで少しお疲れ気味。そこで、神様から生命力強化のパワーを頂きましょう。重い疲れが軽くなるかもしれません。

行きつけ神社の見つけ方！

困難にぶつかったとき、気分が晴れないとき、
そんなときに行きつけの神社があれば、
すぐに参拝してパワーをもらえたり、
心を落ち着かせたりすることができるでしょう。
行きつけの神社を見つけるヒントをご紹介します

撮影地：吉備津彦神社

まずは土地の守護神に参拝を

日本全国には8万社もの神社があり、そのなかから「行きつけ神社」を見つけるには、まず自分が住んでいる地域の氏神《うじがみ》・産土《うぶすな》神《がみ》をお祀りする神社を調べましょう。氏神・産土神とはその土地の守護神のことで、自分がその土地に住み始めてからずっと見守ってきてくれた神様といえます。

昔の人々は血縁関係で結ばれた集団をつくって暮らすのが普通でした。彼らが守護神としてあがめたのが氏神です。例えば藤原氏は春日権現、源氏は八幡神を氏神にしていました。

一方、産土神は血族に関係なく、その土地を守る神様として崇敬されてきました。ところが、徐々に氏神も地域の守り神となり、両社の区別は曖昧になりました。現在では氏神も産土神も、その土地の守護神と考えられ、両社を総称して氏神としています。氏神に対し、神社のある地域に住んでいる人々を氏子といい、氏子を代表して神社との連携を図る役職を「氏子総代」といいます。どこの神社が自分の住所の氏神かは神社本庁のウェブサイトで各都道府県の神社庁の連絡先を調べて、電話で問い合わせると、教えてくれます。

やはり氏神の御朱印は頂いておきたいものです。また、転居したら、最初に氏神にあいさつに行きましょう。

よくある「八幡」「稲荷」はどんな神社？

神社めぐりをしていると、○○稲荷や○○八幡など同じ名前の神社が多くあることに気づきます。これらは同じ系列の神社で同じ御祭神を祀り、同じ御利益が頂けます。ですから、チャージしたいパワーによって参拝するべき神社が社名でわかるというわけです。ここでは本書に掲載している神社に関連する信仰の一部を紹介します。

☆神社本庁ウェブサイトは
http://www.jinjahoncho.or.jp

八幡信仰

京都府の石清水八幡宮に代表される八幡神社は、武家の守護神として各地に祀られています。代表的な御利益は勝運。スポーツや勝負ごとだけでなく病気に打ち克つ力や弱気に勝つ力も頂けます。

稲荷信仰

御祭神はウカノミタマノカミ。本来は稲の成長を見守る穀物、農業の神ですが、現在は商売繁盛や出世運の御利益でも信仰されています。営業成績アップや招福の祈願にはお稲荷さんへ行くとよいでしょう。

祇園信仰

祇園信仰とは、牛頭天王および素戔嗚尊に対する神仏習合の信仰のこと。京都府の八坂神社もしくは兵庫県の広峯神社を総本社としています。祇園祭は疫病を除けるために行われるお祭りです。

天神信仰

学問の神様とされる菅原道真公をお祀りする神社で、学業成就・合格祈願の参拝者で天神社や天満宮はにぎわいます。入試だけではなく、資格試験や昇進試験の合格祈願にも応えてくれます。

出雲信仰

島根県の出雲大社（→P.44）と大国主命に対する信仰で生活安泰の神として崇められてきました。旧暦10月に全国の神々が出雲で縁を結ぶとの伝承があり良縁成就の御利益があります。

嚴島信仰

宗像三女神をお祀りする神社で総本社は広島県の嚴島神社（→P.56）です。三女の市杵島姫命は神仏習合の時代に弁財天と同一視されているので財運の向上をお願いしましょう。

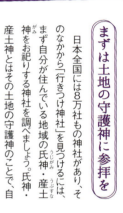

キーワードで知る神社

神社を参拝すると聞き慣れない言葉を耳にすることがあります。
そこで、わかりにくい「神社ワード」をピックアップし、解説。
これを知れば、神社めぐりがもっと楽しくなるはず。

【荒魂《あらたま》と和魂《にぎたま》】

神様がもつふたつの霊魂

荒魂は神様の荒々しい霊魂、和魂は穏やかな霊魂のことをいいます。どちらも神道における考え方で、三重県の伊勢神宮など、それぞれを祀るお宮が存在する神社もあります。

【御神木】

神域にある神聖な木

神社のシンボルであったり、神様が降臨する際の依代《よりしろ》（目印）であったり、神域にある特定の樹木や杜を、御神木と呼んでいます。御神木に注連縄《しめなわ》を張る神社もあります。

【勧請《かんじょう》・分霊】

別の土地の神様をお迎えします

離れた土地に鎮座している神様を分霊（御祭神の霊を分けて、ほかの神社に祀ること）し、社殿に迎え、奉ること。勧請はもとは仏教用語から来た言葉です。かつて分霊を勧請するときには神馬《しんめ》の背中に御神体をのせ、移動していたといわれています。

【大麻《おおぬさ》（大幣）】

祈祷などで使われるお祓いの道具

榊の枝や棒に紙垂《しで》（和紙でできた飾りのようなもの）、麻をくくりつけたものが一般的。この大麻を振ってお祓いをします。ちなみに伊勢神宮では御神札を「神宮大麻《じんぐうたいま》」といいます。

【宮司《ぐうじ》・権宮司《ごんぐうじ》】

栄えある神社のトップポジション

宮司は祈祷から神事まで幅広く従事する神社の代表のことをいいます。また権宮司はナンバー2のことで、一部の神社で宮司と禰宜の間に置かれているポジションになります。

【斎王《さいおう》】

神様に仕える未婚の内親王や女王

伊勢神宮などに奉仕する未婚の内親王または女王のこと。斎王の「斎」は、潔斎《けっさい》（神事などの前に心身を清めること）して神様に仕えるという意味です。京都の初夏を彩る「葵祭」の主役「斎王代《さいおうだい》」は、名前のとおり斎王の代理として神事を務めます。

【御祭神《ごさいじん》・御神体《ごしんたい》】

祀られている神様と神様の居場所

御祭神は神社にお祀りされている神様のこと。神社によっては複数の神様をお祀りしていて、主として祀られる神様を「主祭神」ともいいます。御神体は、神様が降臨するときに、よりどころとなる依代（目印）のようなもの。御神体そのものは神様ではありません。

【お札・お守り】

どちらも祈願を込めて祈祷されたもの

お札は神社で祈祷された紙や木、金属板のことです。災厄を除けるとされています。お守りはお札を小さくし、袋などに入れて、持ち歩けるようにしたものです。どちらも1年に一度は新しいものに替えるとよいとされています。

【神宮《じんぐう》】

皇室とゆかりのある由緒ある神社

神宮とは、皇室のご先祖や歴代の天皇を御祭神とし、古代から皇室と深いつながりをもつ特定の神社の社号です。なかでも「神宮」といった場合は、伊勢の神宮を指します。「伊勢神宮」は通称で、正式名称は「神宮」です。

【崇敬神社《すうけいじんじゃ》】

地域にとらわれず個人で崇敬する神社

全国の神社は伊勢神宮を別格として、大きくは崇敬神社と氏神神社に分けることができます。地縁などと関係なく、個人で信仰する神社を崇敬神社といい、人生のさまざまな節目などに参拝する人も。地域の氏神様と両方信仰しても問題はありません。

【神紋《しんもん》・社紋《しゃもん》】

神社で用いられている紋

神紋・社紋どちらも同じ意味です。神社にゆかりのある植物や縁起物、公家や武家の家紋が用いられることも。天満宮系はおもに「梅(梅鉢)紋」、春日大社系は「藤紋」と、社紋を見れば神社の系統がわかります。

【榊《さかき》】

神棚や神事などに欠かせない植物

ツバキ科の常緑樹で小さな白い花をつけます。「さかき」の語源は、聖域との境に植える木、栄える木からなど諸説あります。「神事に用いられる植物」の意味から「榊」の国字になったともいわれています。

【禰宜《ねぎ》・権禰宜《ごんねぎ》】

神社トップの補佐役を担う

禰宜は権宮司がおかれていない場合、宮司の補佐役にあたります。権禰宜は職員。御朱印を授与しているのはおもに権禰宜です。境内の掃除や参拝者の対応のほか、社務所内での書類作成などのデスクワークや取材対応など広報のような役割を担うこともあります。

【幣殿《ヘイデン》】

神様へお供え物をするための場所

参拝者側から見て、拝殿・幣殿・本殿の縦並びが一般的。嚴島神社(→P.56)などで見ることができます。神事を司る人が神前で参拝するときはこちらで。通常、一般の参拝者は入ることができません。

【巫女《みこ》】

神楽や舞を奉仕する女性

神職の補助や神事における神楽や舞を奉仕。神職にはあたらないため、資格は必要ありません(→P.33)。

【例祭《れいさい》】

神社の最も重要な祭祀

「例大祭」と呼ばれることも。基本的にはひとつの神社につき、例祭はひとつだけ。年に一度、日が決められていることがほとんどですが、参加者を考慮して週末などに開催されることもあります。

column

これを知っていれば、神社ツウ

境内と本殿様式

知ってるようで知らない境内のあれこれ。そして神様を祀る本殿の建築様式を知ると参拝がもっと楽しくなります！

参拝のための拝殿に本殿、摂社《せっしゃ》など盛りだくさん！

鳥居から本殿に向かって延びる道は参道です。参拝前に手や口を水で清めるところを手水舎《ちょうずや》＊といいます。御祭神をお祀りするのが本殿、その手前にあるのが拝殿で参拝者は拝殿で手を合わせます。境内にある小さな祠《ほこら》は摂社、末社《まっしゃ》といいます。摂社は御祭神と関係が深い神様、末社にはそれ以外の神様が祀られています。拝殿前にある狛犬は、神様を守護する想像上の動物。正式には向かって右が獅子、左が狛犬です。本殿は建築様式によってさまざまなタイプがあります。いちばん大きな違いは屋根。おもな建築様式を下で紹介します。

神社の境内にある建物たち！

本殿
摂社
手水舎
御朱印はこちらで頂けることが多い
社務所
末社
拝殿
狛犬
参道
鳥居

＊「てみずしゃ」と読む場合もあり

本殿の建築様式。見分け方のポイントは屋根！

権現造《ごんげんづくり》

日光東照宮に代表される様式。拝殿と本殿の間に「石の間」と呼ばれる建物を設けています。屋根には神社ではあまり用いられない瓦葺《かわらぶき》も見られます。

神明造《しんめいづくり》

古代から伝わる高床式のスタイルで伊勢神宮が代表例。屋根には神社特有の千木、鰹木をのせています。檜皮葺《ひわだぶき》、茅葺《かやぶき》、板葺《いたぶき》がほとんどで勾配が急。

流造《ながれづくり》

神社建築で最も多いタイプ。側面から見ると正面にあたる屋根が長く前に延びているのがわかります。長く延びた部分を「庇《ひさし》」または「向拝《こうはい》」と呼びます。

【島根】
隠岐の島々で
御朱印めぐり
P.50

1泊2日

【出雲＆松江】
最強パワーを頂く
縁結び参り

★出雲大社　★日御碕神社
★玉作湯神社　★八重垣神社
★松江神社
★松江城山稲荷神社
P.44

【下関】
平安と幕末への
タイムトリップ

★大歳神社　★赤間神宮
★亀山八幡宮　★嚴島神社
★櫻山神社
P.52

第二章

話題の神社をめぐる開運さんぽへ
週末御朱印トリップ

ウイークエンドは御朱印＆御利益をたっぷり頂きに小さな旅へ出発！
楽しさいっぱいの山陰　山陽神社めぐり旅をご紹介。

【宮島＆広島】
幸せを引き寄せる
絶景の島旅へ

★嚴島神社
★胡子神社　★廣瀬神社
★空鞘稲生神社
★広島護國神社
P.56

【島根＆鳥取】
出雲神話
ドライブ巡礼
P.64

【鳥取】
山陰屈指の
パワスポめぐり

★白兎神社
★賀露神社　★長田神社
★宇倍神社
P.66

【岡山＆倉敷】
桃太郎のパワーで
勝運ゲット

★吉備津神社　★吉備津彦神社
★岡山神社　★伊勢神社
★羽黒神社
P.60

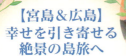

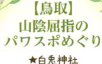

出雲の聖地をぐるりめぐって最強パワーを頂く縁結び参り

1泊2日プラン
出雲＆松江
1日目

「神話」の国と呼ばれる出雲で祈りを捧げ、神様と仲よくなることが良縁成就への近道です。特に"キング・オブ・縁結び"の大国主をお祀りする出雲大社は、恋する乙女たちを全面的にバックアップしてくださいます。松江で恋活に御利益のある神社をめぐれば完璧です！

赤い糸で運命の恋を紡ぐ 日本最強の縁結びスポット！
出雲大社（いづもおおやしろ）

主祭神 オオクニヌシノオオカミ 大国主大神

勢溜（せいだまり）の大鳥居から下り坂の参道を歩くと、清冽な聖地です。「神諮（かむはかり）」の神事を主催される大国主にしっかり気持ちをお伝えしたら御本殿の手前にある授与所で「縁むすびの糸」を頂きましょう。目に見えない運命の糸を強く結びつけ、恋も仕事も良縁を引き寄せてください！

空気がスーッと肌に染みわたります。初めて参拝するなら朝がおすすめ。陽光で神像が浮き上がり、樹々の芳香に包まれて出雲神話の世界に迷い込んだかのよう。祓橋を越えると神域の気配がどんどん濃くなり、心がドキドキときめきます。そう、ここは日本各地から八百万神（やおよろずのかみ）が集まり、男女の縁を取り

神聖な八雲山をバックにした拝殿や本殿からパワーを受け取りましょう

正門の「勢溜の大鳥居」は二の鳥居です。一の鳥居は神門通りを500m下ります

ドーンとかけられた神楽殿の注連縄は全長13.6m、重さは約5.2トン！

八足門の前にある色違いのタイル。鎌倉時代の巨大柱の遺構を示します。

二礼、四拍手、一礼で祈ります

DATA
出雲大社
創建／神代　本殿様式／大社造
住所／島根県出雲市大社町杵築東195
電話／0853-53-3100
交通／一畑電車・大社線「出雲大社前駅」から徒歩5分、またはJR山陰本線「出雲市駅」から一畑バスで30分、出雲空港からリムジンバスで37分
参拝時間／6:00～18:00
（拝殿より北側の神域は16:30まで）
御朱印授与時間／7:00～18:00
URL https://www.izumooyashiro.or.jp

御朱印
参拝　令和二年八月三十日
墨書／参拝　印／出雲大社
●参拝の墨書と篆書体の印が押されます。古事記や日本書紀に建築の詳細が語られている唯一の神社です

MAP

出雲大社へのアクセス
JR山陰本線「出雲市駅」から出雲大社まで一畑バスで30～40分。「正門前」で下車すれば勢溜の大鳥居が目の前です！

出雲大社前と日御碕神社を結ぶ路線バスは1日8往復してます

モデルプラン 1日目

9:30	10:00	11:35	12:55	13:45	15:35	16:20
JR「出雲市駅」	出雲大社	ご縁横丁でランチ	稲佐の浜	日御碕神社	「出雲大社前駅」	「松江しんじ湖温泉駅」
バスで30分	滞在90分	徒歩5分 滞在60分	徒歩20分 滞在20分	バスで20分 滞在35分	バスと徒歩で75分	電車で45分

神様との仲を深めましょう

縁結び！参拝ルートMAP

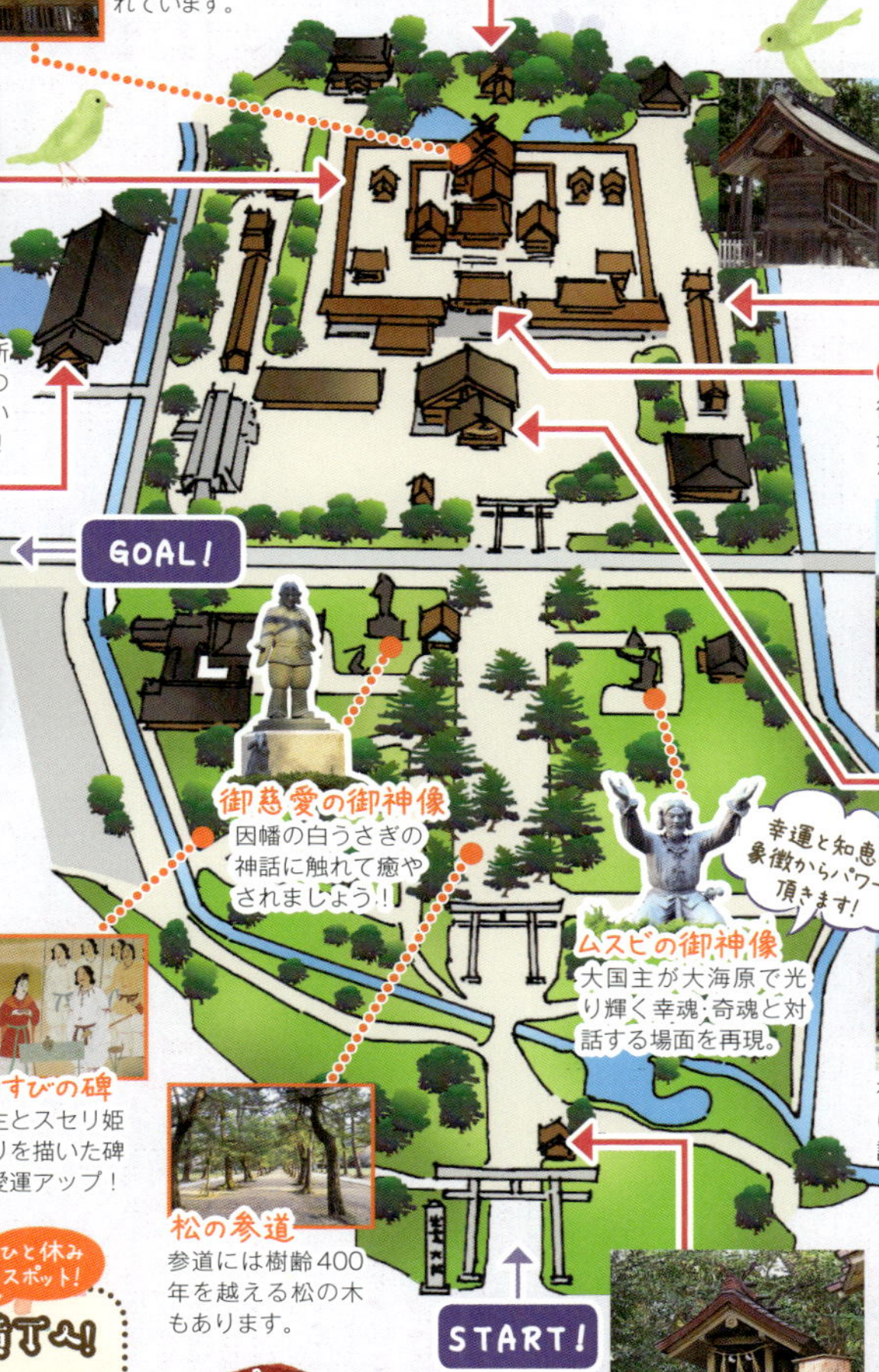

国宝 御本殿

高さ24mの日本一大きい社殿です。日本最古の「大社造」の建築様式で玉垣や瑞垣（みずがき）で守られています。

❶ 祓社《はらえのやしろ》

まず祓戸の四柱に日常の穢れを祓ってもらいましょう。心身を浄めれば神様からの御利益をフルに頂けます！

❷ 拝殿

御朱印授与所は北側です

祈祷や諸祭事が行われます。参拝時には心の中で名前を名乗り、日頃の感謝の気持ちを伝えることが重要です。

❸ 八足門《やつあしもん》

御本殿を囲む玉垣に建つ、大国主に最も近い参拝場所。人間関係や健康など幅広い縁を結んでくださいます。

❹ 十九社《じゅうくしゃ》

旧暦10月の神在祭に全国から集まる八百万神の宿舎。東西に社があり普段は日本各地の神々への遥拝所です。

❺ 素鵞社《そがのやしろ》

八雲山の山裾に建ち、社殿後の岩には強力な浄化パワーがあります。社殿の下には清めの砂も置かれています。

❻ 本殿西遥拝場

玉垣に面した小さな拝礼所は西を向いている御神体の正面となります。最も願いが届きやすいスポットです！

御朱印は神楽殿でも頂けます

❼ 神楽殿

注連縄は1年以上の歳月と延べ1000人の手によって作られました。中央部が太く龍の姿にも見えます。

御慈愛の御神像

因幡の白うさぎの神話に触れて癒やされましょう！

ムスビの御神像

幸運と知恵の象徴からパワーを頂きます！

大国主が大海原で光り輝く幸魂・奇魂と対話する場面を再現。

約50羽のうさぎ像を探してみて

縁むすびの碑

大国主とスセリ姫の契りを描いた碑で恋愛運アップ！

松の参道

参道には樹齢400年を越える松の木もあります。

出雲大社の歴史を深く理解できます

古代出雲歴史博物館 → P.65
境内東側に隣接しています。

ひと休みスポット！

名物グルメを楽しむならご縁横丁へ！

勢溜の大鳥居の南側には、地元グルメやみやげ物屋が並ぶご縁横丁があります。出雲が発祥とされるぜんざいを味わいましょう！

紅白のお餅で縁結び！

出雲ぜんざい餅
住所/島根県出雲市大社町杵築南840-1
営業/9:00～17:00（季節により変動）

運気UP! 授与品

絵馬

新たな出会いを祈願する「縁むすび絵馬」（小500円、大1000円）

お守り

「縁むすびの糸」（1000円）。服に縫い付けたりストラップにして身に着けて良縁を成就！

「しあわせの鈴」（小1000円、大1500円）。涼やかな音で良縁を呼び込みます

御朱印帳

御朱印帳はこちらです！

オリジナルの御朱印帳は二重亀甲剣花菱の神紋と八雲をあしらった青と、国宝となっている御本殿が描かれた白の2種類があります（各1200円）

かつて沖合にあった弁天島には豊玉毘古命が祀られています

日本中の神々が集うビーチで
疲れた心と体をデトックス

稲《いな》佐《さ》の浜《はま》

出雲大社の神楽殿から西へ20分ほど歩くと国譲り神話の舞台となった浜辺に到着します。今も旧暦10月に出雲へ集まる日本全国の神々を、最初にお迎えする神聖な場所です。サラサラした浜辺の白砂を、素鵞社《そがのやしろ》の砂箱のものと交換すれば「神の砂」になります。地元の人に倣って自宅のお清めに使いたいなら、最初に稲佐の浜を訪れましょう。

「日本の渚100選」にも選ばれた夕景はまさに神話の光景です

稲佐の浜の砂を頂き、出雲大社の本殿北側にある素鵞社へ。床下の砂と交換して持ち帰ります

土地を清める
厄除けの砂に
なります!

夜の浜辺で執り行われる出雲大社の神迎（かみむかえ）神事

DATA
稲佐の浜
住所／出雲市大社町杵築北稲佐
交通／一畑バス「稲佐の浜」から徒歩１分、または一畑バス「出雲大社連絡所」から徒歩15分

主祭神
アマテラスオオミカミ
天照大御神
カムスサノオノミコト
神素盞嗚尊

青い海に朱色の社殿が映える
日本の夜を守る出雲のシンボル

日《ひの》御《み》碕《さき》神《じん》社《じゃ》

島根半島の岬を背に立つ朱色の鮮やかな社殿は竜宮城のよう。緑の松林に映える楼門の正面には下の宮(日沈宮《ひしずみのみや》)、右手の丘に上の宮(神の宮)が鎮座し、両社を総称して日御碕神社と呼びます。太陽を司る姉神と海原を治めた弟神が、縁結びや心身浄化など多様なお願いを聞いてくださいます。個数限定の「御神砂守」は厄除けの最強お守りです。陳列されていないので授与所で声をかけてゲットしましょう!

芸術的な本殿の蛙股(かえるまた)も必見です!

松林の岬に立つ社殿は徳川家光の命で17世紀に造営されました

見どころCheck!

日本の夜を守る日の沈む聖地

天照大御神を祀る下の宮は勅命により「日本の夜を守る」とされ、「日本の昼を守る」伊勢神宮とともに崇敬されてきました。華やかな桃山時代の面影を残す社殿は国の重要文化財です。

御朱印

墨書／奉拝　印／日御碕神社 ●村上天皇より国家守護の宮として社名に「日」の字を賜りました。御朱印は楼門内の社務所で頂けます

DATA
日御碕神社
創建／神代
本殿様式／権現造
住所／島根県出雲市大社町日御碕455
電話／0853-54-5261
交通／一畑バス「日御碕」から徒歩1分
参拝時間／9:00～17:00
御朱印授与時間／8:30～16:50

「願い石」に祈りを込めて ステキな恋に出会えますように！

玉《たま》作《つくり》湯《ゆ》神《じん》社《じゃ》

美人の湯で名高い温泉地では弥生時代から勾玉や管玉が作られてきました。温泉街の奥にある境内へと向かい、本殿で参拝したら右手にある「真玉《まだま》」でも祈願しましょう。真ん丸の石の玉は触れながら祈ると願いがかなうパワスポで、「叶い石」に気持ちを封じ込めれば自分だけのお守りのできあがり！　宮司さんによると「特に縁結びの御利益が強いので、このお守りを肌身離さず持ち歩けば、公私ともによいパートナーに恵まれるでしょう」とのこと。玉のように輝く未来をつかみましょう。

主祭神

櫛明玉神《クシアカルダマノミコト》

大名持神《オオナモチノミコト》

少彦名神《スクナヒコナノミコト》

真玉
石の種類や巾着袋のデザインは開けてからのお楽しみ！

「願い石」とも呼ばれる真玉は神域の山に突如出現したもの。石の神様として祀られています

願いをかなえるお守りの作り方

大鳥居の手前にある社務所で「叶い石」（600円）を頂きます

神水で清めた「叶い石」を真玉に当てて願いを込めます

世界でひとつだけのお守りが完成！　良縁成就まで持ち歩きます

大鳥居の扁額は総理大臣だった若槻礼次郎の揮毫です

運気UP! 授与品

お守り

「御祈勾玉守り」（1900円）。メノウや碧玉は天皇即位の式典でも献上されます

願い札に名前と願いごとを書いて、1枚は本殿の箱へ 複写は巾着袋へ

御朱印

出雲國玉造
玉作湯神社
令和二年九月二十六日

墨書／出雲國玉造、玉作湯神社 印／玉作湯神社、勾玉の印 ● 玉造温泉の産土神です。例大祭では温泉のお湯を神前に供える「献湯の儀」も奉納されます

DATA

玉作湯神社

創建／不詳（1300年前に編纂された出雲国風土記に御鎮座の記載あり）
本殿様式／大社造変形
住所／島根県松江市玉湯町玉造508
電話／0852-82-0006
交通／一畑バス「玉造温泉」から徒歩4分、または松江市コミュニティバス「一畑営業所」から徒歩4分
参拝時間／自由
御朱印授与時間／9:00～12:00、13:00～17:00（土日祝8:30～17:00）

見どころCheck！

「恋願い橋」でかなわぬ恋も成就！

神社前に流れる玉湯川に架かる赤い欄干の宮橋は「恋願い橋」と呼ばれる恋愛成就スポット。ここで玉作湯神社の鳥居を入れて写真を撮ると、片恋も成就するのだとか。婚前写真の撮影スポットとしても人気です。

MAP

松江城山稲荷神社
塩見縄手
松江城
国宝松江城県庁前
松江神社
出雲方面へ 約40km
一畑電車
松江しんじ湖温泉駅
松江駅
大橋川
9
宍道湖
乃木駅
松江中央IC
山陰自動車道
JR山陰本線
松江玉造IC
八重垣神社
八重垣神社
玉造温泉駅
玉造温泉
玉作湯神社
N
0
2km

モデルプラン 2日目

8:15 「松江しんじ湖温泉駅」 → 徒歩とバスで 55分 → 9:10 玉作湯神社（滞在 50分） → 徒歩とバスで 90分 → 11:30 八重垣神社（滞在 45分） → バスと徒歩で 35分 → 12:50 松江神社（滞在 30分） → 徒歩で 10分 → 13:30 松江城山稲荷神社（滞在 40分） → 徒歩とバスで 20分 → 14:30 JR「松江駅」

1泊2日プラン

主祭神
素盞嗚尊《スサノオノミコト》
稲田姫命《イナタヒメノミコト》

神話の世界で初めて結婚された
ラブパワーの聖地で恋占い

八重垣神社《やえがきじんじゃ》

素盞嗚尊が八岐大蛇《やまたのおろち》を退治の際に「八重垣」を造り稲田姫命を隠された神話の舞台です。二柱が夫婦となった「古代結婚式」発祥地は出雲有数の挙式スポットとしてカップル憧れの的。境内奥の「鏡の池」は稲田姫命が大蛇から隠れていた場所で、女神が鏡として使った池に自分の姿を映すと恋愛運や美人度アップのうれしい御利益が頂けます！　伝説の池では和紙を浮かべ、硬貨をのせて恋占いもしてみましょう。和紙の沈む速さで出会いのタイミングが、沈む位置で自分と相手との距離（身近なのか遠方なのか）がわかるそうです。

神秘的な池でドキドキの恋占い。用紙が15分以内に沈めば縁が近く、30分以上は縁遠いのだそうです

縁を招く方角も文字で告げらます

縁占いの用紙は授与所で頂けます（100円）

運気UP! 授与品

八重垣宮

「姫お守り」（500円）

絵馬

絵馬」（小500円、大800円）。宝物殿に所蔵された壁画に描かれた御神像の絵馬です

DATA
八重垣神社
創建／神代
本殿様式／大社造
住所／島根県松江市佐草町227
電話／0852-21-1148
交通／松江市営バス「八重垣神社」から徒歩1分
参拝時間／9:00～17:00
御朱印授与時間／9:00～17:00
URL https://yaegakijinja.or.jp/

お守り

「えんむすび貝守」（800円）。ぴったり合う理想の相手と出会えるよう祈願されています

二葉椿の花をモチーフにした「美の御守り」（800円）。稲田姫の美貌にあやかれます

境内社の山神神社では夫婦和合や安産子授けの御利益を頂きましょう

御朱印

令和二年九月二十六日
参拝
八重垣神社

墨書／参拝　印／八重垣神社
●素盞嗚尊が詠まれた稲田姫をめとったよろこびの和歌から「八重垣の宮」と呼ばれるようになりました

御朱印帳はこちら！

御朱印帳

愛と美の象徴である椿が描かれた御朱印帳です。稲田姫命が立てた2本の椿の枝が、芽吹いて1本の幹になった伝承が残ります。1000円

見どころCheck！

ハート形の葉が見られることも！

3本の夫婦椿で美と良縁の満願成就

境内には「夫婦椿」と呼ばれる3本の神木があります。神社前の「連理玉椿」は美容、拝殿左の「乙女椿」は縁結び、鏡の池の手前にある「子宝椿」は子授けと御利益が異なるパワースポットになっています。

主祭神
松平直政《マツダイラナオマサ》

恋のライバルに打ち勝つ力を
勇猛果敢な武将にお願い!

松《まつ》江《え》神《じん》社《じゃ》

天守閣を守るように松江城二の丸に鎮座しています。主祭神は難攻不落の真田丸を攻めて武勲をあげた松平直政。祖父の徳川家康も合祀されているので勝運や開運のパワーはお墨付きです。松江松平家の合印でもある「猪の目」をモチーフにしたハートの絵馬を奉納し、良縁もお願いしましょう。絵馬は城郭内の観光案内所や興雲閣で入手できます。

御朱印

奉拝
令和三年四月三日
松江神社

墨書／奉拝　印／神紋(三つ葉葵)、松江神社　●直政公を祀る楽山神社をこの地に遷座し、家康公の東照宮と合祀しました

奉拝
福徳稲荷神社
令和三年四月三日

墨書／奉拝、福徳稲荷神社　印／神紋(宝珠と立葵)、狛狐の印　●本殿の右手にある境内社の御朱印も頂けます

御朱印帳

直政公出陣の旗の色が再現された「御朱印帳」(1500円)

DATA
松江神社
創建／1877(明治10)年
本殿様式／権現造
住所／島根県松江市殿町1
電話／0852-22-2324
交通／一畑バス「国宝松江城県庁前」から徒歩5分、または松江市営バス「県庁南入口」から徒歩6分
参拝時間／自由
御朱印授与時間／9:00～17:00

運気UP! 授与品

お守り

「勝守」(500円)

絵馬

「えにしずく絵馬」(630円)

御城印インフォ

松江神社から松江城まで徒歩1分ほどです。
松江城→P.141

主祭神
宇迦之御魂神《ウカノミタマノカミ》
誉田別尊《ホンダワケノミコト》

玉を持つ石狐を探して
縁結びや恋の願いを成就

松《まつ》江《え》城《じょう》山《ざん》稲《いな》荷《り》神《じん》社《じゃ》

城郭の北側にある赤い鳥居をくぐり、石段を上りきると狛狐が随神門を守っています。境内には400体以上の石狐が奉納されており、玉を手に乗せた一体の狐像とめぐり逢えたら願いがかなうと伝わります。明治時代の作家・小泉八雲も所狭しと並べられた狐の石像をこよなく愛し、毎日のように立ち寄り散策したそうです。参拝後はお堀を越えて、小泉八雲の旧家が残る塩見縄手へも足を延ばしましょう。

神札

小泉八雲が「松江唯一の防火設備」と評し大英博物館に送ったとされる火難除け神札(500円)

見どころCheck!

小泉八雲 お気に入りの石狐

小泉八雲の松江在住時は境内に約2000もの石狐があり、特に随神門の一対を愛でていました。その石狐は現存し、本殿右脇に祀られています。

御朱印

奉拝
令和三年四月三日
松江城山稲荷神社

墨書／奉拝　印／社紋(三つ葉葵)、松江城山稲荷神社　●松平直政公により創建された松江藩と出雲隠岐の守護神です

運気UP! 授与品

絵馬

日本三大船神事のホーランエンヤを描いた絵馬(1000円)

お守り

肌守り(500円)

DATA
松江城山稲荷神社
創建／不詳　本殿様式／入母屋造
住所／島根県松江市殿町477　電話／0852-21-1389
交通／一畑バス「国宝松江城県庁前」から徒歩10分、または松江市営バス「塩見縄手」から徒歩6分
参拝時間／自由　御朱印授与時間／9:00～17:00(目安)
※2024年12月現在、御朱印の授与を休止中

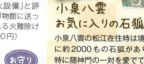

島根 隠岐 フリープラン

神々が宿るナチュラルアイランド

隠岐の島々で御朱印めぐり

4つの有人島と約180の小島からなる隠岐諸島は海に浮かぶパワースポットです。「国生み神話」で3番目に誕生したとされる島には古来からの信仰が息づきます。かつて「大社」に格付けされた古社をめぐり、海の絶景にも癒やされましょう。

神光が良縁へ導くパワースポット

伊《い》勢《せ》命《みこと》神《じん》社《じゃ》

主祭神
伊勢命《イセミコト》

夜の海に神々しく輝いた光を神託により御祭神として祀ったのが神社の始まりです。平安時代の歴史書『続日本後紀』にも「霊験あり」と記された由緒あるパワスポで良縁を結んでいただきましょう。

墨書／奉拝、伊勢命神社　印／伊勢命神社

DATA
創建／不詳　本殿様式／隠岐造
住所／島根県隠岐郡隠岐の島町久見字宮川原375
交通／西郷港から車で30分　参拝時間／自由
御朱印授与時間／9:00～17:00（隠岐の島町観光協会で授与）
URL okitabi.jp/contact/index（御朱印の問い合わせが可能）
※御朱印の授与は必ず事前に問い合わせてください

牛突は神社の奉納行事です

玉若酢命神社 →P.119

本殿や随神門は重要文化財です

樹齢2000年とも伝わる境内の八百杉は国の天然記念物

4座の大社がある聖地

日本最古の神社名簿『延喜式』で伊勢命神社、宇受賀命神社、水若酢命神社、由良比女神社の4座は「大社」として記載されています。島根の本土側では出雲大社と熊野大社の2座のみだったので、古来から隠岐が宗教的な聖地だったことがわかります。

隠岐造と呼ばれる独自の本殿様式

写真映えする田園の神社でハッピーな恋愛を祈願！

宇《う》受《つ》賀《か》命《みこと》神《じん》社《じゃ》

緑の田んぼのなかを長い参道が一直線に走ります。奥に社殿と森が広がる景観は昔懐かしい「故郷の神社」そのもの。他島の神様との結婚・出産の伝説が伝わる愛の聖地なので、恋活中の人はすてきな出会いをお願いしてみては？

主祭神
宇受賀命《ウツカミコト》

墨書／奉拝、宇受賀命神社　社印／式内大社、宇受賀命神社

DATA
創建／不詳　本殿様式／隠岐造
住所／島根県隠岐郡海士町宇受賀747
電話／08514-2-0464(隠岐神社)　交通／菱浦港から車で15分
参拝時間／日の出から日没
御朱印授与時間／9:30～16:00(隠岐神社で授与)

隠岐へのアクセス＆島内移動

フェリーや高速船、飛行機で各地からアクセスできます。島根県の七類港と鳥取県の境港から隠岐汽船のフェリーで約2.5時間（高速船なら約1時間）。島間移動も船ですが、便数は多くないので事前のプランニングは綿密に。島内移動は貸切タクシーやレンタカー利用が基本ですが、島前（知夫村・海士町・西ノ島町）の3島は車の台数が少ないので早めに手配しましょう。

隠岐汽船 https://www.oki-kisen.co.jp

御朱印入手のノウハウ

神職が常駐していない神社が多いため、参拝しても御朱印が頂けないケースがあります。各港にある観光協会や兼務社で授与される神社もあるので、訪問前に確認しておきましょう。電話やホームページなどで事前にアポイントが必要な神社もあります。

隠岐の島々

諦めなければ必ず道は開ける！
黒木神社（くろぎじんじゃ）

主祭神　ゴダイゴテンノウ　後醍醐天皇

後醍醐天皇が1年ほど過ごしたとされる「黒木御所阯」に隣接します。島民の協力で島を脱出した天皇は、鎌倉幕府を倒し「建武の新政」を始めました。人生の節目に参拝すれば果敢に歴史を変えた御祭神が背中を押してくれます！

墨書／黒木神社　印／神紋（菊）、斎後醍醐天皇、黒木神社

DATA
創建／不詳　本殿様式／春日造変態
住所／島根県隠岐郡西ノ島町別府276
電話／08514-7-8888
交通／別府港から徒歩10分　参拝時間／自由
御朱印授与時間／8:30〜17:00（西ノ島町観光協会で授与）

ローソク島

夕日が奇岩と重なると巨大なローソクがともったよう。見られるのは船上からだけ！

水若酢神社 →P.136

高さ約16mの隠岐造の本殿

隠岐造の本殿は国指定の重要文化財です

イカの印が入るユニークな御朱印
由良比女神社（ゆらひめじんじゃ）

主祭神　ユラヒメノミコト　由良比女命

日本と大陸間を結ぶ海路の要衝として古来より栄えた隠岐国の一の宮です。お祀りされた女神は海上や旅の安全を守る「ちふり神」。その美貌でイカからも好かれ、毎年秋になると社前の浜にイカが大量に押し寄せます。

墨書／由良比女神社　印／式内大社隠岐一宮、由良比女神社、イカの印

DATA
創建／842（承和9）年
本殿様式／大社造変態
住所／島根県隠岐郡西ノ島町浦郷922
電話／08514-7-8888（西ノ島町観光協会）
交通／別府港から車で15分
参拝時間／自由
御朱印授与時間／8:30〜17:00（西ノ島町観光協会で授与）

三郎岩

菱浦港の北東の海上に浮かぶ兄弟岩。海中展望船などで訪れることができます

神聖な空気に包まれて心を浄化
焼火神社（たくひじんじゃ）

主祭神　オオヒルメムチノミコト　大日孁貴尊／タクヒオオカミ　焼火大神

焼火山中腹にある境内まで駐車場から20分ほど歩きます。森林浴や海の眺望を楽しみながら参道を上りきると、岩に身を隠すような本殿が目の前に！ 火の玉が憑依した岩窟が信仰の起源とされ不思議なオーラに満ちています。

墨書／焼火山　印／焼火神社、神紋（三つ火）

肌守（500円）

DATA
創建／不詳　本殿様式／権現造
住所／島根県隠岐郡西ノ島町美田1294
電話／08514-7-8888（西ノ島町観光協会）
交通／別府港から車で20分　参拝時間／自由
御朱印授与時間／8:30〜17:00（西ノ島町観光協会で授与）
URL／takuhi-shrine.com

魔天崖（まてんがい）

海抜257mの大断崖は日本有数のスケール。国賀海岸を象徴する景勝地です

隠岐神社 →P.118

後鳥羽天皇をお祀りしてます

参道は隠岐でも一番の桜並木。校倉造の宝物庫もあります

島前

菱浦港　別府港（西ノ島観光協会）　西ノ島　中ノ島

知夫来居港　知夫里島

赤壁

鉄分を含んだ玄武岩が虹色に輝く断崖です。知夫里島にあり遊覧船から望めます

歴史舞台を訪ねて未来を開く 平安と幕末へのタイムトリップ

本州最西端の下関は、勝運や良縁をかなえる神社がめじろ押し。平安の歴史絵巻を再現したかのようなアート御朱印も頒布されています。吉田松陰や高杉晋作など幕末志士たち縁のスポットから明日へ進むパワーを頂きましょう。

MAP

主祭神
木花咲耶姫神《コノハナノサクヤヒメノカミ》
大歳神《オオトシノカミ》
御年神《ミトシノカミ》
若年神《ワカトシノカミ》

勝負運

歴史を変える合戦に勝利した源義経にあやかり運気アップ！

大《おお》歳《とし》神《じん》社《じゃ》

「お祓いの一二三《ひふみ》坂《ざか》」と呼ばれる急な石段が、大鳥居から社殿まで延びます。富士山の化身である御祭神に一段一段と近づき、心身を浄化しながら上りましょう。社殿の壁には創建の由緒である、開戦の矢を放つ源義経が描かれています。壇ノ浦の合戦で勝利し、日本の歴史が大きく変わりました。源氏に縁のある神社は下関で唯一とあって、勝運はとてもパワフル。恋愛や仕事など絶対に負けられない場面で、最初に参拝したい神社です。

見どころCheck！

明治維新を祈念した鳥居

大鳥居は奇兵隊に所属した氏子の白石正一郎が、維新回天を祈念して寄贈した歴史遺産です。高杉晋作もここで必勝を祈願し、奇兵隊の旗揚げとなる軍旗を奉納しました。

限定御朱印と御朱印帳はP.14・26で紹介！

御朱印

墨書／奉拝、大歳神社　印／大歳神社、神紋（右三つ巴）　●大歳神は正月に各家を訪れる豊作の神様で「お年玉」の語源です

墨書／奉拝、五社稲荷神社　印／五社稲荷神社　●本殿の右手にある稲荷神社には義経の寵愛を受けた静御前も祀られています

運気UP! 授与品

「方位除守」（1000円）。本州西端の裏鬼門に鎮座し、厄除けのパワーも強力！

お守り

義経の勇姿が裏に描かれた「勝守」（1000円）。満願成就をかなえてくれます

DATA
大歳神社
創建／1185（寿永4）年
本殿様式／流造
住所／山口県下関市竹崎町1-13-10
電話／083-223-0104
交通／JR「下関駅」から徒歩7分、またはサンデン交通バス「豊前田」から徒歩3分
参拝時間／自由
御朱印授与時間／9:00～17:00
URL https://ootoshi.net/

主祭神
安徳天皇《アントクテンノウ》

開運

平家物語の世界を今に伝える
中国地方随一のパワースポット

赤《あか》間《ま》神《じん》宮《ぐう》

青空に映える朱塗りの水天門はまるで竜宮城のよう。色鮮やかな楼門をくぐってから振り向くと、だまし絵のように関門海峡が広がります。「平家一門とともに壇ノ浦で入水された安徳天皇が安らかに眠る竜宮城として建てられました。平家物語で二位尼の平時子が詠まれた〝海中の都〟を具現化し、龍宮造と称した拝殿は日本で唯一とされます」と神職。海は「生み」に通じることから、特別な気に満ちた拝殿では安産や開運の祈願をされる方も多いのだとか。西日本で唯一の御陵を守る社は、浄化と守護のパワーに満ちた歴史遺産です。

内拝殿

大安殿と呼ばれる外拝殿からは、青い水面に浮かぶような内拝殿が望めます

宝物殿

「源平合戦図」や「平家物語」の写本など重要文化財が保管されています

見どころCheck!

耳なし芳一のお堂

小泉八雲の「怪談」で芳一が平家の怨霊に連れ出されていた阿弥陀寺が、現在の赤間神宮です。琵琶の名手であった芳一の木像は芸事上達の祈願スポット。両耳の傷が癒えたあと芳一の演奏はますます評判になったそうです。

芳一のお堂の前にある「七盛塚」には平家の武将たちが眠ります

運気UP! 授与品

左から「心願成就御守」、蘭陵王が描かれた「黒金勝守」(各1000円)

お守り

菊の御神紋が入る「錦肌守」(1000円)

限定御朱印と御朱印帳はP.14・24で紹介!

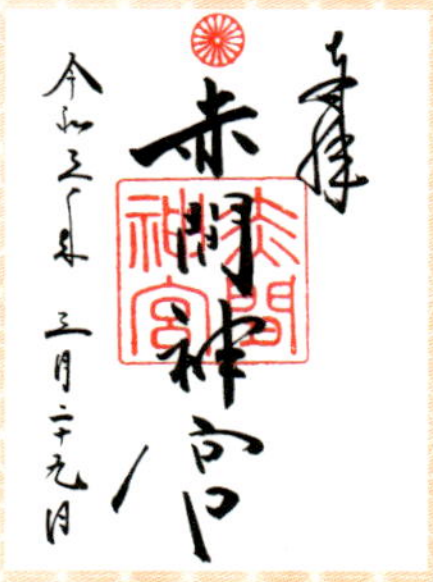

墨書/奉拝、赤間神宮　印/赤間神宮、神紋(菊)　●1191年に「阿弥陀寺」として建立され、明治時代の神仏分離で「安徳天皇社」となりました

「上臈(じょうろう)参拝」は平家の女官たちが逃げ延びたあとも、安徳天皇の命日に参拝したことが起源とされます。毎年「先帝祭」では艶やかな上臈が、外八文字の足さばきで練り歩きます

先帝祭は下関を代表するお祭りです

DATA
赤間神宮
創建/1875(明治8)年
本殿様式/流造
住所/山口県下関市阿弥陀寺町4-1
電話/083-231-4138
交通/JR「下関駅」からサンデン交通バス「赤間神宮前」下車すぐ
参拝時間/自由
御朱印授与時間/9:00~17:00
URL https://akama-jingu.com/

御朱印を頂ける境内社

鎮守八幡宮《ちんじゅはちまんぐう》

約1200年前に日本の西門の守護神として創建されました

大連神社《だいれんじんじゃ》

中国の大連市にあった神体と神宝を持ち帰り遷座しました

紅石稲荷神社《べにしいなりじんじゃ》

平家一門が京都の伏見稲荷大社から勧請した神社です

モデルプラン 日帰り

9:30「下関駅」→徒歩で7分→9:37 大歳神社(滞在40分)→バスと徒歩で13分→10:30 赤間神宮(滞在40分)→徒歩で5分→11:15 亀山八幡宮(滞在40分)→徒歩で3分→12:00「唐戸市場」周辺を散策&ランチ(滞在80分)→バスと徒歩で20分→13:40 嚴島神社(滞在30分)→徒歩で10分→14:20 櫻山神社(滞在30分)→バスと徒歩で10分→15:00「下関駅」

関門海峡を高台から見守る
福と縁を結ぶ「関の氏神さま」

厄除け 招福

亀《かめ》山《やま》八《はち》幡《まん》宮《ぐう》

山陽道の起終点、九州の西海道へ通じる関所に立つ「関の氏神さま」です。室町時代には明と交易する遣明船も太刀を奉納して航海の安全を祈願していました。境内には豊臣秀吉が戦勝を祈願して植えた太閤蘇鉄や、日本近代化の口火を切った亀山砲台跡、さらに初代総理大臣の伊藤博文が妻と出会ったお亀茶屋の跡もあります。境内の茶屋で働く木田梅子は伊藤博文に見初められて、日本最初のファーストレディとなりました！ 恋と浪漫の歴史舞台は、玉の輿もかなえてくれるかもしれません。

主祭神

応神天皇《オウジンテンノウ》
神功皇后《ジングウコウゴウ》
仲哀天皇《チュウアイテンノウ》
仁徳天皇《ニントクテンノウ》

見どころCheck!

福をもたらす日本最大の「ふくの像」

「ふぐ」は下関で「ふく」と呼ばれ、幸福を招くシンボルです。初代のふく銅像は戦時下の金属供出で姿を消しましたが、平成2年9月29日の「ふくふくの日」に再建されました。

神亀像をなでると延命長寿の御利益！

運気UP! 授与品

愛らしいちりめんの「福ふく守」（1000円）

お守り

ここぞ！の場面で力を発揮する「勝守」(1000円)

「お亀いちょう御朱印」や「さくら限定御朱印」（各500円）も頒布しています

昭和33年からボールが挟まっている大鳥居の扁額。参拝に来た下関商業に甲子園センバツ優勝をもたらした必勝祈願のパワスポです！

限定御朱印と御朱印帳はP.15・26で紹介！

御朱印

墨書／奉拝、関の氏神、亀山八幡宮　印／亀山八幡宮　●鎮座地の丘は関門海峡に浮かぶ半円形の島で、甲羅のような姿から亀山島と呼ばれていたそうです

直書きで頂けます！

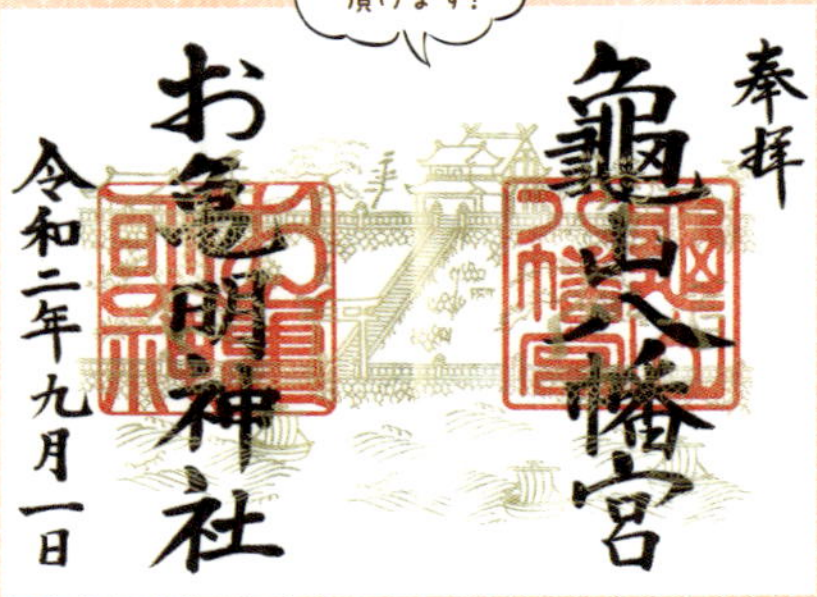

墨書／奉拝、亀山八幡宮、お亀明神社　印／亀山八幡宮、お亀明神、亀山八幡宮の古図　●金印が押される見開き御朱印は年間を通じて頒布されています。古図には神社の境内と海峡を行き交う帆船が描かれています

DATA

亀山八幡宮

創建／859（貞観元）年
本殿様式／流造
住所／山口県下関市中之町1-1
電話／083-231-1323
交通／JR「下関駅」からサンデン交通バス「唐戸」下車、徒歩3分
参拝時間／6:00～19:00
御朱印授与時間／6:00～19:00
URL http://www.kameyamagu.com

主祭神
イチキシマヒメノカミ
市杵島姫神
タゴリヒメノカミ
田心姫神
タギツヒメノカミ
湍津姫神

心願成就

奇兵隊に戦勝をもたらした
維新成就の開運スポット

嚴島《いつくしま》神社《じんじゃ》

奇兵隊が戦勝を祈願した、平家一門ゆかりの神社です。境内には幕長戦争に勝利したお礼として、高杉晋作が奉納した大太鼓も収められています。参拝後には月替わり御朱印とともに、船で大太鼓を持ち帰る晋作を描いた特別御朱印も頂きましょう。神職の「参拝して幕末明治維新の歴史も感じていただきたいです」との言葉が胸に残りました。

御朱印

限定御朱印は
P.17で紹介！

墨書／奉拝、長門國、嚴島神社　印／嚴島神社　●ミニ御朱印帳への筆耕にも対応しています（御朱印帳は自分で用意を）

運気UP！授与品

お守り

人生を切り開く強いパワーを授かれる「晋作勝守」（1000円）

DATA
嚴島神社
創建／1185（文治元）年
本殿様式／神明造
住所／山口県下関市上新地町1-1-11
電話／083-232-1138
交通／JR「下関駅」から徒歩12分、またはサンデン交通バス「厳島神社前」や「上條」から徒歩3分
参拝時間／自由
御朱印授与時間／9:00～17:00

見どころCheck！

高杉晋作が奉納した大太鼓

慶応2（1866）年の小倉口戦いで勝利した奇兵隊が、小倉城から持ち帰った大太鼓が境内に奉納されています。9月第1土曜には「太鼓祭」も開かれます。

主祭神
吉田松陰をはじめとする明治維新殉国の志士 391 柱

芸道学業

明るい未来をつかむ！
志士を祀る日本最初の招魂場

櫻《さくら》山《やま》神《じん》社《じゃ》

高杉晋作の発議で、日本初の「招魂場」として創建されました。奇兵隊の志士は調練や学問をここで習得し、晋作もこの地で守護神となるとの思いを遺書に記しています。各地から２００本の苗木を志士たちが集め、毎年春には桜の花が美しく咲き誇ります。「時代を変える志」に満ちた境内は心静かにライフワークを見つめ直すのにもピッタリ。明日へと進む背中を、力強く押していただきましょう！

見どころCheck！

憂国の志士を祀る招魂場

本殿背後にある招魂場には、吉田松陰を中心に391柱の霊標が並びます。農民など無名の兵士たちも平等に祀られており東京招魂社（現在の靖国神社）の原型となりました。

御朱印

御朱印帳は
P.25で紹介！

墨書／奉拝、櫻山神社　印／櫻山神社、招魂場印　●桜印の中央には吉田松陰と高杉晋作が描かれています

DATA
櫻山神社
創建／1864（元治元）年
本殿様式／一間社流造
住所／山口県下関市上新地町2-6-22
電話／083-222-6735
交通／サンデン交通バス「下関医療センター前」や「厳島神社前」から徒歩5～8分
参拝時間／自由　御朱印授与時間／8:00～17:00
URL www.sakurayamajinja.com

運気UP！授与品

奇兵隊の調練場跡で草競馬が開かれました

お守り

「馬蹄幸福必勝守」（600円）

海の女神に心願成就をお願い！
幸せを引き寄せる絶景の島旅へ

日帰りコース2
宮島&広島

まずは島自体が神として崇められる宮島の嚴島神社へ。さまざまな縁を結ぶ三女神に、すてきな出会いをお願いしましょう。午後からは広島市内の神社をめぐって蘇りパワーをたっぷり充電！ 個性的な御朱印も頂けます。

丹塗りの朱色には魔除けの意味も込められています

主祭神
市杵島姫命《イチキシマヒメノミコト》
田心姫命《タゴリヒメノミコト》
湍津姫命《タギツヒメノミコト》

心願成就

潮の満ち引きのある神域で
美しい三女神を祀る平安の社

嚴《いつく》島《しま》神《じん》社《じゃ》

厳島（宮島）は「神を斎《いつ》き祀る島」が地名の由来とされ、かつては人が住むことがはばかられるような神域でした。「御神体」である島を傷つけないために、潮の満ち引きのある砂浜に神社が建立されたのです。青い海、背後の山並みと一体となった風景は、日本三景のひとつ。平安時代の文化を色濃く残す社殿には、三姉妹の御祭神が祀られています。力を合わせて海の安全を守ってきました。特に三女の市杵島姫命は財福を授けてくださる女神です。東西に延びる廻廊にある境内社も参拝しましょう。すべて国宝か重要文化財に指定されており、縁結びや心願成就のパワーも絶大です。

高欄をめぐらした舞台では4月15日の桃花祭や10月15日の菊花祭など、年10回ほど舞楽が奉納されます

DATA
嚴島神社
創建／593年（推古天皇御即位の年）
本殿様式／両流造檜皮葺
住所／広島県廿日市市宮島町1-1
電話／0829-44-2020
交通／宮島口フェリーターミナルからフェリーで10分、またはひろしま世界遺産航路「もとやす桟橋」からフェリーで45分
参拝時間／1/1　0:00〜18:30
1/2〜1/3　6:30〜18:30
1/4〜2/28　6:30〜17:30
3/1〜10/14　6:30〜18:00
10/15〜11/30　6:30〜17:30
12/1〜12/31　6:30〜17:00
昇殿料／大人300円、高校生200円、小・中学生100円
URL http://www.itsukushimajinja.jp

モデルプラン 日帰り
8：20 「広島駅」 → 電車とフェリーと徒歩で55分 → 9：15 嚴島神社（滞在40分）

日帰りコース2

御利益スポットをめぐる 開運！参拝ルートMAP

御朱印や授与品も頂けます

③ 鏡の池

干潮時には手鏡の型をした池が現れます。水が湧き出し、決して干あがることのないパワースポットです。

④ 御本社《ごほんしゃ》

本殿には三女神を祀っています。平清盛、毛利元就、豊臣秀吉なども崇敬し心願を成就させました。財運アップや技芸上達はこちらでお願いしましょう。

国宝

② 客神社《まろうどじんじゃ》

五男神から新たな良縁を授かれます。拝殿の上部では「猪の目」と呼ばれる魔除けの伝統模様もチェック！

国宝

福を招くハート型の猪の目

⑥ 大国神社《だいこくじんじゃ》

大国主命を祀る縁結びの社です。田心姫命、湍津姫命の二柱と結婚されており、恋に勝つパワーが強力です。

重要文化財

天神社

菅原道真公を祀っています。絵馬はこちらに奉納しましょう。

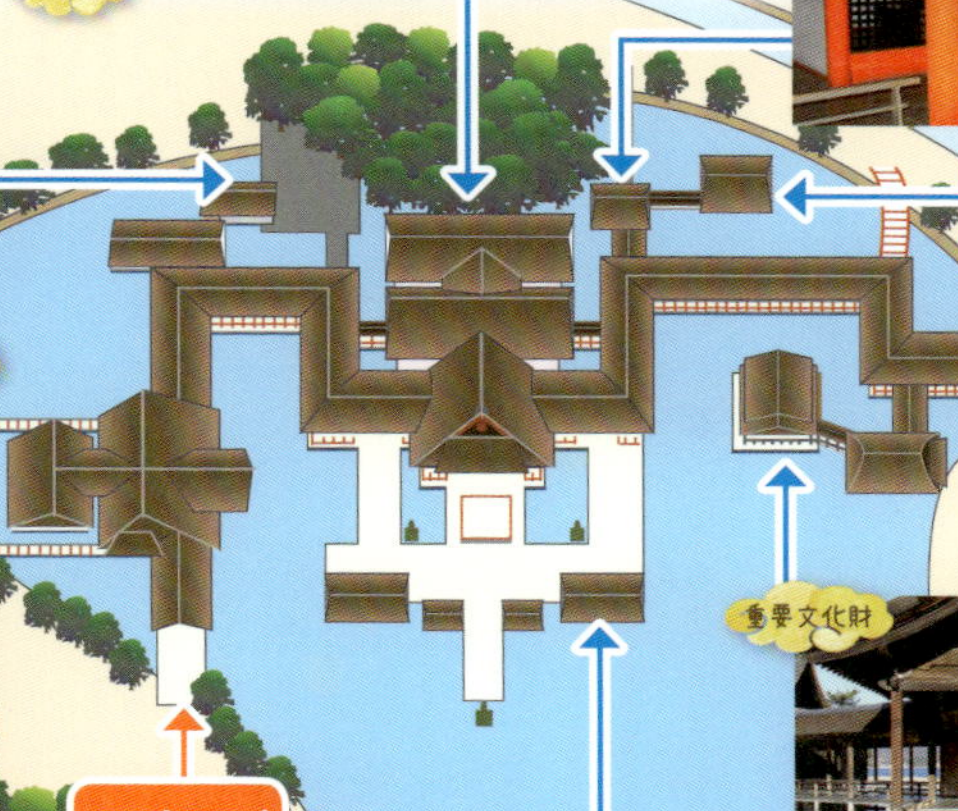
START!
GOAL!

⑦ 能舞台

永遠の繁栄を祈る「老松」が鏡板に描かれています。西回廊の先にあり満潮時には海に浮かぶかのよう。

重要文化財

高天原から来た神様の案内役！

① 参拝入口

入口は1ヵ所のみ。石灯籠には神鴉（ごからす）の像がとまっています。よい方向へと導く神の使いです。

⑤ 門客神社《かどまろうどじんじゃ》

平舞台の両脇には左門客神社・右門客神社が鎮座しています。守護パワーに満ちた絶景ポイントです。

国宝

嚴島神社の全景を望む 豊国神社で勝運UP!

豊国神社の詳細はP.122で紹介!!

千畳閣（せんじょうかく）の名称で知られる豊国神社もぜひ参拝しましょう。丘の上にある社殿から世界遺産の絶景を満喫できます。ビジネスとのよい縁を結び、キャリアアップや成功のパワーが期待できます！

大鳥居の沖側は「嚴嶋神社」で行書体。社殿側は「伊都岐島神社」と草書体で万葉仮名。同じ鳥居で社名の表記が異なる珍しい扁額です

干潮なら大鳥居まで歩けるよ

運気UP! 授与品

おみくじ（100円）には古事記の一節が引用されています。吉と凶の間に「吉凶未分」や「始凶末吉」などユニークな運勢もあります

「しゃもじ」（200円）。広島随一の縁起物でご飯をよそい、福運を招きましょう。伝承によると弁財天が持つ琵琶の曲線から考案されたとか

焼きたてが絶品です！

参拝後に名物もみじまんじゅうを味わうなら表参道商店街へ

御朱印帳はP.24で紹介！

墨書／奉拝、嚴島神社　印／三つ亀甲剣花菱紋、嚴島御社　●嚴島の地名は「神を斎き祀る島」が由来とされます。島自体が信仰の対象となる聖地です

- 徒歩で5分
- 10:00 豊国神社（滞在30分）
- 徒歩で5分
- 10:35 「表参道商店街」を散策（滞在20分）
- フェリーと徒歩とバスで60分
- 11:55 胡子神社（滞在30分）
- 徒歩で3分
- 12:30 「八丁堀」周辺でランチ（滞在60分）
- バスと徒歩で15分
- 13:45 廣瀬神社（滞在30分）
- 徒歩で5分
- 14:20 空鞘稲生神社（滞在30分）
- 徒歩で20分
- 15:10 広島護國神社（滞在30分）
- 徒歩で20分
- 16:00 「広島駅」

金運

主祭神
ヒルコノカミ
蛭子神
コトシロヌシノカミ
事代主神
オオエノヒロモトノカミ
大江広元神

円とのご縁を授けてくれる
繁華街に鎮座する福の神

胡子神社《えびすじんじゃ》

商店街にある小さな社殿ですが地元では「えべっさん」の愛称で親しまれています。お金とのよい縁(円)を授け、商売繁昌や開運招福をもたらす福の神です。普段は注意して探さないと通り過ぎてしまうような神社ですが11月の胡子大祭では参拝者で大にぎわい。幸福をかきこむ熊手が飛ぶように売れ、金文字の限定御朱印も頂けます。

御朱印

限定御朱印帳はP.19で紹介！

墨書／奉拝、胡子神社　印／つる柏の神紋、胡子神社　●毎月1・5・10・15・20・25日は宮司の直書きが頂けます

御朱印帳

「御朱印帳」(1500円)。黄金色の装丁で金運アップ！

DATA
胡子神社
創建／1603（慶長8）年
住所／広島県広島市中区胡町5-14
電話／082-241-6268
交通／広島電鉄「胡町駅」や「八丁堀駅」から徒歩2分、または広島交通バス「八丁堀」や「銀山町」から徒歩2分
参拝時間／7:00～21:00
御朱印授与時間／10:30～16:30（頒布は平日のみで、土日祝は基本不在）
URL http://ebisujinja.jp

運気UP! 授与品

福を呼び込む「開運豆熊手」(700円)

お守り

えびす様のような笑顔で暮らせるよう祈願された「招福御守」(800円)

「福寿俵」(小3500円、大4500円)

縁結び

美人三女神に開運をお願い
月替わり御朱印も人気！

廣瀬神社《ひろせじんじゃ》

主祭神
イチキシマヒメノカミ
市寸島毘賣神
タギリヒメノカミ
多紀理毘賣神
タギツヒメノカミ
多岐都比賣神

原爆の被害により、社殿は焼失しましたが、鳥居、狛犬、手水鉢は被災に耐えて、現存しています。三女神が戦火から守ってくれたのでしょう。うつくしの杜と呼ばれる境内では良縁成就はもちろん、心身を美しくする御神徳も頂けるそうです。御朱印の右下に押される花の印は月替わり。カラフルな御朱印を眺めるだけで幸せな気分になります！定期的に参拝して1年の季節の移ろいも感じましょう。

御朱印帳

「オリジナル御朱印帳」(1500円)はピンクと紫の2種類

御朱印

墨書／奉拝、廣瀬神社　印／三つ盛り二重亀甲に剣花菱、廣瀬神社　●正月や秋季大祭では限定御朱印も頒布されます

DATA
廣瀬神社
創建／不詳
本殿様式／流造
住所／広島県広島市中区広瀬町1-19
電話／082-231-8614
交通／広島電鉄「寺町駅」から徒歩2分、は広島交通バス「広瀬町」から徒歩3分
参拝時間／自由
御朱印授与時間／9:00~17:00
URL https://www.hirosejinjya.jp

8体の狛犬からは魔除けのパワーを頂けます。黒く変色した部分や破損は被災の影響です

運気UP! 授与品

お守り

美と縁に恵まれる桃の花柄の「うつくし守」(800円)。匂い袋になっており白檀と柚の香りがあります

絵馬

女性参拝者に評判の「桃の絵馬」(500円)。美容にまつわるお願いをしましょう

主祭神
宇迦之御魂神《ウカノミタマノカミ》
宇氣母智神《ウケモチノカミ》
和久產巣日神《ワクムスヒノカミ》

道開き

城下町の発展を導いた
五穀豊饒の神様がサポート

空《そら》鞘《さや》稲《いな》生《お》神《じん》社《じゃ》

古文書によると毛利輝元が広島城の築城を決めた際、空鞘大明神としてこの地に祀られました。旧太田川の流れ込む湾のほとりが「広島」と名づけられたのもその頃で、城下町の繁栄へと導かれた、道開きの古社です。食物を司る神様をお祀りしていることから、食べることに困らない招財パワーは強力。市場の神様もお祀りしているので、金運アップも期待できます。

御朱印　御朱印帳はP.23で紹介！

墨書／奉拝、空鞘稲生神社　印／社紋(三つ亀甲剣花菱)、空鞘稲生神社　●「空鞘」の社名は境内の松に、刀の鞘が掛かっていた伝承に由来します

運気UP! 授与品　お守り

宮司直筆の書を刺繍した「氣御守」(1000円)。「米」が入る旧字に生命力が込められています

DATA
空鞘稲生神社
創建／天文年間（1532～1555年）
本殿様式／一間社流造
住所／広島県広島市中区本川町3-3-2
電話／082-231-4476
交通／広島電鉄「本川町駅」、「寺町駅」から徒歩5分　参拝時間／自由
御朱印授与時間／9:00～17:00
URL www.sorasaya.or.jp

見どころCheck！

神社を見守る大木は再生のシンボル

爆心地の近くで芽吹いた「原爆クスノキ」は生命力を頂ける御神木です。元安橋左岸を整備する際に境内へと移されました。

勝運

広島一の勝運を授かれる
平和都市の復興のシンボル

広《ひろ》島《しま》護《ご》國《こく》神《じん》社《じゃ》

主祭神
高間省三命以下七八柱《タカマショウゾウノミコト》
英霊《エイレイ》約九万二千柱

400年以上の歴史をもつ広島城の本丸に鎮座します。原爆により焼失した社殿が、政治・経済の中枢に造営され復興を遂げました。平和の守り神は勝負事にも強いパワーがあるとされ、広島東洋カープが必勝祈願に毎年訪れます。拝殿の右脇にある昇鯉《しょうり》の像からは、難関突破や目標達成の御利益を頂けます！

仲よしの鯉が恋愛を成就！

拝殿左側にある双鯉(そうり)の像。「鯉」は「恋」につながる恋愛祈願スポットです

御朱印　御朱印帳はP.24で紹介！

墨書／広島護國神社　印／鯉城跡鎮座、菊桜紋、広島護國神社　●神紋は皇室ゆかりの十六菊です

運気UP! 授与品　お守り

恋愛運や金運を強い力で呼び寄せる「こい守」(1000円)。「恋・来い」とかけてあります

「鯉おみくじ」(300円)。広島みやげとしても人気です

御城印インフォ

広島護國神社から広島城まで徒歩3分ほどです。
広島城→P.141

DATA
広島護國神社
創建／1868（明治元）年
本殿様式／護國造
住所／広島県広島市中区基町21-2
電話／082-221-5590
交通／アストラムライン「県庁前駅」から徒歩10分、または広電白島線「女学院前駅」から徒歩12分
参拝時間／自由
御朱印授与時間／9:00～17:00
URL https://www.h-gokoku.or.jp

日帰りコース 3

岡山&倉敷

人生まるごと運気アップ！
桃太郎のパワーで勝運ゲット

古墳時代からパワスポとされる、桃太郎伝説が残る「吉備国」へ。神話ゆかりの聖地を参拝し、四季折々の美景にも癒やされましょう。倉敷市の羽黒神社は日本中の御朱印マニアから注目されるスポットです！

主祭神
オオキビツヒコノミコト
大吉備津彦命

開運・勝運

鬼退治の神話が残る山麓で勝運と健康の加護を頂く

吉《き》備《び》津《つ》神《じん》社《じゃ》

神の山として崇敬されてきた吉備中山の麓に鎮座し、全国唯一の比翼入母屋造《ひよくいりもやづくり》の社殿は国宝に指定されています。自然の地形をなぞるように続く廻廊の先にあるのは、釜の鳴動で吉凶を占う御竈殿《おかまでん》。決断できない迷いごとがあったら、鳴釜《なるかま》神事で自分の心の声を聞いてみるといいでしょう。昔話の「桃太郎」は御祭神の伝説を童話化したもので、勝負運を祈願する有名アスリートも多いそうです！

運気UP! 授与品

犬2匹と鳥で1セットです

数百年前から授与される「吉備津こまいぬ」(1000円)は盗難・火難から守ります

お守り

吉備津造の本殿を描いた「肌守り」(各800円)

魔除けパワーを身につける「災難厄守」(800円)。桃型の鈴が付きます

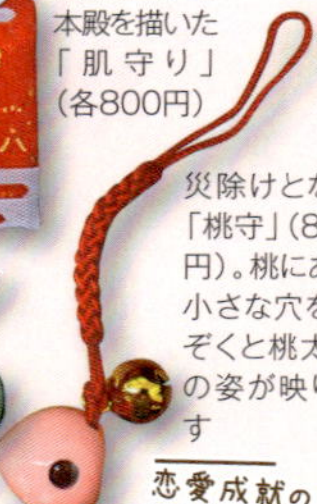

災除けとなる「桃守」(800円)。桃にある小さな穴をのぞくと桃太郎の姿が映ります

恋愛成就のマストアイテム！

御朱印

御朱印帳はP.25で紹介！

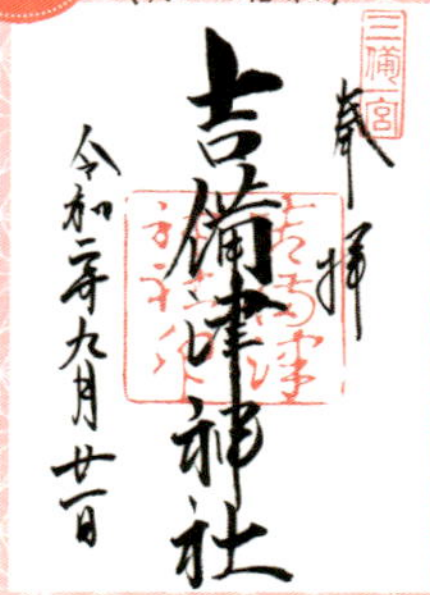

墨書／奉拝、吉備津神社　印／三備一宮、吉備津神社印
●三備(備前・備中・備後)の一宮と称される、古代から勢力を誇った「吉備国」の総鎮守です

山沿いの地形に沿って延びる廻廊は全長360m。岡山県指定の重要文化財です

DATA

吉備津神社

創建／不詳　※西暦200年～300年頃と推測される
本殿様式／吉備津造(比翼入母屋造)
住所／岡山県岡山市北区吉備津931
電話／086-287-4111
交通／JR桃太郎線「吉備津駅」から徒歩10分
参拝時間／5:00～17:30(閉門は18:00)
御朱印授与時間／9:00～16:00
URL https://www.kibitujinja.com

見どころCheck！

室町時代から続く自身で見極める神事

「鳴釜神事」では祈願成就の可否を占います。神職の祝詞に合わせ、巫女が釜に放つ米の音(大小長短)で、祈願者自身が吉凶を判断します。釜の下には鬼として退治された温羅(うら)の首が埋まっているそうです。

豊かに鳴れば吉、途切れれば凶です

MAP

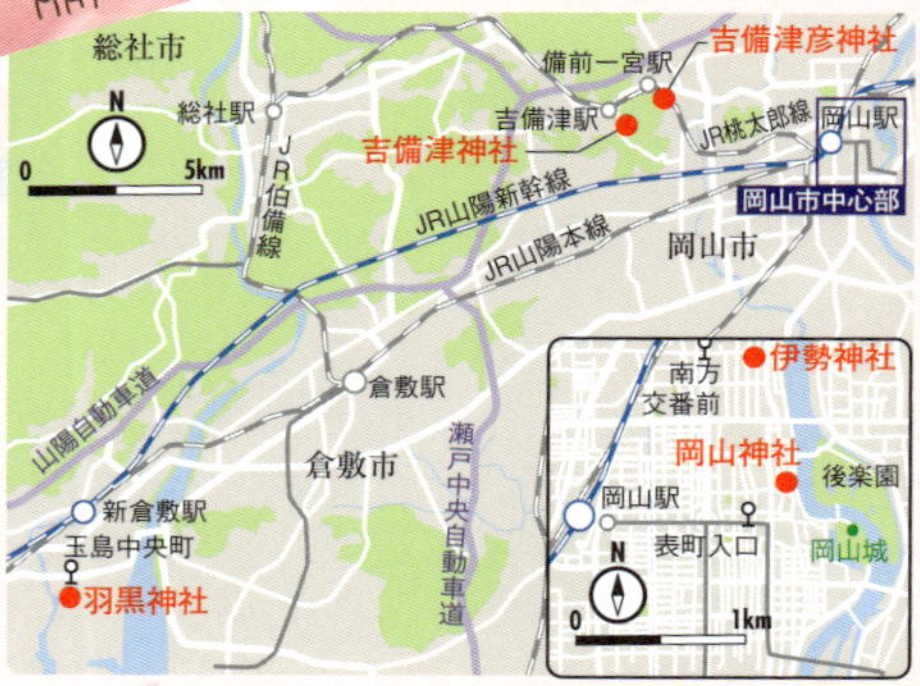

日帰りコース3

諸願成就

絶対無敵の桃太郎パワーで穢れを祓って開運を招く!

吉《き》備《び》津《つ》彦《ひこ》神《じん》社《じゃ》

神池の中に、松並木の参道が真っすぐ延びています。夏至には正面鳥居からの陽光が、この参道を通り社殿内へと差し込むことから「朝日の宮」と称されます。太陽の恵みを受け美しい自然と調和する、古来からの祈りの神域です。お祀りしているのは昔話「桃太郎」のモデルとされる大吉備津彦命。吉備国を治めた御祭神の屋敷跡に、御社殿を建てたことが神社の始まりなのだそうです。境内にはさまざまな御神徳をもつ20を超える摂社・末社が鎮座しています。良縁祈願は拝殿北側にある、子安神社でお願いしましょう。

主祭神

大吉備津彦命《オオキビツヒコノミコト》

水の女神もお祀りする神池を見渡す参道が随神門まで延びます

桃太郎像

駐車場を入って右手奥に桃太郎像が立っています。運気がアップする撮影スポットです

見どころCheck!

桃太郎から魔除けパワーを頂く

御祭神にあやかり、桃の授与品を頂きましょう。桃の実は「大神実命（おおかむづみのみこと）」の神名を授かった魔除けの果実で腕輪や絵馬など種類豊富です。陶製の「桃のおみくじ」（500円）は家の玄関に置いて除災招福を願いましょう。

表裏に願いごとが書ける「桃の絵馬」（500円）

ちりめん生地を使った「災難除け桃守り」（1000円）

「桃の腕輪守り」（3000円）

運気UP!授与品

お守り

「縁結び守り」（2体で1000円）。片方どちらかを神社に預ける「幸せ祈願（2000円）」に申し込むと、良縁成就まで1年間祈祷していただけます!

御朱印

墨書／奉拝、吉備津彦神社　印／備前國一宮、菊紋、五七桐紋、吉備津彦神社　●正月、夏祭り、秋祭りなど年間を通して特色のある限定御朱印も頒布しています

御朱印帳はこちら!

主祭神がモデルとされる桃太郎の物語をイメージしています。桃は古来から病魔や厄災を祓う果物とされ、不老長寿の実としてしても珍重されました。3000円

高さ11.5m、笠石は8畳もある日本一大きな石燈籠は、岡山市の重要文化財です

疫病除けの「茅の輪守り」（1000円）。無病息災を祈念してあります

「一品一宮（いっぽんいちぐう）」は、朝廷直属の宮に与えられた称号です

DATA

吉備津彦神社

創建／不詳
本殿様式／三間社流造
住所／岡山県岡山市北区一宮1043
電話／086-284-0031
交通／JR桃太郎線「備前一宮駅」から徒歩3分
参拝時間／6:00～18:00
御朱印授与時間／8:30～17:00
URL https://www.kibitsuhiko.or.jp

モデルプラン1日目

8:30「岡山駅」→電車と徒歩で30分→9:00 吉備津神社（滞在40分）→徒歩で20分→10:00 吉備津彦神社（滞在40分）→電車と徒歩で30分→11:20 岡山神社（滞在40分）→徒歩で10分→12:10 伊勢神社（滞在30分）→バスと徒歩で15分→12:55「岡山駅」周辺でランチ（滞在75分）→電車とバスと徒歩で40分→14:50 羽黒神社（滞在70分）→徒歩とバスと電車で30分→16:30「岡山駅」

女子力アップ

スピリチュアルな女神様に良縁成就をお願い!

主祭神
倭迹迹日百襲姫命《ヤマトトトビモモソヒメノミコト》

岡《おか》山《やま》神《じん》社《じゃ》

岡山城の守護神として祀られ、旭川を挟んで後楽園を遠望できます。御祭神は聡明な女神。明るい境内、白い石造りの拝殿はクールビューティな女神のお住まいにぴったりです。神職の説明によれば女神は予言により、争いや疫病を未然に防いだのだとか。女子力を大きくアップし、人間関係の悩みを解決するパワーを授かりましょう。

御朱印

御朱印帳はP.25で紹介!

墨書/奉拝、岡山神社　印/五七桐紋、岡山神社、岡山城鎮守の印　●御朱印は拝殿左の社務所で頂きます。墨書は草書体と楷書の２種類です

運気UP!授与品

お守り

神社が守護する岡山城が描かれた「城桃守」(1000円)

「婚活福守」(1000円)。狛狐にコン活(婚活)の成功が祈願されてます

境内社の「清光稲荷・日吉神社」はピンチを救う狛狐が守護しています

御城印インフォ

岡山神社から岡山城まで徒歩7分ほどです。
岡山城→P.141

DATA
岡山神社
創建/貞観年間(859〜877年)
本殿様式/流造
住所/岡山県岡山市北区石関町2-33
電話/086-222-7198
交通/宇野バス「表町入口」から徒歩4分、または岡山電気軌道「城下駅」から徒歩4分
参拝時間/自由
御朱印授与時間/9:00〜16:30
URL https://www.okayama-jinjya.or.jp

良縁導き

リッチな未来へと導く神聖なる「元伊勢」の社

主祭神
天照皇大神《アマテラススメオオカミ》
豊受大神《トヨウケノオオカミ》

伊《い》勢《せ》神《じん》社《じゃ》

宮中で祀られていた天照大神が現在の伊勢神宮に鎮座するまで、89年も遷宮を繰り返しました。吉備国の名方濱宮《なかたのはまのみや》には4年間鎮座。その「元伊勢」こそが二千有余年の歴史を誇る伊勢神社です。太陽を司る女神の御神地なので、進むべき道を照らし、恋愛や仕事との良縁を結んでくださいます。草薙の剣も祀られていた元伊勢では、ヤマトタケルの難を救った霊剣にあやかり厄除けパワーも頂けます。

拝殿正面に掛けられた奉額は、吉田神道を継承する吉田家の長、卜部良長によるものです

御朱印

墨書/奉拝、伊勢神社　印/皇大御神御璽　●皇大御神(すめおおみかみ)は天照皇大神の別名です。御璽(ぎょじ)は天皇の印鑑を意味します

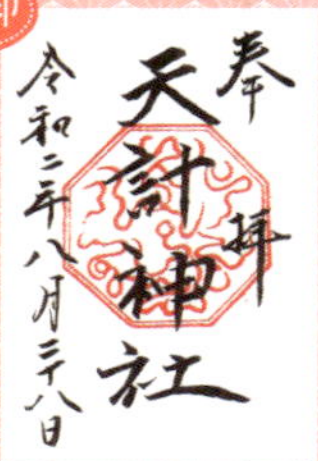

墨書/奉拝、天計神社　印/天つ神の印　●兼務社の「天計神社」は伊勢神社から1kmほど北の神宮寺山古墳に鎮座しています

DATA
伊勢神社
創建/紀元前44(崇神天皇54)年
本殿様式/神明造
住所/岡山県岡山市北区番町2-11-20
電話/086-222-5018
交通/岡電バス「南方交番前」から徒歩3分、または宇野バス「就実高校中学校前」から徒歩5分
参拝時間/自由
御朱印授与時間/9:00〜17:00

運気UP!授与品

お守り

「身体堅固の御守」(1000円)

主祭神

玉依姫命《タマヨリヒメノミコト》

素盞嗚尊《スサノオノミコト》

大国主命《オオクニヌシノミコト》

事代主命《コトシロヌシノミコト》

縁結び

版画のアート御朱印も大評判!
海の女神を祀る縁結びスポットへ

羽《は》黒《ぐろ》神《じん》社《じゃ》

瀬戸内一の商港として栄えた、玉島の守り神です。社殿の屋根から町を見守る、からす天狗が神社のシンボルで、その姿が描かれた御朱印を求めて、毎日のように参拝者の列ができます。お祀りしている玉依姫は、魂と魂(玉)を引き(依)合わせてくれる縁結びの女神。

何かを始める際によい方向へと導くお力があり、新しい恋も後押ししてくれます。神社の周囲はお茶屋さん、和菓子店、造り酒屋などが点在する町並み保存地区。玉島の歴史を感じる町並みを、ゆっくり散策してみるのもおすすめです。

見どころCheck!

日本遺産のある神社でアート鑑賞

日本遺産の構成文化財がある神社の社殿には、江戸後期の彫り物が施されています。拝殿ではからす天狗や龍の飾り瓦、本殿扉では迦陵頻伽(かりょうびんが)の木彫りが必見です。

特別御朱印にも社殿の装飾が描かれます!

縁結びの木

高さ3mの「むすびの松」は、ひとつの幹から二股になった枝が、2重に結ばれてハートの形をしています！ 恋活中の女性はマスト参拝です

本殿を囲むように石像の七福神も祀られています

運気UP! 授与品

笑顔をもたらす手作りの「七福神守」(800円)

お守り

「はぐろんお守り」(800円)。からす天狗を模したゆるキャラがさまざまな良縁を招きます

からす天狗が神様の言葉を伝える「みちびきおみくじ」(600円)

御朱印

限定御朱印はP.21で紹介!

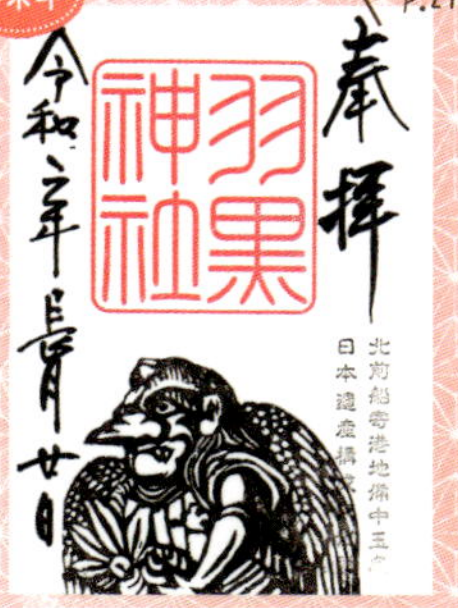

墨書/奉拝　印/羽黒神社、からす天狗印、北前船寄港地備中玉島日本遺産構成文化財　●江戸から明治にかけて北前船の寄港地として栄えた玉島の氏神です

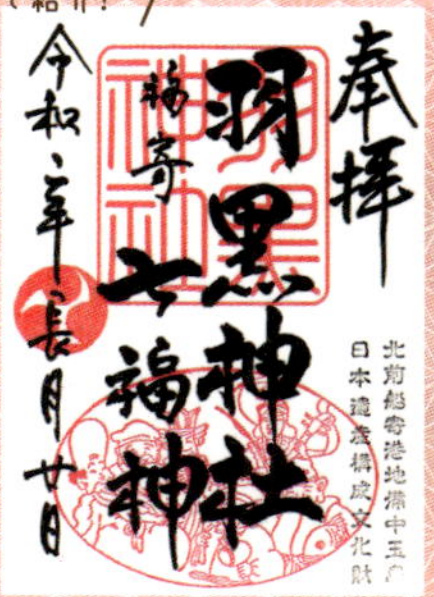

墨書/奉拝、羽黒神社、福寄七福神　印/羽黒神社、巴紋、七福神印、北前船寄港地備中玉島日本遺産構成文化財　●本殿には七福神像が彫られています

御朱印帳はこちら!

表面にからす天狗、裏面に北前船寄港地の海図が描かれています。デニム生地の数量限定品は4000円～(最初のページに見開きの限定御朱印が入ります)

DATA

羽黒神社

創建/1658(万治元)年

本殿様式/入母屋造(千鳥破風、向拝唐破風付き)

住所/岡山県倉敷市玉島中央町1-12-1

電話/086-522-2695

交通/両備バスや井笠バス「玉島中央町」から徒歩3分

参拝時間/自由

御朱印授与時間/9:00～16:00(御朱印帳を預け、後日受け取りか郵送対応が基本となる)

URL https://hagurojinja.jimdofree.com

スピリチュアルな古代の聖地へ！

島根＆鳥取　フリープラン

出雲神話ドライブ巡礼

白うさぎ伝説の
白兎海岸は
恋人の聖地です

出雲国を築いたオオクニヌシや神々を生まれたイザナミの神話を体感！　古事記・日本書紀の『記紀神話』の舞台へとドライブ参拝に出かけましょう。

美保神社 →P.74

国譲り神話を再現した神事は海上が舞台！

オオクニヌシがスクナヒコナと出会った浜辺に鎮座します

大山《だいせん》

国引き神話に登場する「大いなる神の在ます山」として崇められています

白兎神社 →P.66

オオクニヌシの出雲神話はここからスタートします

うさぎが体を洗った池です

白兎海岸
鳥取市→
E9
JR山陰本線
米子市
倉吉市
大山
南部町
E73
南町

鳥取　麗しい姿で蘇る「再生神話」の舞台

赤《あか》猪《い》岩《いわ》神《じん》社《じゃ》

ヤガミ姫との結婚を妬んだ兄神たちの策略でオオクニヌシは絶命しますが、母の愛によりこの地で復活しました。健康の回復や新しい挑戦を応援していただけます。境内には御祭神が抱いて落命した大岩が封印されています。

DATA
創建／不詳
本殿様式／一間社流造
住所／鳥取県西伯郡南部町寺内232
電話／0859-64-2102
交通／JR山陰本線「米子駅」から車で15分
参拝時間／自由
御朱印授与時間／10:30～14:30（売店にて）

主祭神
大國主神《オオクニヌシノミコト》
素戔嗚尊《スサノオノミコト》
刺國若姫命《サシクニワカヒメノミコト》
稲田姫命《イナタヒメノミコト》

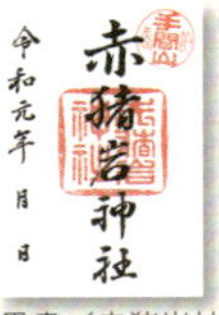

墨書／赤猪岩神社　印／伯耆手間山、赤猪岩神社

鳥取　オオクニヌシ再復活のパワースポット

大《おお》石《いわ》見《み》神《じん》社《じゃ》

主祭神
大國主命《オオクニヌシノミコト》　八上姫命《ヤガミヒメノミコト》
三井命《ミイノミコト》　沼河姫命《ヌマカワヒメノミコト》
建御名方命《タケミナカタノミコト》　他十七柱

執拗に命を狙う兄神たちの罠により、大木に挟まれ絶命したオオクニヌシが二度目の復活を遂げた伝説の地です。復活開運や諸願成就に強いパワーを頂けます。樹齢600年の大イチョウからも生命力をチャージ！

墨書／奉拝、大石見神社、伯耆國・日南町上石見　印／復活開運、大国主、大石見神社之印、社紋（二重亀甲三葉柏）

DATA
創建／不詳　本殿様式／大社造変態
住所／鳥取県日野郡日南町上石見819
電話／0859-82-1715（一般社団法人山里Loadにちなん））
交通／JR伯備線「上石見駅」から徒歩5分　参拝時間／自由
御朱印授与時間／拝殿内に書き置きあり

ドライブ巡礼のノウハウ

山陰本線から離れた神社は公共交通でのアクセスが不便です。1日でたくさんの神社をめぐるなら車の利用がおすすめ。レンタカーの場合は出雲市駅からスタートし、松江駅や鳥取駅での乗り捨てに対応する会社だとユースフルです。

平成12年に発掘された直径約3mの宇豆柱。鎌倉時代の巨大神殿を支えたそうです

島根県立古代出雲歴史博物館
住所／島根県出雲市大社町杵築東99-4
電話／0853-53-8600
開館時間／9:00～18:00（11～2月は9:00～17:00）
休み／毎月第3火曜（変更の場合あり）
入館料／620円　URL https://www.izm.ed.jp/

古代出雲の文化に触れる歴史博物館をチェック！

出雲大社の東側に隣接し、荒神谷遺跡などから出土した青銅器419点（国宝）を一堂に展示しています。出雲大社本殿の1/10模型（平安時代）や発掘された巨大な柱の展示で、出雲大社の壮大なスケールを体感しましょう。出雲地方で神話聖地をめぐるなら、最初に立ち寄りたいスポットです。

黄泉比良坂《よもつひらさか》

黄泉の国から逃げ帰るイザナギがイザナミを振り切った死者の国と現生の境界です。根之堅洲国（ねのかたすくに）を脱出するオオクニヌシに「葦原の中つ国を治めよ」とスサノオが命じられた地でもあります。

揖夜神社から車で5分ほど南東です

異世界への山道が続きます

黄泉国の伝承地に鎮座する

島根 揖夜神社《いやじんじゃ》

日本書紀に「言屋社（いふやのやしろ）」と記され、古来から「黄泉国」と深いつながりがあるとされます。毎年8月28日には豊作と氏子の健康安全祈願の「穂掛祭」、続いて豊漁と安全祈願の「一ツ石神幸祭」が行われます。

主祭神
伊弉冉命《イザナミノミコト》　大巳貴命《オオナムチノミコト》
少彦名命《スクナヒコナノミコト》　事代主命《コトシロヌシノミコト》

墨書／奉拝、出雲国印／神紋（二重亀甲に剣花菱）、揖夜神社

DATA
創建／不詳　本殿様式／大社造
住所／島根県松江市東出雲町揖屋2229
電話／0852-52-2043
交通／JR山陰本線「揖屋駅」から徒歩10分
参拝時間／自由
御朱印授与時間／9:30～15:30（7～10月は9:00～16:00）　URL https://iya-jinja.jp/

稲佐の浜 →P.46

全国から神々が集まる聖地です

オオクニヌシとタケミカヅチが対峙した国譲りの舞台

斐伊川《ひいかわ》

スサノオが高天原から降り立った山に源流があり、川自体がヤマタノオロチだとする説もあります

須我神社 →P.73

日本最初の和歌の石碑

スサノオとクシイナダヒメが宮殿を建てて暮らしました

日本を生んだ母神が眠る

島根 比婆山久米神社《ひばやまくめじんじゃ》

古事記にイザナミの埋葬地と記された比婆山は島根と鳥取の県境にあります。駐車場のある里宮（下の宮）から山頂の奥宮までゆっくり歩いて片道1時間ほど。奥宮の本殿裏にはイザナミの御陵があり特別な神気を放っています。

墨書／奉拝、伊弉冉命御神陵、比婆山久米神社印／神紋（亀甲紋に比）、比婆山久米神社之璽

主祭神
伊弉冉命《イザナミノミコト》
速玉之男神《ハヤタマノオノミコト》
事解之男神《コトサカノオノミコト》

DATA
創建／不詳　本殿様式／神明造（里宮）、大社造（奥宮）
住所／島根県安来市伯太町横屋844-1
電話／0854-37-1000（比婆山のロマンを探究する会）
交通／JR山陰本線「安来駅」から車で25分
参拝時間／自由　御朱印授与時間／里宮の拝殿内に書き置きあり
URL https://www.hibayamakume.or.jp

日帰りコース4

鳥取

恋愛運と金運を爆上げする 山陰屈指のパワスポめぐり

たくさんの神話や民話が伝わる鳥取市には、魅力あふれる「絵になる」神社が点在しています。日本で初めての恋物語が誕生した白兎神社からスタートし、宇倍神社で金運を大きくアップ！ 願いをかなえる授与品もGETしましょう。

縁結び 健康運

日本最古の縁結びパワーで ステキな恋を実らせよう！

主祭神 白兎神《ハクトカミ》

白《はく》兎《と》神《じん》社《じゃ》

主祭神は古事記に記された「因幡の白うさぎ」です。縁結びの神である大国主命の結婚を取りもった白うさぎは、かなわぬ恋もかなえ、特定の人との親交を深めてくださいます。砂丘の上にある境内からは、御祭神がワニの背を渡ってきた淤岐之島《おきのしま》も望めます。参拝後には神社前に広がる白兎海岸へ足を延ばしてみましょう。「恋人の聖地」として認定された美しいビーチは、大国主命が八上姫にプロポーズをした日本最古のラブストーリー発祥地です！

見どころCheck！ うさぎ像で五縁を結ぶ

参道の石灯籠の上には18羽のうさぎ像が祀られています。授与品の「結び石」を乗せると良縁、子宝、繁盛、飛躍、健康との五縁(ご縁)が結ばれます。結び石を投げて鳥居の上に見事乗れば御利益がパワーアップします！

御身洗池

うさぎが体を洗ったとされる不増不滅の池です。キズを癒やしたガマの穂も自生しています

運気UP! 授与品

絵馬

白うさぎの神話が描かれた「絵馬」(500円)

「結び石」(500円)。パワーストーンとして身に付けても吉です

「病気平癒御守」(500円)。日本の医療の発祥地とされ、皮膚病からの回復を願う方も多いそうです

お守り

「縁結御守」(500円)

御朱印帳はP.26で紹介！

御朱印

墨書／参拝、白兎神社
印／白兎神社、うさぎの印
●書き置きには金色のうさぎ印が入ります。直書きできなかった方への感謝の気持ちだそうです！

MAP

DATA
白兎神社
創建／不詳
本殿様式／大社造変形
住所／鳥取県鳥取市白兎603
電話／0857-59-0047
交通／日ノ丸バス「白兎神社前」からすぐ
参拝時間／自由
御朱印授与時間／9:00～16:00
URL https://hakutojinja.jp/

モデルプラン 日帰り

8:45「鳥取駅」 ← バスで40分 ← 9:25 白兎神社(滞在40分) ← 徒歩で10分 ← 10:15「白兎海岸」を散策(滞在20分) ← バスと徒歩で60分 ← 11:35 賀露神社(滞在30分) ← 徒歩で5分 ← 12:10「鳥取港」周辺でランチ(滞在50分) ← バスと徒歩で30分 ← 13:30 長田神社(滞在70分) ← バスと徒歩で35分 ← 15:15 宇倍神社(滞在40分) ← バスと徒歩で20分 ← 16:15「鳥取駅」

仕事運

一攫千金の夢を成就させる
鳥取港を見守る守護神

賀《か》露《ろ》神《じん》社《じゃ》

主祭神
オオヤマヅミノミコト
大山祇命
キビノマキビノミコト
吉備真備命
サルタヒコノミコト
猿田彦命
コノハナサクヤヒメノミコト
木花咲耶姫命
タケミカヅチノミコト
武甕槌命

江戸時代から北前船の寄港地として栄えた鳥取港の守り神です。巨万の富を築いた廻船商人から崇敬され、弁財船の大碇も奉納された日本遺産の構成文化財です。「境内で白い石を拾うと幸運を授かれるとされています」と宮司が教えてくれました。港町の漁師を船主に出世させた幸運の石を見つけて、キャリアアップをかなえましょう。

御朱印

墨書／鳥取港鎮座、賀露神社　印／神紋（葉付桃）、賀露神社　●吉備真備命に由来する桃の神紋は日本で唯一とされます

虎の威を授けます！

全国的にも珍しい虎の狛犬が社殿の前に鎮座しています。台座には龍の彫刻も施されています

お守り

「肌守」（500円）

DATA
賀露神社
創建／不詳　本殿様式／流造
住所／鳥取県鳥取市賀露町北1-21-8
電話／0857-28-6505
交通／日ノ丸バス「賀露神社前」から徒歩３分
参拝時間／自由
御朱印授与時間／9:00～17:00
URL http://karojinjya.jp/

見どころCheck！

2年に一度のホーエンヤ祭

偶数年の4月29日には御輿を乗せた船を海上で曳航するホーエンヤ祭が行われます。唐から帰国途中に遭難した御祭神の吉備真備命を、浜まで奉曳（ほうえい）した故事に由来します。

勝運

歴史ある鳥取の総氏神が
輝く未来への道を開く

長《なが》田《た》神《じん》社《じゃ》

主祭神
コトシロヌシノカミ
事代主神
サルダヒコノカミ
猿田彦神
ホンダワケノミコト
誉田別尊
スガハラミチザネノミコト
菅原道真命

樹齢300年以上の御神木ケヤキの背後に、天守台が残る久松山が望めます。歴代の鳥取城主から鎮守の神として信奉され、城下の町人からも産土神として敬われました。神紋の「丸に揚羽蝶」は明治時代まで城主を務めた池田藩の家紋で、本殿など各所の彫り物にも装飾されています。戦国時代に名をはせた池田氏が崇敬する勝運スポットで、運気や財運を上げる「金運勝守」を手に入れましょう！

思いを成就させる固め石も頂けます

DATA
長田神社
創建／不詳
本殿様式／権現造
住所／鳥取県鳥取市東町1-103
電話／0857-22-4608
交通／日ノ丸バス「県庁日赤前」から徒歩10分
参拝時間／自由
御朱印授与時間／8:30～17:00

御朱印

墨書／鳥取城内産神、長田神社　印／神紋（丸に揚羽蝶）、神社紋（丸に向鯛）、長田神社　●鯛の神社紋は平安円満を招くとされます

お守り

運気UP！授与品

造幣局で裁断された１万円紙幣が封入されてます！

財運アップの「金運勝守」（600円）。黒地に鯉の滝昇りで家計も黒字になります！

御城印インフォ

長田神社から鳥取城まで徒歩15分ほどです。

鳥取城→P.141

鳥取随一のパワースポットで
金運から健康までしっかりお願い！

金運 長寿

宇《う》倍《べ》神《じん》社《じゃ》

主祭神
武内宿禰命《タケノウチノスクネノミコト》

百人一首にも詠まれた稲葉山の麓に、120段の急な参道が続きます。例祭では総重量2トンの大神輿がこの石段を一気に駆け下りるのだとか。高台に鎮座する壮麗な拝殿は、神社として初めて紙幣の図柄になりました。「日本初の大臣である武内宿禰命の御尊像が明治から昭和の紙幣に使われ、主祭神として祀る当社も3種類の紙幣に描かれました」と宮司さん。本殿の裏の丘にある双履石は360歳まで生きたとされる御祭神が昇天された霊跡です。スピリチュアルな神話の舞台で、お金や健康とのご縁をダブルで結んでいただきましょう。

見どころCheck!

日本一長寿の神が残した双履石《そうりせき》

本殿を見下ろす「亀金岡」は武内宿禰命の終焉地です。5代の天皇に仕えた忠臣は、双履石を残して天に昇られました。日本初の大臣とされる御祭神の聖跡にキャリアアップを祈願する人も多いそうです。

神門

拝殿前の神門は、内側に反った珍しい様式です。亀崩紋と菊紋が各所で飾られています

運気UP! 授与品

お守り

夫婦や恋人の円満を祈願した「夫婦守」（1000円）

「勝守」（各500円）。野球・ゴルフ・サッカーでの必勝祈願に身に付けて！

DATA
宇倍神社
創建／648（大化4）年
本殿様式／三間社流造
住所／鳥取県鳥取市国府町宮下宇一宮651
電話／0857-22-5025
交通／日ノ丸バス「宮ノ下」から徒歩7分
参拝時間／自由
御朱印授与時間／9:00～17:00
URL https://www.ubejinja.or.jp

表　裏

お金との御縁（五円）を結びます

「御縁御守」（500円）。裏面は社殿と御祭神が描かれた日本最初の五円紙幣です

麒麟獅子が舞う例祭

4月21日の例祭では、350年以上の歴史を誇る麒麟獅子舞（きりんししまい）が奉納されます。因幡国特有の一本角の獅子は、県指定の無形民俗文化財です。例祭に近い土曜（または日曜）には、重さ2トンを超える大神輿が繰り出す、勇壮な御幸祭も行われます。

男衆が石段を一気に下ります

御朱印帳はP.23で紹介！

御朱印

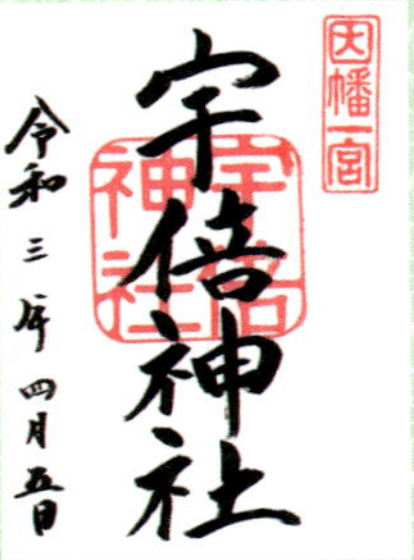

墨書／宇倍神社　印／宇倍神社、因幡一宮　●平安時代に編纂された延喜式で名神大社として記された因幡国（いなばのくに）の一宮です

福徳亀

拝殿の左側にある福徳亀を撫でると願いが成就するそうです

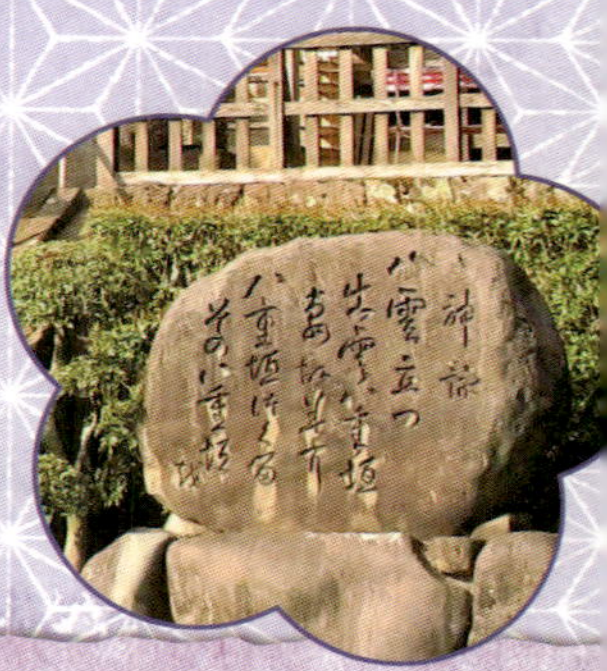

第三章

御利益別！ 今行きたい神社

Part1

総合運

恋愛、仕事、健康、金運……どれも大切で、ぜんぶ願いをかなえたい！ そんなあなたは、こちらの神社へGO！

★総合運★絶対行きたいオススメ神社 3選

大神山神社 本社・奥宮（鳥取）／太鼓谷稲成神社（島根）／彦島八幡宮（山口）

- 須我神社（島根）
- 美保神社（島根）
- 濱田護國神社（島根）／今八幡宮（山口）
- 住吉神社（山口）
- 松江八幡宮（山口）／山口大神宮（山口）
- 遠石八幡宮（山口）
- 元乃隅神社（山口）
- 瀧宮神社（広島）／牛窓神社（岡山）
- 倭文神社（鳥取）／鳥取縣護國神社（鳥取）

☆総合運☆ 絶対行きたいオススメ神社 3選

マルチな御神徳で人生を全方位からバックアップ

どこから開運さんぽを始めてよいか迷う人や、あれもこれもお願いしたい人の強い味方が「大神山神社」や「太皷谷稲成神社」です。神気がみなぎる聖域を参拝すれば、人生の成功をあらゆる面から強力にサポートしてくださいます。

絶対行きたいオススメ神社 1

神様が宿る霊山でビッグな夢をかなえる

中国地方の最高峰に鎮座するパワースポットです。本社と奥宮の両参りで御利益をWアップさせましょう！

鳥取

大神山神社 本社・奥宮

【おおがみやまじんじゃ　ほんしゃ・おくのみや】

出雲神話で大神山と記された霊峰・大山《だいせん》は、山そのものが御神体です。中腹にある奥宮はその自然信仰の中心地として崇められてきました。鳥居から奥宮へと続く参道は約700m。森林浴気分で石畳を進めば、神門の先には日本最大級の権現造の本殿が現れます。神の山で心身を浄化したら、麓にある本社もお参りしましょう。強力な御神徳は「大山さんのおかげ」と呼ばれライフワークや夢へのチャレンジを後押ししてくださいます。

奥宮参道の湧き水でパワーチャージ

入口から奥宮へ続く石段は約700mで、日本一長い自然石の石畳参道です。途中にある湧き水は霊水とされ飲むと美しくなれるそうです。ここでパワーストーンを洗うと効果もアップします。

お守り

「安産わらぢ守」（800円）。古式祭で神官が履いた「わらじの紐」が封入されています

御朱印帳はP.26で紹介！

本社

墨書／奉拝、大神山神社　印／大神山神社　●創建は不明ですが奈良時代に編纂された「出雲国風土記」で「大神岳」として記載されています

奥宮

墨書／奉拝、大神山神社奥宮　印／伯耆国大山鎮座、大神山神社奥宮　●冬季には御朱印の授与時間が10:00～15:00と短くなります

主祭神

大己貴命《オオナムチノミコト》
（大穴牟遅命《オオナムジノミコト》）

本社の境内は6月～7月上旬に約2000株のアジサイが咲き誇ります

DATA
大神山神社 本社・奥宮
創建／不詳
本殿様式／大社造の変形（本社）、権現造の変形（奥宮）
住所／鳥取県米子市尾高1025（本社）、鳥取県西伯郡大山町大山1（奥宮）
電話／0859-27-2345（本社）、0859-52-2507（奥宮）
交通／本社へは日本交通バス「尾高」から徒歩12分。奥宮へは日本交通バス「大山寺」から徒歩25分　参拝時間／自由
御朱印授与時間／本社9:00～16:30、奥宮9:30～16:00
URL http://www.oogamiyama.or.jp/

神社の方からのメッセージ

本社と奥宮の御祭神はどちらも大国主の別名です。古事記では大山の山頂から国造りの計画を立てたとされています。足の悪い方や妊婦さんには参道が厳しい奥宮を避けて、本社でお参りされることをおすすめしています。

奥宮は標高900mほどの高地にあるため、冬季には積雪で奉仕や参拝が困難でした。そのため麓に「冬宮」を作り、奥宮は「夏宮」と呼ばれるようになりました。1653（承応2）年に遷座をして新たな「冬宮」となったのが現在の大神山神社本社です。

絶対行きたい
オススメ神社2

千本鳥居をくぐって憧れの願望を成就！

運気や金運を上げてくれる「日本五大稲荷」のひとつです。境内の「四ケ所参り」で神徳宏大な御利益を頂きましょう！

島根

太皷谷稲成神社

【たいこだにいなりじんじゃ】

城下町の趣が色濃く残る殿町通りを抜けると、津和野川沿いに山を伝う千本鳥居が望めます。

朱塗りの鳥居がトンネルのように続く参道は263段。祈りと感謝の念で奉納された鳥居をくぐれば「神様に願いが通る」そうです。光と影が織りなす空間へ吸い込まれるように上ると、境内からは箱庭のような津和野の町並みが広がります。命婦社《みょうぶしゃ》や元宮など境内各所でしっかりと祈願して、大願成就の「四ケ所参り御朱印」を頂きましょう！

表参道の千本鳥居

麓から境内に千本鳥居が連なります。千の数字は慣用句としても使われますが、実際に千本前後の鳥居があるそうです。朝には東側から陽光を受けて、石段に鳥居の影が浮かびあがり幻想的。雲海に包まれることもあります。

限定御朱印と
御朱印帳は
P.18・27で紹介！

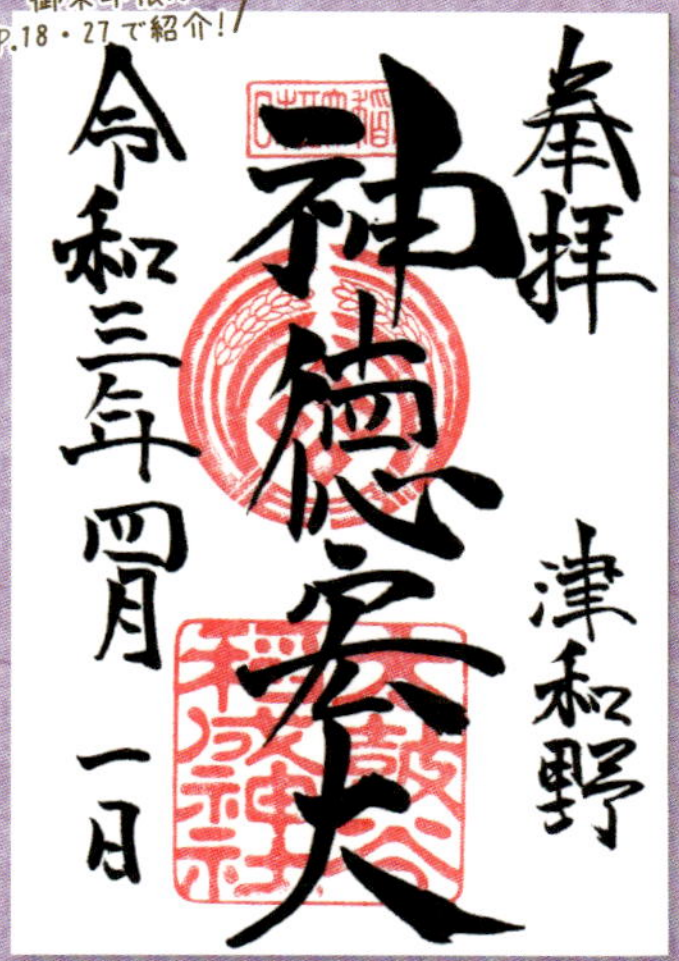

墨書／奉拝、津和野、神徳宏大　印／日本五大稲荷、神紋、太皷谷稲成神社　●全国で唯一「稲成」と表記されています。願いごとがよくかなう大願成就の意味が込められているそうです

主祭神

宇迦之御魂神《ウカノミタマノカミ》　伊弉冉尊《イザナミノミコト》

みんなのクチコミ!!

境内脇に駐車場があるので車やタクシーで直接アクセスできます。商売繁昌や開運厄除のほか、失せ物が見つかる御利益も頂けます

二の鳥居から境内までゆっくり歩いて10分ほど。緑の風に包まれます

お守り

霊狐が福徳をもたらすように祈願されている「白狐守」(800円)

元宮の後にある命婦社には夫婦の白狐神が祀られ良縁成就のパワーが頂けます

DATA

太皷谷稲成神社

創建／1773(安永2)年
本殿様式／流造
住所／島根県鹿足郡津和野町後田409
電話／0856-72-0219
交通／JR山口線「津和野駅」から徒歩30分(車で7分)
参拝時間／自由
御朱印授与時間／9:00～17:00
URL https://taikodani.jp

神社の方からのメッセージ

創建時から明治時代までは代々のお殿様のみが祈祷できる社でした。稲荷信仰では御眷属は本殿の背後から出入りされるとの言い伝えがあり、本殿裏の小さな奉拝所は「四ケ所参り」のひとつにもなっています。

「四ケ所参り」は大願成就のための独特な参拝の習わしです。「元宮」→「命婦社」→「本殿」→「本殿裏奉拝所」の順序で境内をめぐり、油揚げを供えローソクを立てて願掛けをしましょう。奉納用の油揚げとローソクは駐車場や手水舎脇にある売店で購入できます。

絶対行きたい
オススメ神社 3

霊石に願いを込めてメイクミラクル！

造船や漁業関係者が崇敬する海の守り神です。奇跡のペトログリフが幸せを呼び込みます。

山口

彦島八幡宮【ひこしまはちまんぐう】

関門海峡に囲まれた本州最西端の総鎮守です。神橋の先にある楼門をくぐると、境内はまるで石庭のような落ち着き。左手に安置された磐座は願い事をひとつだけかなえてくれるという伝承があります。「磐座はペトログリフと呼ばれ、古代人が刻んだ文字や模様が残されています。この霊石に祈って奇跡が起きたという感謝の声も頂きます」と宮司さん。古代祭祀場にあったとされる磐座に祈り、人生を変えるチャンスをつかみましょう。

主祭神

応神天皇《オウジンテンノウ》
仲哀天皇《チュウアイテンノウ》
神功皇后《ジングウコウゴウ》
仁徳天皇《ニントクテンノウ》

霊石のペトログリフ

ペトログリフはギリシャ語で「文字が刻まれた岩」。巌流島を望む彦島の丘陵地帯で、環状列石として祀られていたと推測されています。神が宿る磐座に手をかざし、いちばんかなえたい願い事を伝えましょう。

「叶い石守」(600円)。磐座の上に置くとパワーが宿ります

お守り

「仕事守」(500円)。サイ上り神事の鎧武者が勝負の場面をサポート！

限定御朱印と御朱印帳はP.18・23で紹介！

墨書／奉拝、彦島八幡宮　印／奉拝彦島、彦島八幡宮　●創祀は1159(平治元)年とされます。彦島は日本書紀で「引島」として登場します

墨書／奉拝、泳ぐ磐坐、彦島ペトログリフ　印／ペトログリフ　●下関造船所周辺の海底を移動していた不思議な磐が境内に安置されています

みんなのクチコミ!!

境内から縄文土器や古代人の住居跡が発掘されている古来からのパワースポットです！

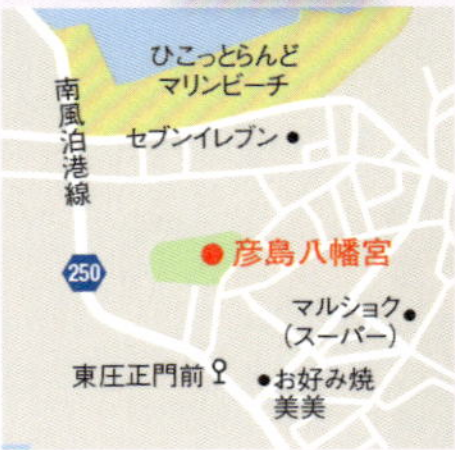

季節の花を浮かべた花手水。参拝者への心遣いが境内各所で感じられます

DATA
彦島八幡宮
創建／不詳
本殿様式／八幡造
住所／山口県下関市彦島迫町5-12-9
電話／083-266-0700
交通／サンデンバス「東圧正門前」から徒歩2分
参拝時間／6:00～18:00(10～3月は～17:00)
御朱印授与時間／7:30～16:30(正月を除く)
URL https://www.hikoshima-guu.net/

神社の方からのメッセージ

彦島めぐり(→P.82)の御朱印は参拝後の授与が基本ですが、時間に制限のある旅行者には参拝前に浄書させていただく場合もあります。武蔵と小次郎の対決の地、巌流島にある船島神社の御朱印も当社で授与しています。

800年以上の歴史をもつ「サイ上り神事」は彦島開拓の祖・河野通次が、海中から御神体の鏡を引き上げたことに由来します。10月第3日曜の例大祭では子供たちがトビウオの舞を、鎧兜で身を固めた通次役が御神体に見立てた榊を引き上げる舞を踊ります。

出雲神話のヒーローが悪縁を一刀両断

「記紀神話」で語られた日本で最初の御宮です。仲睦まじい夫婦神から愛のパワーをGET！

島根

須我神社【すがじんじゃ】

出雲神話の世界に触れた誰もが憧れる、古事記・日本書紀に記されている「日本初之宮《にほんはつのみや》」です。

八俣遠呂智《やまたのおろち》を退治した須佐之男命が、稲田比売命との新居を構えた古代ラブストーリー始まりの地で、縁結びや夫婦円満の御利益を頂きましょう。須佐之男命のようにすがすがしい新生活をスタートするために、悪切開運を祈祷される参拝者も多いそうです。八雲山の中腹に鎮座する奥宮にも足を延ばせば、神話の世界を全身で体感できます。

主祭神

須佐之男命《スサノヲノミコト》　稲田比売命《イナタヒメノミコト》

清之湯山主三名狭漏彦八島野命《スガノユヤマヌシミナサロヒコヤシマノミコト》

本社から奥宮への「二宮詣り」

1.5km北東にある奥宮も参拝すると良縁成就の御利益がアップします。まずは本社で「二宮詣り祈念札」を頂き奥宮の夫婦岩に祈願して納めます。八雲山の登山口から夫婦岩までは10分ほどの山道が続きます。

みんなのクチコミ!!

秋の例大祭では大蛇退治や国譲りなど出雲神話をモチーフにした海潮神代（うしおじんだい）神楽が奉納されます

墨書／奉拝、日本初之宮、須我神社　印／神紋（出雲須賀宮）　●古事記に「須賀宮（すがのみや）」と記されている日本最初の御宮です。神紋は出雲の空に八雲が湧き出す様子を表しています

御朱印帳

「オリジナル御朱印帳」（3500円）は3色。宮司直筆で「五福祥来」の文字が浄書されます

「剣守」（600円）。災いを断ち切り良縁を招いてくれます

お守り

神氣・心氣・身氣が強く封じ込められている「三氣之御守」（3000円）

縁結びの夫婦松は二の鳥居の前にあります

DATA
須我神社
創建／神代
本殿様式／大社造の変態
住所／島根県雲南市大東町須賀260
電話／0854-43-2906
交通／一畑バス「須我」から徒歩4分
参拝時間／8:30～17:00
御朱印授与時間／8:45～17:00
URL https://suga-jinja.or.jp/

神社の方からのメッセージ

神社前の蓮池には松の木が水中に自生しています。一株から男松と女松が仲よく伸びることは珍しく、ご縁結びの夫婦松と呼ばれています。太古には池から温泉が湧き出し、御祭神夫婦が入浴されたという伝承もあります。

須佐之男命は宮殿を囲んで湧く雲を見て「八雲立つ出雲八重垣つまごみに八重垣つくるその八重垣を」と詠んだと伝えられています。この「出雲」の国名の起源となる31文字の歌は、日本最古の和歌とされ、社殿の前には「日本の和歌発祥」の歌碑が置かれています。

笑顔をもたらす「えびす様」の総本宮

商売繁盛のえびす様と豊穣の女神様から幸せになるための御利益を授かりましょう!

島根

美保神社【みほじんじゃ】

全国に約三千ある「えびす社」の総本宮です。釣り竿を持ち、鯛を抱えた事代主神は商売繁盛や開運を引き寄せる福の神。美保関は「国引き・国造り」の出雲神話に登場し、父神の大国主が事代主神に「国譲り」を相談する舞台ともなりました。天神への国譲りを進言し、事代主神が海に身を隠したという故事を再現した神事は今も脈々と行われています。神話の時代から縁が深い出雲大社との両参りで、大きな幸運を釣り上げましょう。

主祭神

三穂津姫命《ミホツヒメノミコト》　事代主神《コトシロヌシノカミ》

参拝するなら「七日えびす祭」

毎月7日には月次祭(つきなみさい)が執り行われます。朝の拝殿では巫女が舞い(巫女不在の場合は笛と太鼓の神楽)、音楽・鳴物好きの御祭神にちなんで奉納楽器も公開されます。数量限定の「金色の鯛守」や「金字の御朱印」もこの日のみ頂けます。

みんなのクチコミ!!

出雲地方では「大社だけでは片詣り」といわれています。だいこく様を祀る出雲大社とえびす様を祀る美保神社、親子の神様を両参りすることで両想いもかなうそうです!

本殿は大社造の社殿2棟を横に並べ、左殿に三穂津姫命、右殿に事代主神をお祀りしています

限定御朱印はP.19で紹介!

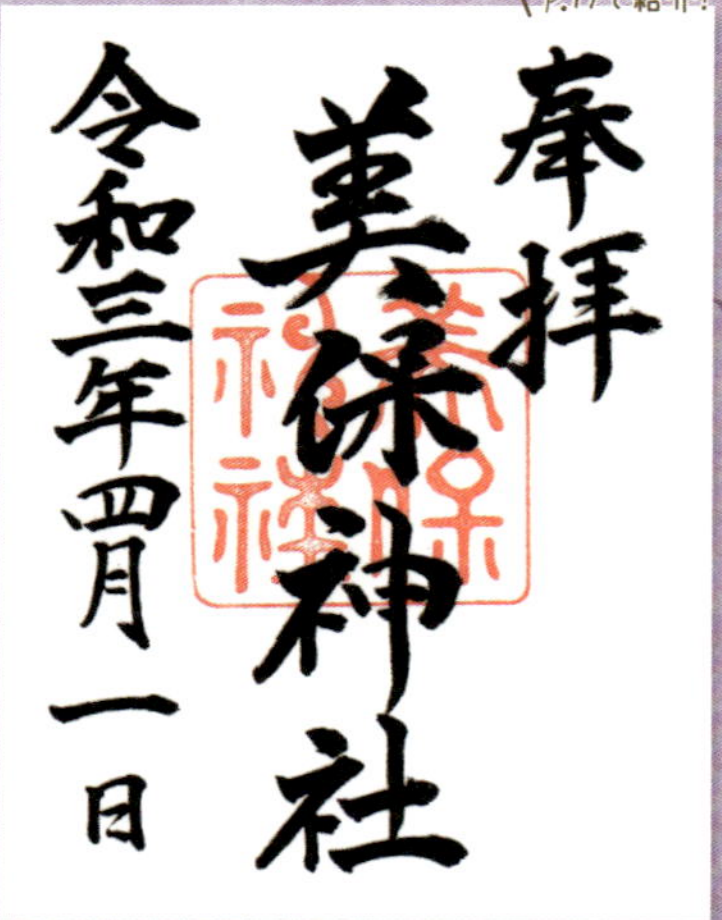

墨書/奉拝、美保神社　印/美保神社　●本殿にお祀りされている三穂津姫命は大国主のお妃様です。その御名が「美保」の地名になったと伝わります。出雲神話に登場する最も重要な聖地のひとつです

御朱印帳

「オリジナル御朱印帳」(1200円)。豊穣を意味する稲穂を鯛がくわえた縁起のいい絵柄です

お守り

紅白をペアで持つ「縁結び御守」(700円)

「昇運鯛守」(1000円)。えびす様の「鯛」と三穂津姫命の「稲穂」で御祭神を象徴した諸願成就のお守り!

DATA

美保神社

創建/神代

本殿様式/比翼大社造(美保造)

住所/島根県松江市美保関町美保関608

電話/0852-73-0506

交通/美保関コミュニティバス「美保神社入口」から徒歩2分

参拝時間/自由

御朱印授与時間/8:30~日没頃

URL http://www.mihojinja.or.jp/

神社の方からのメッセージ

釣好きで知られる事代主神は「漁業の祖神」として崇敬されてきました。4月7日の青柴垣(あおふしがき)神事、12月3日の諸手船(もろたぶね)神事では、国譲り神話の故事を再現した古伝祭を執り行っています。

美保神社と仏谷寺を結ぶ約200mの「青石畳通り」は老舗旅館や酒蔵が並ぶレトロなエリアです。敷き詰められた淡い青色の天然石は江戸時代に北前船の寄港地として栄えた往時をしのばせ、仏谷寺では国の重要文化財に指定された5体の仏像も拝覧できます。

郷土の英霊が平和を見守る

島根

濱田護國神社

【はまだごこくじんじゃ】

浜田城が築城された山の中腹に鎮座しています。かつては城の大手門だった石段を通り、森林浴を楽しみながら表参道を進むと拝殿が姿を現します。国を守るために尽力された英霊に感謝を捧げましょう。境内には「死してもロからラッパを離さなかった」の逸話で知られる木口小平像も立ちます。

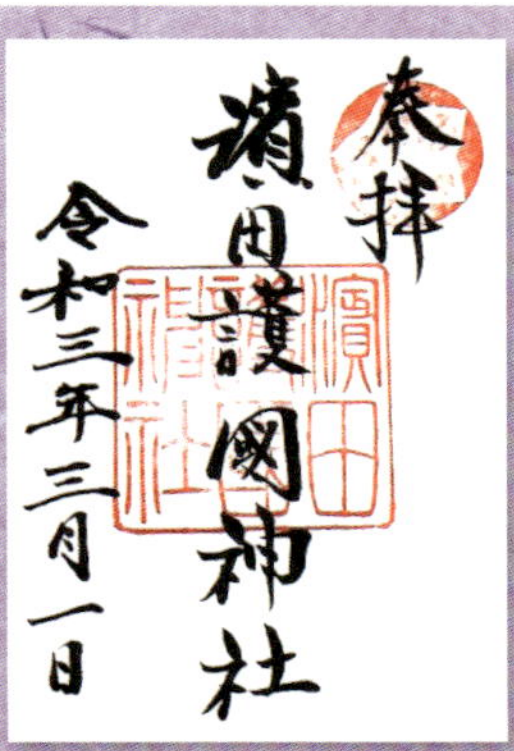

墨書／奉拝、濱田護國神社　印／神紋(星に櫻)、濱田護國神社　●書き手により英霊奉慰の文字も入ります。神職不在の場合は書き置きでの頒布となります

授与品

「男みくじ女みくじ」(200円)。一字が刻まれた「一言守」が入っています

日清戦争で進軍ラッパを吹き続け、被弾し絶命してもラッパを離さなかった木口小平の像。所属していた歩兵21連隊の基地は浜田にありました

主祭神

島根県西部石見地方出身の御英霊 23,000 柱

DATA

濱田護國神社

創建／1938(昭和13)年

本殿様式／流造

住所／島根県浜田市殿町123-30

電話／0855-22-0674

交通／石見交通バス「城山公園前」から徒歩8分

参拝時間／8:00～16:00

御朱印授与時間／8:00～16:00

URL http://hamada-gokoku.jp/

みんなのクチコミ!!

続100名城のスタンプが設置され、浜田城の御城印も頂けます

山口の総鎮守で運気アップ

山口

今八幡宮

【いまはちまんぐう】

室町時代の守護大名・大内政弘により「山口総鎮守」とされ、その後は勝運の社として毛利家からも崇敬を受けました。社殿は楼門・拝殿・本殿が一直線に連なる「楼拝殿造」と呼ばれる山口地方だけの独特な様式です。楼門には羽根を広げたような翼廊がつき参拝すれば運気も上昇しそうです。

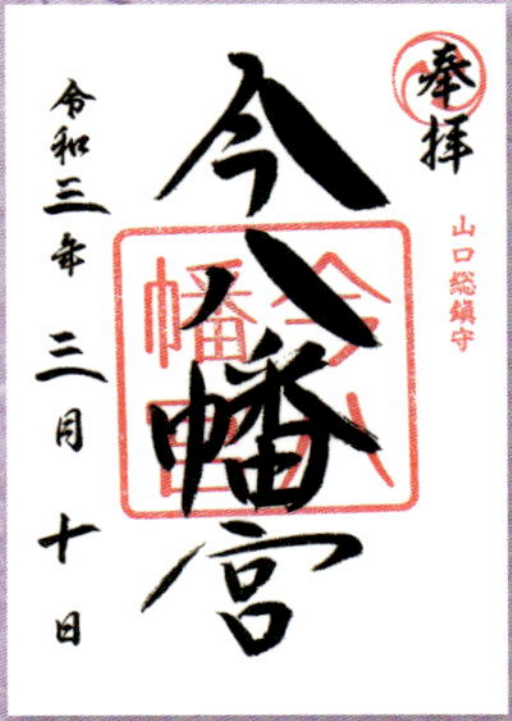

墨書／奉拝、今八幡宮　印／神紋(左三つ巴)、山口総鎮守、今八幡宮　●参道を下りて30mほど左手にある社務所で御朱印を頂けます

御朱印帳

八幡宮の使いである鳩が描かれた御朱印帳(1300円)

お守り

デニム生地にリベットが打ち込まれた手作りの「デニム肌守り」(1000円)

主祭神

応神天皇《オウジンテンノウ》

仲哀天皇《チュウアイテンノウ》　神功皇后《ジングウコウゴウ》

玉依姫命《タマヨリヒメノミコト》　宇治皇子《ウジノオウジ》

DATA

今八幡宮

創建／1503(文亀3)年

本殿様式／三間社流造

住所／山口県山口市上宇野令828-1

電話／083-922-0083

交通／JR山口線「上山口駅」から徒歩8分、または中国JRバス「自衛隊前」から徒歩1分

参拝時間／自由

御朱印授与時間／9:00～17:00

URL http://ima8man.com

みんなのクチコミ!!

大内義隆が寄進した国内最大級の鰐口(わにぐち)は山口市歴史民俗資料館で拝覧できます

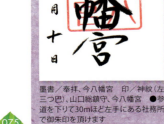

荒魂がポジティブに明日への扉を開く

「日本三大住吉」のひとつとされる一宮です。長寿の御神木からは癒やしのパワーが頂けます。

山口

住吉神社【すみよしじんじゃ】

「九間社流造」と呼ばれる五社殿を合の間で連結した壮麗な本殿は、山口県で唯一国宝に指定された神社建造物です。向かって左手の第一殿に祀られているのは住吉大神の荒魂《あらみたま》。大内弘世《おおうちひろよ》や毛利元就《もうりもとなり》など歴代の武将からもあつく信奉された御魂は、勇猛果敢にチャレンジする人を応援し、心願を成就させてくださいます。拝殿左手の社務所では国宝本殿の板戸絵を背景にした限定の御朱印を頂きましょう。春夏秋冬で図柄は変わります。

主祭神

住吉大神《スミヨシオオカミ》

応神天皇《オウジンテンノウ》　武内宿禰命《タケノウチノスクネノミコト》

神功皇后《ジングウコウゴウ》　建御名方命《タケミナカタノミコト》

長寿を授ける御神霊樹

拝殿の右手には御祭神の武内宿禰命が植えたとされる楠があります。古株から新芽が出て根回り60mの御神木には小さな社も設けられています。蘇りのパワーをチャージしましょう。

限定御朱印はP.19で紹介!

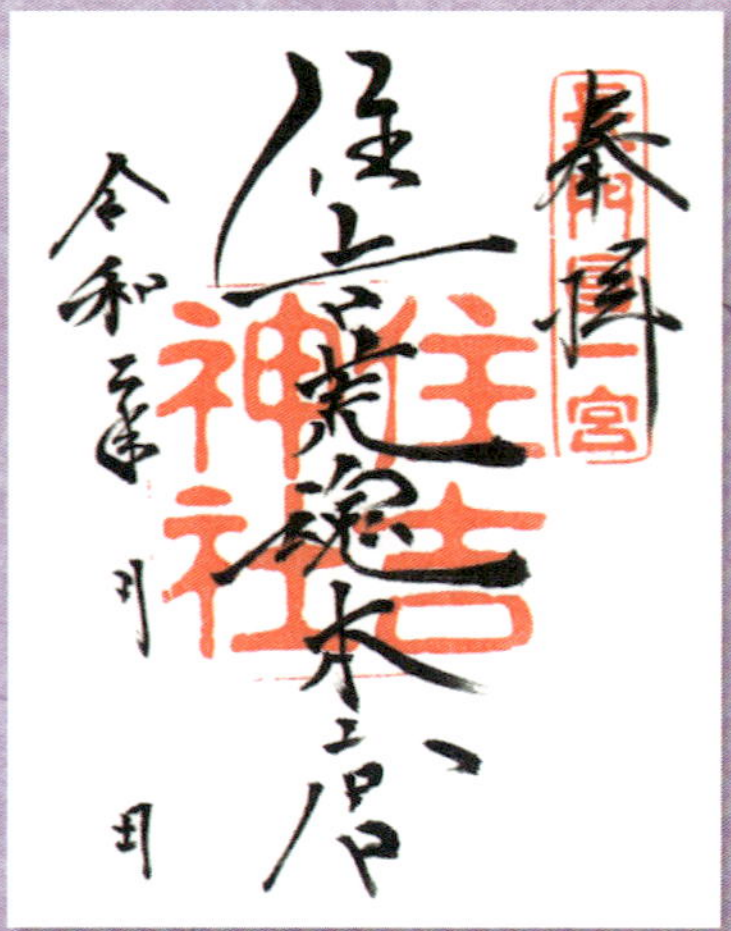

墨書／奉拝、住吉荒魂本宮　印／長門國一宮、住吉神社　●神功皇后への御神託により住吉三神の荒魂を祀っています。荒魂は御祭神の積極的な側面で勇猛果敢に問題を解決し願いごとを成就させます

御朱印帳

「オリジナル御朱印帳」(1500円)。表面に御社殿、裏面に大楠が描かれています

みんなのクチコミ!!

1539年に毛利元就公の寄進で造営された拝殿は国指定重要文化財です。「住吉荒御魂本宮」と記された扁額の文字は有栖川宮熾仁(ありすがわのみやたるひと)親王による揮毫です

お守り

左から神功皇后のご加護を頂ける「安産御守」、勝運を呼び込む「住吉御守」(各700円)

御田植祭で植えられた稲は9月の御田刈祭で収穫されます

DATA
住吉神社
創建／200(仲哀天皇9)年
本殿様式／九間社流造
住所／山口県下関市一の宮住吉1-11-1
電話／083-256-2656
交通／JR山陽本線「新下関駅」から徒歩17分、またはサンデン交通バス「一の宮」から徒歩5分
参拝時間／6:00～18:00(10月～3月は～17:30)
御朱印授与時間／8:00～17:45(10月～3月は～17:15)

神社の方からのメッセージ

室町初期の代表的建造物である五社殿にそれぞれ御祭神をお祀りしています。住吉大神は交通・開運、応神天皇は産業殖産、武内宿禰命は長寿、神功皇后は安産、建御名方命は武道の御神徳が頂けます。

旧暦元旦の「和布刈(めかり)神事」は神功皇后が壇ノ浦のわかめを刈り採らせ神前にお供えした故事に由来する非公開の催事です。5月第3日曜の「御田植祭」は住吉大神への供物となる米を作る伝統行事で、早乙女・八乙女が舞や歌声に合わせて稲を植えます。

縁起のいい御朱印を授かる

山口

松江八幡宮

【しょうごうはちまんぐう】

社叢《しゃそう》に黒石公園があるため地元で「黒石神社」と呼ばれる八幡宮は、少し変わった御朱印でも知られています。「参拝の意義を感じて、ずっと御朱印を大切にしていただけるよう竹の皮を張ったものもお渡ししてます」と神職が教えてくれました。特別感たっぷりの御朱印は1年を通して頂けます。

墨書／奉拝、松江八幡宮　印／宇部東須恵鎮守、松江八幡宮、松竹梅の印　●正月用だった書き置きの竹皮朱印には松竹梅が入ります。通常の直書き御朱印には神紋が押されます

拝殿前の狛犬など境内には1858（安政5）年の石造物が点在しています

絵馬

「五角絵馬」（500円）。応神天皇由来の「じんくん」が絵馬のキャラクターです

主祭神

応神天皇《オウジンテンノウ》

仲哀天皇《チュウアイテンノウ》　神功皇后《ジングウコウゴウ》

DATA

松江八幡宮

創建／771（宝亀2）年

本殿様式／八幡造

住所／山口県宇部市大字東須恵1206

電話／0836-41-8351

交通／宇部市交通局バス「黒石」から徒歩8分　参拝時間／自由

御朱印授与時間／9:00～17:00

URL https://shogo-hachimangu.jimdofree.com/

みんなのクチコミ!!

1500年前まで鎮座地は松江（しょうごう）の津と呼ばれる遠浅の湾だったことが社名の由来です

太陽の女神を祀る「西のお伊勢様」

山口

山口大神宮

【やまぐちだいじんぐう】

「一生に一度は訪れたい」と古来から憧れだったお伊勢参り。遠い伊勢までは参拝できない人々から「西のお伊勢様」と親しまれ令和2年に御鎮座五百年を迎えています。境内奥に鎮座する内宮にお祀りしているのはもちろん天照大御神。お参りすれば青空のように心がスッキリと晴れ渡ります。

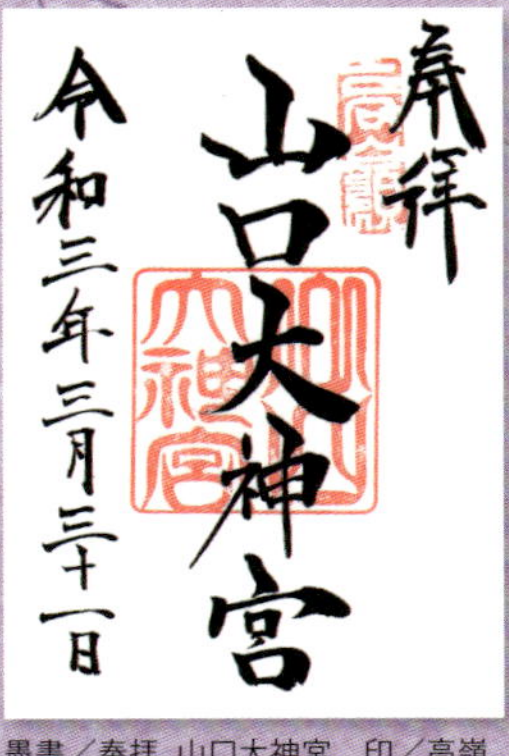

墨書／奉拝、山口大神宮　印／高嶺、山口大神宮　●高嶺の東麓を境内地としたため創建当初は「高嶺神明」や「高嶺太神宮」と称されていました

お守り

左から「縁結守」、身体安全が祈願された「肌守」（各800円）

神楽殿の向かいにある多賀神社。生命の祖神を参拝し、こちらの御朱印も頂きましょう

主祭神

天照大御神《アマテラスオオミカミ》　豊受大御神《トヨウケノオオミカミ》

DATA

山口大神宮

創建／1520（永正17）年

本殿様式／神明造

住所／山口県山口市滝町4-4

電話／083-922-0718

交通／中国JRバス「山口県庁前」から徒歩5分

参拝時間／自由

御朱印授与時間／9:30～16:00

URL http://www.yamaguchi-daijingu.or.jp

みんなのクチコミ!!

伊勢神宮から直接御分霊を受け大神宮が創建されたのは明治時代までここ1社のみでした！

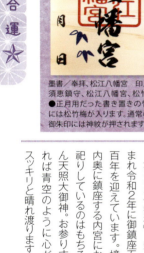

ここ一番、必勝や開運の祈願なら！

恋愛や仕事の勝負どころは武運の神にお願いを。御祭神が降り立った霊石は強力なパワスポです。

山口

遠石八幡宮【といしはちまんぐう】

長い石段を上ると神門の手前に展望広場があり、石油コンビナートの先には徳山湾を遠望できます。飛鳥時代に創建された周防国の大社は、緑の丘陵全体を神域としているのです。勝運を授ける八幡神をお祀りし、江戸時代には徳山藩の歴代藩主が氏神としました。今も初詣には20万人もの人々が参拝に訪れる山口随一の開運祈願スポットです。タイミングが合えば五節句の御朱印を頂いて、季節の節目の邪気を祓いましょう。

主祭神

応神天皇《オウジンテンノウ》
神功皇后《ジングウコウゴウ》　宗像三女神《ムナカタサンジョシン》

御祭神が降り立った影向石

一の鳥居から徒歩2分、西の飛び地に創建由緒の影向石（えいこういわ）が鎮座しています。伝承によると八幡神は神馬に乗って飛来し、浜辺にあったこの岩に降り立ちました。霊石に手をかざせばお力を授かれます。

みんなのクチコミ!!

境内の遠石会館にはカフェが併設されています。サイフォンで入れた本格コーヒーや蔵元から取り寄せた麹を使ったラテなどドリンクのメニューが豊富です

限定御朱印はP.18で紹介！

墨書／奉拝、遠石八幡宮　印／神紋（左三つ巴）、遠石八幡宮　●宇佐八幡神が当地に現れた際に「あゝ、遠し」と告げられたことが遠石の社名の由来となりました

御朱印帳

グラデーションの巴紋があしらわれた「御朱印帳」（1500円）。桃色と青の2色

お守り

「勝守」（1000円）。武運の神が加護してくださいます

絵馬

縁結びや夫婦円満など種類豊富な「絵馬」（各800円）

源平の戦いを見守った洪鐘（こうしょう）は市指定文化財です

DATA
遠石八幡宮
創建／708（和銅元）年
本殿様式／三間社流造
住所／山口県周南市遠石2-3-1
電話／0834-32-8888
交通／防長交通バス「遠石八幡前」から徒歩1分、またはJR山陽本線「櫛ヶ浜駅」から徒歩17分
参拝時間／自由
御朱印授与時間／9:00〜16:30
URL http://www.toishi.co.jp

神社の方からのメッセージ

境内にある遠石会館は山口県最大規模の挙式スポットとしてご好評いただいております。雅楽や巫女舞などの儀式を行う神前結婚式で、創業以来1万組を超えるご夫婦の幸せに立ち会ってまいりました。

周南市の海岸線には日本有数の石油化学コンビナートが形成され、晴海親水公園からの工場夜景は日本夜景遺産に認定されています。徳山湾からのクルージングや観光タクシーで工場夜景ツアーが楽しめます。遠石八幡宮の境内からもすばらしい夜景が望めます。

運気をアップする超絶景スポット

インスタ映えの美景で参拝者を引きつけます。海へ続く鳥居を抜ければ幸福度がアップ！

山口

元乃隅神社
【もとのすみじんじゃ】

海へと続く鳥居のトンネルが目に飛び込んできます。青い空や樹木とのコントラストが眩く、到着早々にテンションが急上昇。鳥居は全部で123基。「ひふみ」と読める縁起のよい数をくぐると、潮風に心地よく包まれて全身がスッキリ浄化されるのを感じます。鳥居の先の断崖は「龍宮の潮吹」で有名な景勝地で、冬季の荒天時には轟音とともに30m以上も潮が吹き上がります。まるで龍神のパワーが天に放たれるような開運スポットです。

主祭神
宇迦之御魂神《ウカノミタマカミ》

日本でいちばん入れにくい賽銭箱！
裏参道口の大鳥居には高さ約5mの位置に小さな賽銭箱が設置されています。ここに賽銭を投げて見事に入れれば願いが成就するそうです。1回で賽銭箱に入ることは稀ですが、何度もトライしてお稲荷様から御利益を授かりましょう。

＼福・勝・愛など文字は10種類以上！／

墨書／奉拝、本州最西北の稲荷神社、元乃隅神社　印／神璽、神社印　●社殿に書き置きが置かれているので初穂料は気持ちで納めましょう

福・勝・愛・幸・富の文字が入った5種類を頒布しています。勝と愛にはかわいい子狐も描かれています

みんなのクチコミ!!

上の社から鳥居をくぐって海へ向かうと心が洗われていきます。コバルトブルーの海は底が見えるくらいに澄んでいて感動しました。夕暮れどきに参拝すれば夕日に浮かぶ鳥居も望めます

運がよければ「龍宮の潮吹」も見られます！

DATA
元乃隅神社
創建／1955（昭和30）年
住所／山口県長門市油谷津黄498
交通／JR山陰本線「長門古市駅」または「人丸駅」から車で15分
参拝時間／7:00～16:30
御朱印授与時間／7:00～16:30
URL https://motonosumi.com/

＼神社の方からのメッセージ／

白狐のお告げにより建立された神社です。123基の赤い鳥居は昭和62年から奉納されました。公共交通は不便なので車でのアクセスがおすすめですが、道が狭いところもありますので注意して参拝に訪れてください。

神社周辺は観光スポットが点在するドライブコースになっています。5kmほど東にある「千畳敷」は眼下に日本海のパノラマが広がる草原地帯。4kmほど南下すると日本の棚田百選にも選ばれた「東後畑棚田」が丘陵地帯から海岸近くまで広がっています。

三原城を守護する厄除けの社

広島

瀧宮神社

【たきのみやじんじゃ】

三原城の北東に鎮座する鬼門封じの「厄除けの社」です。節分祭では人形《ひとがた》に自分の穢れを移し、それを持って茅の輪をくぐり無病息災を祈ります。主祭神は悪縁を絶ち良縁を招くパワーが強力なので人生の岐路でもサポートしていただけます。参拝後には手書きの限定御朱印を頂きましょう。

限定御朱印は
P.15で紹介！

随神門の右手にある子安神社には玉姫命が祀られています。「祈願鳥居」を納めて子授けや安産を祈願！

お守り

無病息災が祈祷されている「厄除開運守」（700円）

「開運ひょうたん守り」（800円）。思いがけない幸福を招いてくれます

墨書／瀧宮神社　印／備後國三原郷櫻山麓御鎮座、桜の印　●桜山は御祭神が降臨された丘です。その中腹にあった瀧が社名の由来となっています

主祭神

須佐之男命《スサノオノミコト》

みんなのクチコミ!!

神事や風物詩を描いたカラフルな限定御朱印は通年で10種類ほど頒布されています

DATA

瀧宮神社

創建／544（欽明5）年
本殿様式／大社造
住所／広島県三原市中之町1-1-1
電話／0848-62-2577
交通／JR山陽本線「三原駅」から徒歩10分
参拝時間／自由
御朱印授与時間／9:00～17:00
URL http://takinomiya.info

神功皇后と牛鬼伝説のパワスポ

岡山

牛窓神社

【うしまどじんじゃ】

「日本のエーゲ海」と称される風光明媚な浜辺から参道が延びています。神門を通り深い森へと上っていくと心がパーッと晴れわたるのを感じます。主祭神は巫女であり、皇軍も率いた神功皇后。牛窓神話でも活躍が描かれた古代のヒロインから、恋愛成就、安産子授けなどの御利益が頂けます！

限定御朱印と
御朱印帳は
P.18・25で紹介！

邪気を祓う牛鬼くんの力水。元気、やる気、勇気、本気、根気の「五つの気」を手水舎で授かり、穢れを清めましょう

授与品

手作りの牛の陶磁器（2000円）は開運・災い除けの縁起物です。須恵器の聖地として国指定の史跡がある「寒風」の工房で作られます

墨書／御神拝、神功皇后御聖地、備前、岡山、牛窓神社　印／瀬戸内海国立公園、御守護、神紋（五三の桐）、牛窓神社
●見開き御朱印も通常頒布されます

主祭神

神功皇后《ジングウコウゴウ》　応神天皇《オウジンテンノウ》
比売大神《ヒメオオカミ》　武内宿禰命《タケノウチスクネミコト》

みんなのクチコミ!!

秋季大祭の「牛窓秋祭」では名物の胴六角の御神輿のほか各地区の船形だんじりが見ものです

DATA

牛窓神社

創建／不詳　※平安時代の長和年間（1012～1017年）の頃
本殿様式／入母屋造
住所／岡山県瀬戸内市牛窓町牛窓2147
電話／0869-34-5197
交通／両備バス「オリーブ園入口」から徒歩20分
参拝時間／自由　※夜間は参拝不可
御朱印授与時間／9:00～17:00
URL https://ja-jp.facebook.com/ushimadojinja

医療の女神が見守る一宮

鳥取

倭文神社

【しとりじんじゃ】

東郷池の湖畔から御冠《みかんむり》山へ上るとただならぬ神気に包まれていきます。鬱蒼とした社叢《しゃそう》にはまるで平安時代の空気が立ち込めているかのよう。大国主の娘である下照姫《したてるひめの》命《みこと》がこの地に住んだのが神社の始まりとされ、医療の技術に長けた女神への安産祈願で崇敬される、伯耆《ほうき》の国の一宮です。

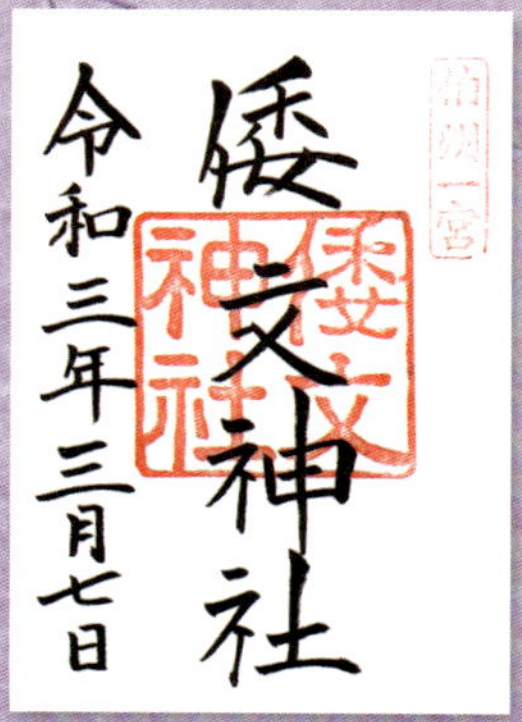

墨書／倭文神社　印／伯州一宮、倭文神社　●倭文は「しづおり」という古代の織物のことです。御朱印に対応できない日はウェブサイトで告知されます

授与品

国宝の銅経筒をモチーフにしたおみくじ（600円）。占った後は願い札と御守を入れて持ち帰りましょう

参道にある安産岩。かつては女神から神徳を得るために岩を削って飲んでいたそうです

主祭神

建葉槌命《タケハヅチノミコト》

DATA

倭文神社

創建／不詳

本殿様式／流造

住所／鳥取県東伯郡湯梨浜町大字宮内754

電話／0858-32-1985

交通／JR山陰本線「松崎駅」から車で10分

参拝時間／自由

御朱印授与時間／9:30～16:00

URL http://www.sidorijinja.com/

みんなのクチコミ!!

下照姫命の墳墓と伝えられていた境内地からは国宝となる銅経筒が発掘されています

砂丘の上で尊い生命に感謝を

鳥取

鳥取縣護國神社

【とっとりけんごこくじんじゃ】

鳥取藩の軍事調練場があった大砂丘を見下ろす高台に鎮座しています。境内に進むと忠魂碑も社殿もすべて鳥取砂丘の上に建てられていることに驚くはず。御朱印を頂くと「流芳千載」の文字が大きく記されていました。千年にわたって英霊たちの志を語り継ぎ、永遠の平和を祈る誓いの言葉です。

墨書／流芳千載、鳥取縣護國神社　印／鳥取縣護國神社、神紋（二重花弁に細川桜）　●神職が不在の場合は書き置きを頂くことができます

お守り

日の丸をあしらった「肌守」（500円）。たくましく生きる勇気を頂きましょう

陸軍少年飛行兵戦没者慰霊碑。大空に飛び立ち、若い命を散らした少年たちを追悼した碑です

主祭神

戦没英霊 23,478 柱

DATA

鳥取縣護國神社

創建／1868（明治元）年

本殿様式／流造

住所／鳥取県鳥取市浜坂1318-53

電話／0857-22-4428

交通／日本交通バス「子供の国入口」から徒歩10分

参拝時間／自由

御朱印授与時間／8:30～16:00

みんなのクチコミ!!

拝殿の右の建物には機関銃やヘルメット、出征戦没者の方々の写真も展示されています

関門海峡を望む 彦島の神社めぐり

＼七里《ななり》七浦《ななうら》七恵美須《ななえびす》！／

本州最西端にある彦島は「七里七浦七恵美須」と7の縁起を担ぐ島です。島内の御朱印をすべてコンプリートして福徳を引き寄せましょう！

彦島の豆知識

古代人が文字を刻んだ岩「ペトログラフ」が出土したスピリチュアルな島です。平清盛は宮島と彦島を厳島神社を建造する最終候補地としたそうです。

＼彦島で唯一の天神様／

二 竹《たけ》ノ《の》子島《こじま》金刀比羅宮《ことひらぐう》・竹《たけ》ノ《の》子島《こじま》天満宮《てんまんぐう》

竹ノ子島橋を渡り左斜めの丘に鎮座しています。

住所／下関市彦島竹ノ子島町6-36

＼春は桜の観賞スポットです／

三 貴布祢神社《きふねじんじゃ》・貴布祢稲荷神社《きふねいなりじんじゃ》

境内から下関漁港が一望できます。

住所／下関市彦島老町1-11-13

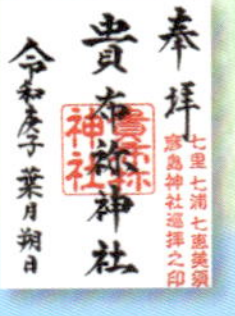

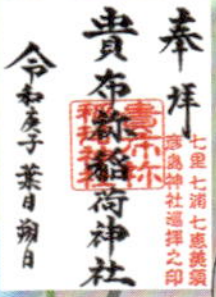

＼彦島漁協の守り神／

四 恵美須神社《えびすじんじゃ》

12月に大漁祈願祭が行われます。

住所／下関市彦島海士郷町7-6

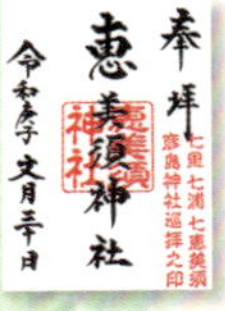

＼小次郎と武蔵の聖地へ！／

+1 船島神社《ふなしまじんじゃ》

彦島めぐりのあとは佐々木小次郎と宮本武蔵が決闘した巌流島（船島）も参拝！

住所／下関市大字彦島字船島648
交通／唐戸ターミナルから巌流島まで関門汽船で9分（港から徒歩1分）

フグが福を呼びます

巌流島（船島）

金運をアップ！

＼こちらからスタート！／

一 彦島八幡宮《ひこしまはちまんぐう》

→P.72

「彦島神社めぐり」の御朱印はすべてこちらで授与されます。

＼参道は270段の急斜面！／

五 福浦《ふくうら》金刀比羅宮《ことひらぐう》・福浦《ふくうら》稲荷神社《いなりじんじゃ》

幕末には吉田松陰も登拝されました。

住所／下関市彦島福浦町1-27-1

彦島内の移動ノウハウ

路線バスは運行が少なく移動に時間がかかります。タクシーをチャーターすれば2〜3時間ほどで7社をめぐれます。体力に自信があればレンタサイクルでの訪問も可能です。

＼小さな公園内の祠です／

六 塩釜神社《しおがまじんじゃ》

塩田の守護神が祀られています。

住所／下関市彦島塩浜町1-8-21

＼関門海峡を見渡せます／

七 田《た》ノ首八幡宮《くびはちまんぐう》

牛を参拝させる風習がありました。

住所／下関市彦島田の首町1-7-1

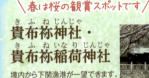

第三章 御利益別！ 今行きたい神社

Part2 縁結び

恋愛成就は女子も男子も永遠のテーマ！
すてきな出会い、仕事の人脈、夫婦円満など、
あらゆる良縁と幸せをゲット♡

★縁結び★絶対行きたいオススメ神社 3選
- 熊野大社（島根）／琴崎八幡宮（山口）／比治山神社（広島）
- 佐太神社（島根）
- 万九千神社（島根）
- 別府八幡宮（山口）
- 大頭神社（広島）／素盞嗚神社（広島）
- 鶴羽根神社（広島）／御袖天満宮（広島）
- 阿智神社（岡山）
- 鶴崎神社（岡山）／備中国総社宮（岡山）
- 真止戸山神社（岡山）／神崎神社（鳥取）

❤縁結び❤ 絶対行きたいオススメ神社 3選

恋愛から人間関係まで最高の良縁を引き寄せる!

恋愛運アップや恋人円満をかなえてくれる神社へ、ラブパワーを頂きに行きましょう。
「熊野大社」、「琴崎八幡宮」、「比治山神社」は恋愛だけでなく
仕事や友達とのよい縁も結んでくれる、最強の神社です！

絶対行きたい オススメ神社 1

島根 熊野大社【くまのたいしゃ】

幸福との縁を結ぶ出雲国の一之宮

大蛇を退治して姫を救った御祭神にあやかり縁結びや夫婦円満のパワーを頂きましょう！

朱塗りの八雲橋を渡り、熊野山（現在の天狗山）を源流とする意宇川を越えると、神域ならではの凛とした雰囲気に包み込まれます。さすがは出雲国の一之宮。神々しい気に満ちたパワースポットです。主祭神の素戔嗚尊《すさのおのみこと》は八岐大蛇《やまたのおろち》を退治し、櫛《くし》に変えて守った奇稲田姫《くしいなだひめ》と結婚されました。本殿右手には妃を祀った稲田神社が仲睦まじく並んでいます。両参りして幸福との縁を力強く結んでもらいましょう。

主祭神

伊邪那岐日真名子《イザナギノヒマナゴ》
加夫呂伎熊野大神《カブロギクマヌノオオカミ》
櫛御気野命《クシミケヌノミコト》

ほかにも厄除け、所願成就などの御利益が……

神代からの行事が続く鑽火殿《さんかでん》

本殿左手の鑽火殿には発火の神器である燧臼（ひきりうす）と杵（きね）が奉安されています。10月15日の亀太夫神事では出雲大社の神職が餅を献上し発火具を受け取ります。

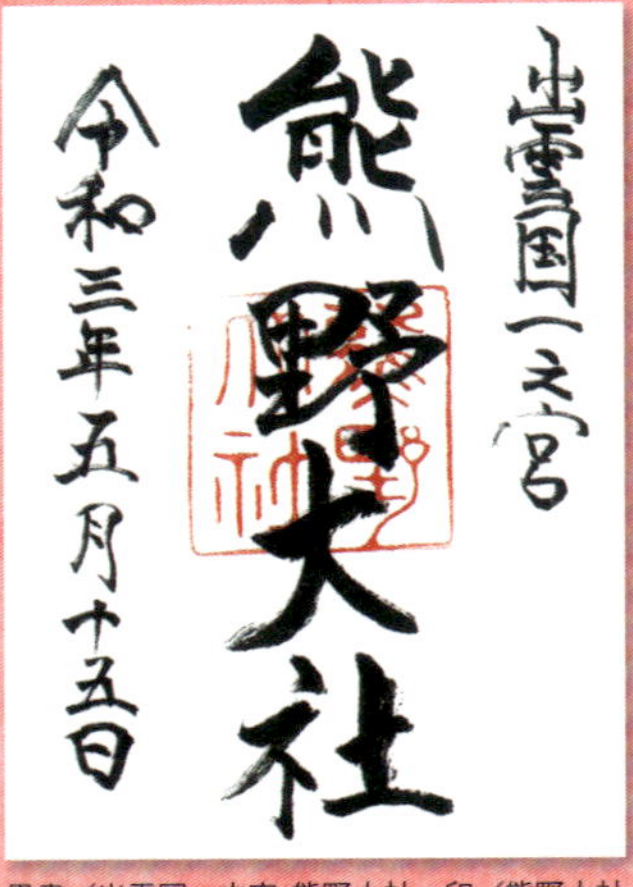

墨書／出雲国一之宮、熊野大社　印／熊野大社
●神話の国である出雲の一之宮です。「大社」の社格を誇り、古代には杵築大社（出雲大社）と同格、もしくはより上位に位置づけられました

御朱印帳

「オリジナル御朱印帳」（2000円）。一重亀甲に「大」の字が入る神紋があしらわれています

授与品

奇稲田姫へ結納に渡されたという「御櫛（みぐし）」（2000円）。良縁や玉の輿を願う女性のマストアイテムです！

みんなのクチコミ!!

「日本火出初社（ひのもとひでぞめのやしろ）」とも称され、火の発祥の神社とされています

DATA
熊野大社
創建／不詳
本殿様式／大社造
住所／島根県松江市八雲町熊野2451
電話／0852-54-0087
交通／一畑バス「八雲車庫」で下車し、松江市コミュニティバスに乗り換えて「熊野大社」下車すぐ
参拝時間／自由
御朱印授与時間／8:30～16:30
URL http://www.kumanotaisha.or.jp/

神社の方からのメッセージ

豊穣や幸福を約束する出雲国の祖神を祀っており「参拝すると神様を感じる」という感想もいただきます。4月13日の「御櫛祭」では八岐大蛇退治の故事にちなんで稲田神社に御櫛を奉納します。

主祭神は素戔嗚尊の尊称とされます。「伊邪那岐日真名子」は父神から寵愛を受ける御子、「加夫呂伎熊野大神」は熊野の神聖な祖神、「櫛御気野命」は食物に霊威を導く神を表します。鎮座地「八雲町」の地名は素戔嗚尊が詠んだ日本最初の和歌に由来するそうです。

絶対行きたい
オススメ神社 2

八幡神の御神徳で、恋愛の必勝祈願！

平安時代から宇部を見守る鎮守の神社です。授与所で頂けるお守りの数は850種以上！

山口

琴崎八幡宮
【ことざきはちまんぐう】

人生のあらゆる場面で勝運を授けてくださる八幡神をお祀りしています。拝殿の左奥には縁結びの木があり、周囲に奉納されたハート絵馬の数からも御利益の凄さが伺えます。2本の幹が根元でつながって寄り添う小賀玉《おがたま》の木は、縁結びや恋愛成就、恋人・夫婦円満、安産などの御利益が頂ける御神木なのです。850種類以上の授与品を頒布しているので願いを叶えてくれるお守りが必ず見つかります。

主祭神
品田和気命《ホンダワケノミコト》
足仲津比古命《タラシナカツヒコノミコト》
気長足比女命《オキナガタラシヒメノミコト》

ほかにも商売繁盛、技芸上達、安産などの御利益が……

小賀玉の木で縁結び

神木の周りを女性は右から、男性は左から回り、鈴を鳴らしてから祈願すると良縁に恵まれるそうです。恋人同士がふたりで参拝する場合には、それぞれ左右から回り出会ったところで永遠の愛の誓いを立てましょう！

祈願絵馬（500円）

墨書／奉拝、琴崎八幡宮　印／御幣印、琴崎八幡宮、琴崎神璽　●神様の依り代となりお祓いの祭具でもある御幣の印が入ります。琴芝村八王子が神社の発祥地とされています

御朱印帳

「御朱印帳」（1500円）は季節感あふれる和柄が12種類あります

みんなのクチコミ!!

雨に濡れると縁結びの小賀玉の木の幹にハート模様が現れます。見つけると幸福になれるそうです！

お守り

陸海空の仕様がある「自衛官安全御守」、ラメ入りの「恋愛成就御守」（各1000円）

7月後半～9月初旬の「風鈴祭り」では夏の涼を五感で楽しめます

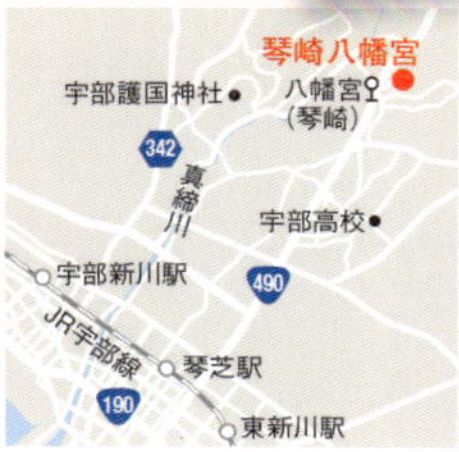

DATA
琴崎八幡宮
創建／859（貞観元）年
本殿様式／三間社流造
住所／山口県宇部市大字上宇部大小路571
電話／0836-21-0008
交通／宇部市交通局バス「八幡宮」から徒歩5分
参拝時間／自由
御朱印授与時間／9:00～17:00
URL http://kotozaki.com/

神社の方からのメッセージ

多数のお守りを心ゆくまで選べる広い授与所や、バリアフリーの通路などで参拝者からご好評をいただいております。現職の総理大臣が正式参拝されたり、現役の横綱が必勝祈願にお参りされることもあります。

頂ける授与品が850種類以上もあり、その数は日本一ともいわれています。自衛官や警察官など職種別のお守りや戌張子柄の特大安産守などユニークな授与品が揃っています。野球部やサッカー部など16種類ある「部勝守」はボタンフックでバッグの持ち手に装着できます。

絶対行きたい オススメ神社 3

良縁を引き寄せ、人生最大のイベントを

大国主から最強の縁結びパワーを頂けます。清浄な空気が流れる杜での神前結婚式も人気です。

広島

比治山神社

【ひじやまじんじゃ】

春には桜のお花見スポットとしてにぎわう、比治山の麓にある神社です。主祭神は縁結びの大神とあって、神前結婚式の人気が高く「親子3代にわたって当社で結婚式を挙げられた方も多いですよ」と宮司さんは言います。親から子へと良縁が、脈々と受け継がれているのでしょう。毎月五日は「ご縁の日」として縁結び祈願も行っており、恋愛成就にもパワー絶大！ 参道の狛犬を撫でると、厄除けや安産の御神徳も頂けるそうです。

主祭神

大国主大神《オオクニヌシノオオカミ》　建速須佐之男大神《タケハヤスサノオノオオカミ》
少名毘古那大神《スクナヒコナノオオカミ》　一寸島比売大神《イチキシマヒメノオオカミ》
車折大明神《クルマザキダイミョウジン》

ほかにも商売繁盛、厄除けなどの御利益が……

古来から魔除けとされた五芒星の神紋

神紋には陰陽道で魔除けとされる五芒星（ごぼうせい）が入ります。「亀甲の中星」が社殿のあちこちできらめき、御朱印にも押されます。

お守り

恋愛成就の御利益が頂ける「縁むすび守」（1000円）。桜の花が描かれています

縮緬の「オリジナル御朱印帳」（2000円）。カラフルなピンクの花柄と、亀甲の中星の神紋が印象的な若草色の2種類です

御朱印帳

限定御朱印は P.17で紹介！

墨書／比治山神社　印／奉拝、赤ヘル印、廣島鎮座、神紋（亀甲の中星）、比治山神社、季節の印　●1月は門松、3月はヒナ人形、4月は桜の花、5月は鯉のぼり、8月は原爆ドーム、10月はお神輿など、カラフルな月替わりの印が入ります

墨書／開運招福、縁　印／廣島鎮座、神紋（亀甲の中星）、比治山神社　●書き置きですが金文字が直書きされています

みんなのクチコミ!!

ご祈祷も予約なしでも受け付けていただけます。週末にお願いするなら、午前中は混み合うので午後がおすすめ

DATA

比治山神社

創建／不詳
本殿様式／流造
住所／広島県広島市南区比治山町5-10
電話／082-261-4191
交通／広島電鉄「段原一丁目駅」や「比治山下駅」から徒歩3分、または広電バス「稲荷町」から徒歩8分
参拝時間／9:00～17:00
御朱印授与時間／9:00～12:30、13:30～16:30
URL http://hijiyama-jinja.jp

神社の方からのメッセージ

毎月5日には縁結びの特別なご祈祷をしており、御朱印にも「ご縁の日」と墨書を入れております。また毎年10月の第4土・日曜に行われる秋季例大祭の祭礼日の夜は、神楽舞や神輿、俵みこしが出て圧巻です。

神社が鎮座する比治山は標高80mほどの小高い丘で、広島市でも指折りの桜の名所として知られています。春になると1300本もの桜がいっせいに見頃を迎え、多くの見物客でにぎわいます。ぼんぼりに照らされた夜桜も見応えがあります。

悪縁切りは、新しい良縁への第一歩

出雲国三大社のひとつとされる古社です。悪縁は摂社の田中神社で断ち切りましょう。

島根

佐太神社【さだじんじゃ】

参道を進み随神門を抜けると、荘厳な御社殿が三笠山を背景に浮かび上がります。大社造の3つの本殿が並列する貴重な建築様式で、開運や道開きの神社として古来から信仰されています。100メートルほど東の飛地にある摂社「田中神社」には縁結びの木花開耶姫命《このはなさくやひめのみこと》と悪縁切りの磐長姫命《いわながひめのみこと》を祀る社が背中合わせに立っています。がんばっても好転しない恋愛や人間関係は姉神にリセットしていただき、新しい未来へと前向きに進みましょう。

主祭神

佐太大神《サダノオオカミ》（＝猿田毘古大神《サルタヒコノオオカミ》）

ほかにも開運招福、道開き、健康長寿、安産、海上守護などの御利益が……

縁結び

姉妹神を祀る田中神社

まずは姉神を祀る東社で悪縁を絶ち、妹神を祀る西社で新たな良縁を祈願します。男女の仲や人間関係だけでなく、浪費癖などの悪い習慣も祓っていただけます。

みんなのクチコミ!!

古来から出雲地方に伝わるとされる「悪切祈祷」は御剣で厄災を祓います。開運や運気アップも期待できそうです！

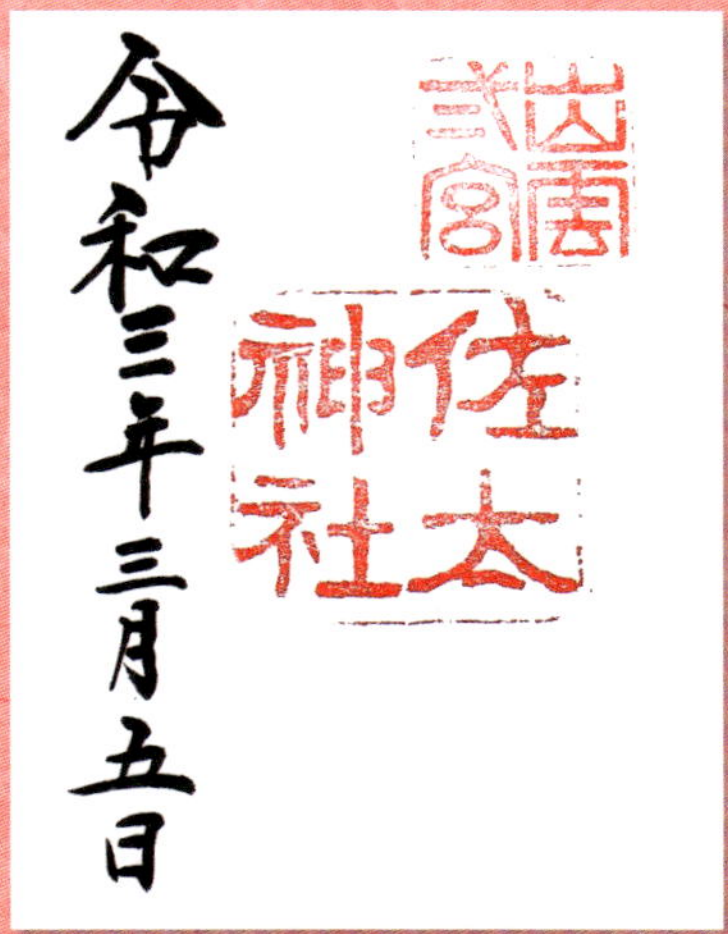

印／出雲弐宮、佐太神社　●平安時代に編纂された延喜式（えんぎしき）には佐陁大社と記された出雲二宮です。通常御朱印のほか「導」の一文字が入った出雲国神仏霊場・第４番の御朱印も頂けます

お守り

よい方向へと進む力を頂ける「導きお守り」（1000円）

「道開き守」（1000円）。キサカヒメ命の黄金の弓矢で輝く未来へ！

授与品

「縁切り・縁結び祈願割符」（1000円）。二つに割り「断」の割符を東社に、「結」の割符を西社に奉納します

DATA

佐太神社

創建／不詳
本殿様式／大社造
住所／島根県松江市鹿島町佐陀宮内73
電話／0852-82-0668
交通／一畑バス「佐太神社前」から徒歩3分
参拝時間／自由
御朱印授与時間／9:00～16:30
URL http://sadajinjya.jp/

神社の方からのメッセージ

古伝の祭事を継承しており9月24日の御座替（ござかえ）祭、25日の例祭では、ユネスコ無形文化遺産に登録されている佐陀神能（さだしんのう）が演舞されます。神在祭では龍蛇神の限定御朱印も頒布しています。

境内の南奥にある三笠山へ続く石段を50メートルほど進むと「母儀人基社（はぎのひともとしゃ）」と呼ばれる磐境（いわさか）があります。伊弉冉尊（イザナミノミコト）を祀る社殿創建以前の御神座とされ、子宝や安産の御利益があるそうです。

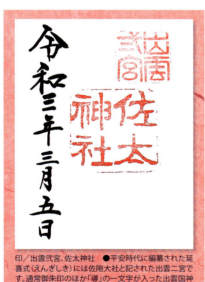

日本全国の神々とつながる良縁スポット

神話の舞台、斐伊川の畔に鎮座しています。八百万神があらゆるご縁を結んでくれます。

島根

万九千神社

【まんくせんじんじゃ】

旧暦10月の神無月を、島根では神在月《かみありづき》と呼んでいます。あらゆる縁について話し合うため全国から神々が出雲に集ってくるのです。神職によると「八百万神は当社で神議《かみはか》りを締め括り、神宴を催してから諸国へ戻られるとされています」とのこと。この直会《なおらい》と呼ばれる神々の宴にあやかった特別祈願祭「結び参り」は旅行者でも参加できます。恋愛の良縁はもちろん、仕事やお金など大切な縁を強く結んでいただきましょう！

主祭神

櫛御気奴命《クシミケヌノミコト》　大穴牟遅命《オオナムチノミコト》

少彦名命《スクナヒコノミコト》　八百萬神《ヤオヨロズノカミ》

ほかにも諸願成就、開運招福、病気平癒、旅行安全などの御利益が……

「結び参り」で出雲参りの締めくくり

御神殿で行われる結び参りでは、祝詞と神鈴で参拝者を祓い清めてから、撤下品（てっかひん）の御神酒や御神酒代で直会を開きます。宴のあとには八百万神に習って小さな殿内鳥居から出発することで、新たな自分の道を切り開くことができます。

墨書／奉拝、万九千社　印／神紋（二重亀甲に万の字）

●万九千社（まくせのやしろ）が正式名称です。亀甲に入る文様は八雲立つ出雲の叢雲（むらくも）です

墨書／奉拝　印／立虫神社

●地域の鎮守・産土神さまの立虫神社も祀られています

絵馬

「絵馬」（600円）。八百万神の和やかな宴会が描かれています

みんなのクチコミ!!

結び参りで供物のお下がりを頂く直会が体験できます。宮司さんが神話を楽しくわかりやすく説明してくれます

お守り

あらゆる縁（えにし）に結ばれるよう御祈祷された「結び守」（800円）

八百万神が宿られる御神体は玉垣で囲まれています。境内には伊勢神宮と出雲大社の遥拝所もあり、両宮を直線で結ぶと万九千神社の上方を通るそうです！

DATA

万九千神社

創建／不詳

本殿様式／社殿なし（磐境神籬）

住所／島根県出雲市斐川町併川258

電話／0853-72-9412

交通／一畑電車「大津町駅」から徒歩20分、またはリムジンバス出雲空港線「富」から徒歩15分

参拝時間／自由

御朱印授与時間／9:00～16:45

URL http://www.mankusenjinja.jp/

神社の方からのメッセージ

宴のあとに神々が全国各地へ旅立つ伝承があり、宴会にゆかりのある飲食業や旅行業の方の参拝も増えています。御朱印の書き置きやお守りが授与所前に置かれていますので、社務所不在のときは各自でお受け取りください。

本殿をもたない古来からの祭場で、神殿背後の磐境（いわさか）神籬（ひもろぎ）が御神体です。宮司によると万九千の社名は「出雲大社の十九社が成立する頃に『陰極十と陽極九、その一千倍』の御神威を頂けるようにとこの字が当てられたのでは？」とのことです。

すばらしいご縁を願い、鎮守の杜をめぐる

和気清麻呂公が宇佐神宮より勧請しました。緑の神域で5本の聖樹を参拝しましょう。

山口

別府八幡宮

【べっぷはちまんぐう】

主祭神

誉田別尊《ホンダワケノミコト》

足仲彦尊《タラシナカツヒコノミコト》　気長足姫尊《オキナガタラシヒメノミコト》

ほかにも除災招福、厄除開運、安産子育などの御利益が……

生命力あふれた常若《とこわか》の森に、風情ある赤レンガの参道が映えます。2本の幹が結び合うように伸びる「むすびの木」や「御神木の玉椿」など由緒ある5本の木をめぐれば、縁結びや夫婦和合などの御利益を授かれます。「娘さんの良縁成就を祈られた両親から結婚のご報告を頂くこともあります。心穏やかに参拝して男女の縁だけではなく、神様と御神縁を結ばれることをおすすめしています」と宮司さんが笑顔で教えてくれました。

5本の聖樹をめぐる御（五）縁むすび参り
社殿の左奥にあるむすびの木からスタートし、連理の榊、寄り添いの木などを反時計まわりにお参りし、最後に御神木の玉椿で祈ります。所要10分ほどですが順路はわかりにくいので、まずは社務所で手書きの案内図を入手しましょう。

墨書／奉拝、別府八幡宮　印／神紋（一つ松）、別府八幡宮印　●神紋は和気清麻呂公の創建伝承に由来します。嵐を鎮めるため依代の御幣を「一本松」に掲げて祈願したところ嵐はたちまち鎮まったそうです

「縁結び守」（700円）。糸偏の象形文字は境内の「むすびの木」の姿にちなんでいて縁と縁が固く結ばれるそうです

お守り

神紋の一つ松などがデザインされた「無病息災守」（700円）

みんなのクチコミ!!

「恋御籤」や「金運御籤」など100種類以上のお守りやおみくじが頒布されています。大注連縄も県内屈指の大きさ！

参道はかつて山陽小野田市で作られていた赤レンガで舗装されています

DATA
別府八幡宮
創建／770（神護景雲4）年
本殿様式／権現造
住所／山口県山陽小野田市大字有帆1377-2
電話／0836-84-0459
交通／船鉄バス「田尻」や「中村」から徒歩9分
参拝時間／6:00～18:00
御朱印授与時間／9:00～16:30
URL http://beppu-hatimanguu.com/

神社の方からのメッセージ

神職ひとりでの対応のため御祈祷などで授与所不在の際は、書き置きの御朱印を授与させていただいております。樹木の保護のために、幹に手を触れたり、根元周囲を踏み固められることがないようご留意ください。

5月第2日曜日の「汐掻き祭」では、祭礼前日に有帆川河口で潮水を取って神前に供えます。氏子繁栄、商売繁昌、航海安全を祈願する神事で、付随して開かれる「有帆市」では野菜の苗市や露店が並んで、地域住民でにぎわいます。

夫婦滝によい出会いをお願い

広島

大頭神社

【おおがしらじんじゃ】

拝殿右手の雌滝と背後の山に落ちる雄滝を合わせ「妹背の滝」と呼ばれています。妹背とは夫婦のこと。ふたつの滝は異なる川を水源としていますが、拝殿横を流れる毛保川で合流しており、縁結びや夫婦円満をお願いする方も多いのだとか。清流が流れる神域を歩くだけで心身が浄化されます。

御朱印帳はP.25で紹介！

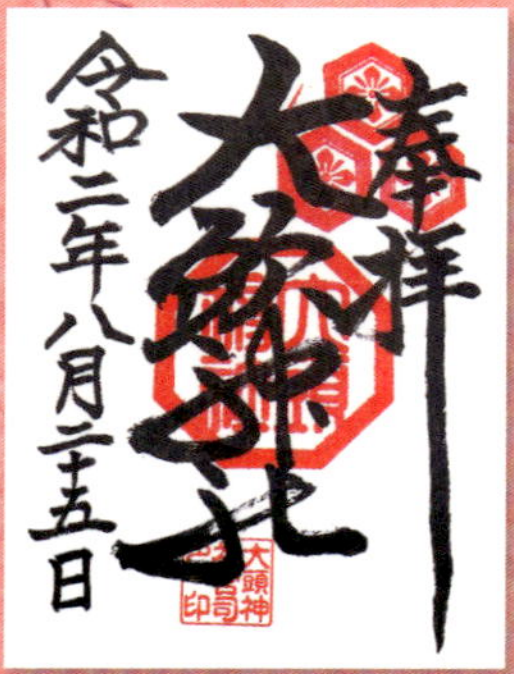

墨書／奉拝、大頭神社　印／三つ亀甲剣花菱紋、大頭神社、大頭神社宮司之印　●厳島神社の初代神職も御祭神として祀り、両社で特殊神事「四鳥の別れ」も行われます

落差30mの雄滝は拝殿右手から川沿いの遊歩道を歩いて3分ほど。水量が豊富で、年始には県内の神職が禊ぎの滝行を行います

お守り

桜の花が良縁を結んでくれる「妹背幸福御守」（800円）。境内は桜の名所です

主祭神

大山祇命《オオヤマヅミノミコト》

国常立命《クニノトコタチノミコト》　佐伯鞍職命《サエキノクラモトノミコト》

ほかにも厄除招福、無病息災などの御利益が……

DATA

大頭神社

創建／603（推古天皇11）年
本殿様式／三間社流造
住所／広島県廿日市市大野5357
電話／0829-55-0378
交通／JR山陽本線「大野浦駅」から徒歩20分
参拝時間／日の出から日没
御朱印授与時間／9:00～16:00
※神職の在社時のみ
URL https://ogashira.jp

みんなのクチコミ!!

厳島神社と密接につながる神社なので、両参りをすれば御利益がアップします！

悪縁を断って幸せをつかみ取る

広島

素盞鳴神社

【すさのおじんじゃ】

茅の輪神事の発祥地とされる古社です。素盞鳴尊は蘇民将来に茅の輪を授け「茅の輪を付けた人は今後の災いを免れる」と教えました。この伝承がもととなり、茅の輪くぐりの神事が始まったそうです。厄除けのパワーは絶大で、悪縁や進展しない恋を断ちたいときにも力を授けてくださいます。

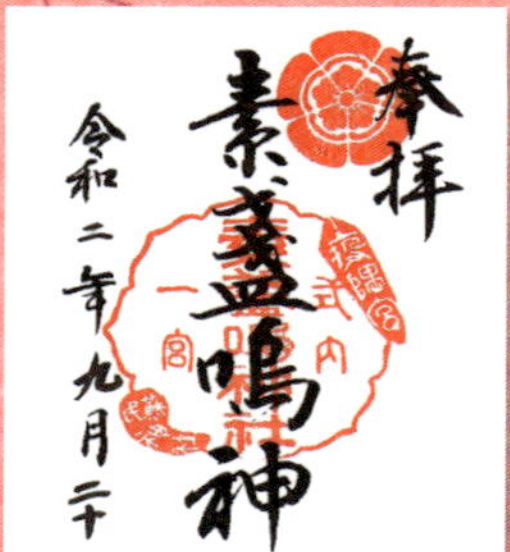

墨書／奉拝、素盞鳴神社　印／五瓜に唐花紋、疫隈宮、式内一宮、素盞鳴神社、蘇民神社　●疫隈宮は「備後風土記逸文」で紹介されている素戔鳴神社の比定地です

お守り

悪疫除けの「茅の輪御守」（800円）。すべて手作りの限定品です

祇園祭では3体の神輿が巡行し、境内で激しくぶつかり合います

主祭神

素盞鳴尊《スサノオノミコト》　櫛稲田姫命《クシナダメヒメ》

八王子《ハチオウジ》　蘇民将来《ソミンショウライ》

ほかにも厄除け、子孫繁栄、病気平癒、五穀豊穣などの御利益が……

DATA

素盞鳴神社

創建／673～686年頃
本殿様式／入母屋造唐破風の向拝付き
住所／広島県福山市新市町大字戸手1-1
電話／0847-51-2958
交通／JR福塩線「上戸手駅」から徒歩3分
参拝時間／自由
御朱印授与時間／9:00～17:00
URL https://susanoojinja.com

天への願いを吉兆の鳥に託す

広島

鶴羽根神社
【つるはねじんじゃ】

優美な社名は、二葉山の麓で鶴が羽根を広げたような借景が広がっていることに由来します。吉祥の鳥である鶴は、鳴き声が遠方まで届くことから「願いが天に届く」とされています。御祭神である八幡三柱と、日本創世の夫婦神に祈願が通じ、神前結婚式を挙げたカップルも多いそうです。

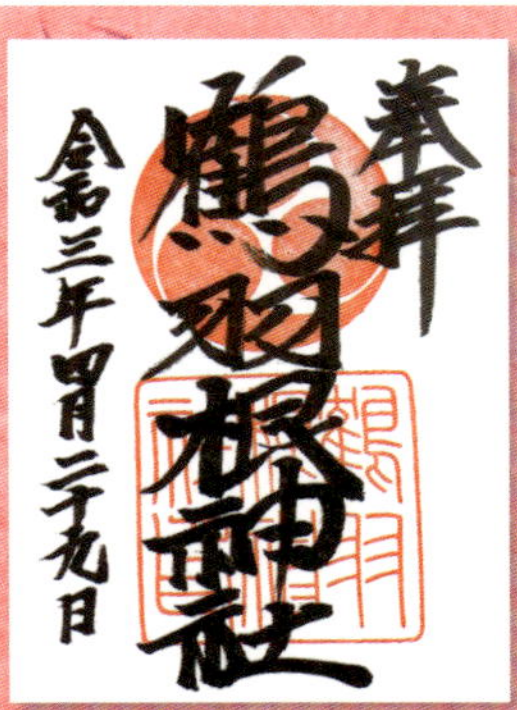

墨書／奉拝、鶴羽根神社　印／三つ巴印、鶴羽根神社印　●創建当初は「椎木八幡宮」と称していたため神紋は三つ巴です。時期により鶴の印や季節の印が押されることもあります

「金の願い鶴」(500円)。良縁や開運など願い事を紙に記入し、鶴の中に詰めて、奉納台へ納めましょう

御朱印帳

裏面にはペアの鶴が刺繍された「御朱印帳」(2000円)。全3色

主祭神

品陀和気命《ホムダワケノミコト》

息長帯日売命《オキナガタラシヒメノミコト》　帯中津日子命《タラシナカツヒコノミコト》

伊邪那伎命《イザナギノミコト》　伊邪那美命《イザナミノミコト》

ほかにも商売繁盛、開運厄除け、健康長寿、学業成就などの御利益が……

DATA

鶴羽根神社

創建／建久年間(1190～1199年)
本殿様式／一間社流造
住所／広島県広島市東区二葉の里2-5-11
電話／082-261-0198
交通／広電バス「鶴羽根神社前」から徒歩2分
参拝時間／自由
御朱印授与時間／9:30～16:00
URL https://www.tsuruhanejinja-hiroshima.jp

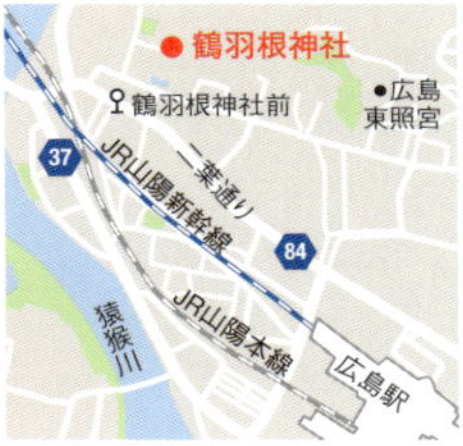

人や物などあらゆる縁を結ぶ

広島

御袖天満宮
【みそでてんまんぐう】

随神門からは55段の急な石段が続き、境内からは箱庭のような日本遺産の景観を望めます。御神体は菅原道真公の片袖。「神には古来より、縁の意味もあり、人や物との縁を結んでくれます」と神職が教えてくれました。和歌にも詠まれた「神に香を焚く」風習にならう、香りの授与品も頂けます。

墨書／奉拝、御袖天満宮　印／御袖天満大神御神璽、備後國尾之道御鎮座●社紋は御祭神ゆかりの梅の花。映画ロケ地を記念した版画風や、和歌を詠んだ御朱印も頒布されています

自分の体で気になる箇所は、牛の像をさすると改善するそうです

御朱印帳

「御朱印帳」(2200円)。御神体である菅原道真公の片袖がイメージされています

主祭神

菅原道真《スガワラノミチザネ》

ほかにも学業成就、就職祈願などの御利益が……

DATA

御袖天満宮

創建／1070(延久2)年
本殿様式／入母屋造
住所／広島県尾道市長江1-11-16
電話／0848-37-1889
交通／おのみちバス「長江口」から徒歩5分
参拝時間／自由
御朱印授与時間／9:00～17:00
URL http://misodetenmangu.or.jp

みんなのクチコミ!!

尾道出身の大林宣彦監督の名画で、男女の心が入れ替わるシーンが神社の階段の撮影されました!

女子力をアップして幸せな未来を！

「阿知の藤」で知られる倉敷の名社です。美や芸能の神として信仰されています。

岡山

阿智神社【あちじんじゃ】

主祭神
宗像三女神《ムナカタサンジョシン》

ほかにも美容健康、商売繁盛などの御利益が……

倉敷美観地区の東山には、標高40mの鶴形山《つるがたやま》があります。風情ある商店街から石段を登れば、倉敷の町並みが見下ろせます。

旧倉敷の鎮守、宗像三女神を祀る神社は山頂に鎮座しているのです。御祭神の別名は道主貴《みちぬしのむち》。ターニングポイントでよい方向へ導いてくれる開運の神様です。「美容と芸能上達の女神をお祀りしているので、縁結びの御利益にあやかる女性の参拝が増えています」と神職。藤の花をモチーフにしたお守りなど、女子力をアップしてくれる授与品も揃っています。

美観地区を彩る藤見の会

天然記念物の「阿知の藤」が見頃となる4月下旬には、境内の藤棚でお茶席が開かれ、雅楽も演奏されて倉敷の情緒を存分に堪能できます。アケボノフジの花房がデザインされた限定御朱印も頂けます。

みんなのクチコミ!!

「花纏守」は藤のツルのように太く長い縁を結んでくれるレース製のお守りです。好きなところに結んでいつも身に付けると良縁に恵まれます

墨書／奉拝　印／三つ巴紋、阿智神社　●倉敷市街の9社も兼務しています。青江神社などの御朱印は必ず参拝したあとに申し込んでください

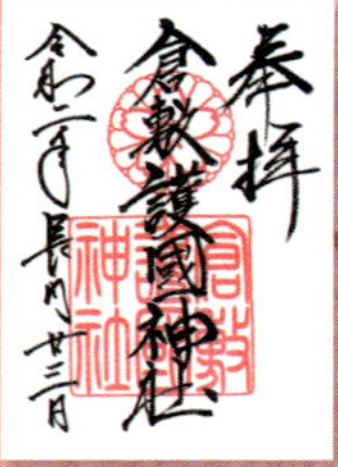

墨書／奉拝、倉敷護國神社　印／菊に桜紋、倉敷護國神社　●本殿の右手にある境内社の御朱印です。大戦で散華された御英霊をお祀りしています

御朱印帳

「御朱印帳」(2000円)。随身門に彫られたウサギの顔をモチーフにしています。背景には阿知の藤が鮮やかに描かれています

お守り

髪留めや手首に巻く「花纏守」(1200円)。通常色3種類のほか、季節限定色の4種類から選びましょう

幸福を招く「阿知の藤実守」(1000円)。天然記念物の藤の実が納められています

高梁川の清らかな砂が入った「御砂持守」(1000円)。疫病除けのマストアイテムです

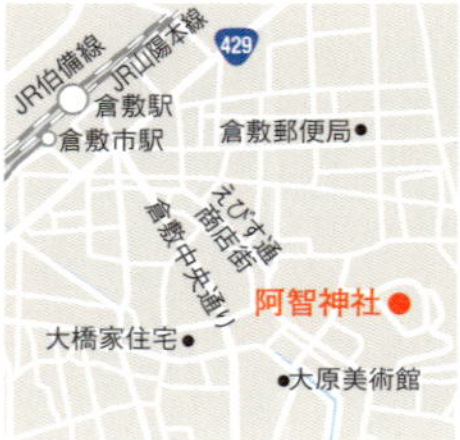

DATA
阿智神社
創建／不詳
本殿様式／入母屋造
住所／岡山県倉敷市本町12-1
電話／086-425-4898
交通／JR「倉敷駅」から徒歩10分、または下電バス「倉敷芸文館東」から徒歩5分
参拝時間／自由
御朱印授与時間／9:00～17:00
URL https://achi.or.jp

神社の方からのメッセージ

随身門には見つけると幸運を招くという、ウサギの像が彫られています。拝殿の左手にある絵馬殿は美観地区の中で一番高いところにあり、白壁の町並みや大原美術館など絶景を楽しめます。

秋季例大祭が行われる10月の第3日曜には、約200名の時代行列が美観地区を練り歩きます。三女神の舞や、獅子舞も披露され、祭りを盛り上げます。老人の面を付けた『素隠居』がうちわで頭をたたいて回るのも秋の倉敷の風物詩です。

ふたりの絆を強く結んでくれる

岡山

鶴崎神社

【つるさきじんじゃ】

随神門を抜けると、ふたつの参道の先には双殿造の拝殿が見えてきます。仲よく鎮座する鶴崎神社と八幡神社を参拝したら、境内奥にある「縁結びの木」へ。クスノキとカシの木が絡み合う姿は恋愛成就のパワースポット。さらに夫婦鶴が描かれたハート形の絵馬に願いを込めれば完璧です！

墨書／備中國早島、鶴崎神社　印／鶴丸紋、鶴崎神社　●神紋の鶴は日本に稲作をもたらした吉兆の鳥です。社務所不在の場合もあるので、御朱印の授与は事前連絡がおすすめです

本殿の横にある「吉備津彦命休息石」。古書に記されたとおり本殿前の土中から出土しました

「縁結び絵馬」（500円）。すてきな出会いを信じて、強い思いで書いたほうがより願いがかなうそうです

主祭神

大吉備津彦命荒魂《オホキビツヒコノミコトアラミタマ》

ほかにも延命長寿、産業振興、安産育児、学業成就などの御利益が……

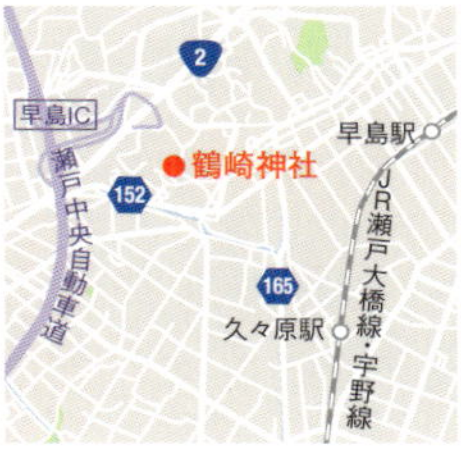

DATA

鶴崎神社

創建／1350（貞和6）年

本殿様式／八幡造（双殿造）

住所／岡山県都窪郡早島町早島2220

電話／086-482-0097

交通／JR瀬戸大橋線・JR宇野線「早島駅」から徒歩20分

参拝時間／自由

御朱印授与時間／9:00～17:00

URL http://turusaki2.web.fc2.com

みんなのクチコミ!!

年末から節分まで境内に「い草のジャンボ干支」を展示しています

324社の神々に良縁を祈願！

岡山

備中国総社宮

【びっちゅうのくにそうじゃぐう】

平安時代に備中国（岡山県西部）の324社を勧請しました。神池を囲む前庭や、長い回廊で結ばれた社殿など、雅な伝統美の世界が広がります。父神からの試練を乗り越えて、結婚された大名持命と須世理姫命が主祭神なので、縁結びや恋愛成就のパワーをガッチリと頂きましょう！

墨書／奉拝、備中國總社宮　印／備中國總社宮、横木瓜紋、總社宮印　●備中にあった全神社を合祀しました。総社の地名の由来ともされます

神池のほとりにたたずむ笑主（えびす）神社では金運アップを祈願！

「幸守」（500円）。対で舞う鳳凰は夫婦和合の象徴です

主祭神

大名持命《オオナムチノミコト》　須世理姫命《スセリヒメノミコト》

ほかにも所願成就、商売繁盛、病気平癒、金運などの御利益が……

DATA

備中国総社宮

創建／平安時代

本殿様式／流造

住所／岡山県総社市総社2-18-1

電話／0866-93-4302

交通／JR吉備線「東総社駅」から徒歩3分

参拝時間／8:00～17:00

御朱印授与時間／8:00～17:00

URL https://www.soja-soja.jp

静かな里山の良縁スポット

岡山

真止戸山神社

【まとべやまじんじゃ】

豊かな自然に恵まれた瀬戸内の里山にあり、地元では氏神様として崇敬されています。手入れの行き届いた境内は、清々しい風が吹き抜けエネルギーチャージにぴったり。主祭神は素盞嗚尊と稲田姫命の夫婦神。八岐大蛇《やまたのおろち》を退治し、結婚を成就されたことから、縁結びや夫婦円満を願いましょう。

墨書／奉拝、真止戸山神社　印／六条院総鎮守、五瓜に唐花紋、ふくろう、社殿、木製プロペラ　●フクロウや奉納品のプロペラ印が入ります。鳥居のイラストは美大生の作品です

真止戸山神社と県道を挟んで約100m南の森には、末社である向日神社が鎮座しています。まるで本社と完全対面するように北側を向いているので両参りすれば御利益もアップします！

御朱印帳

桜・梅・桔梗などの花々を組みひもの模様にデザインした「オリジナル御朱印帳」（1300円）

DATA

真止戸山神社

創建／771（宝亀2）年
本殿様式／流造
住所／岡山県浅口市鴨方町六条院中6919
電話／0865-44-4796
交通／JR山陽本線「鴨方駅」から車で7分、または山陽自動車道「鴨方IC」から車で12分
参拝時間／日の出から日没まで
御朱印授与時間／不定刻

主祭神

素盞嗚尊《スサノオノミコト》　稲田姫命《イナダヒメノミコト》

ほかにも家内安全、五穀豊穣、病気平癒、心願成就などの御利益が……

開運と良縁を招く龍の宮彫り

鳥取

神崎神社

【かんざきじんじゃ】

「赤碕の荒神さん」と呼ばれる日本海を望む町と牛馬の守護神です。社殿の扉や木鼻には竜宮城の精緻な彫刻が施され、拝殿の天井を見上げると大きな龍の像が！　龍がつかんでいる玉は「幸せの玉」と呼ばれ、真下に立って祈ると開運や良縁を授かれるパワースポットとして知られています。

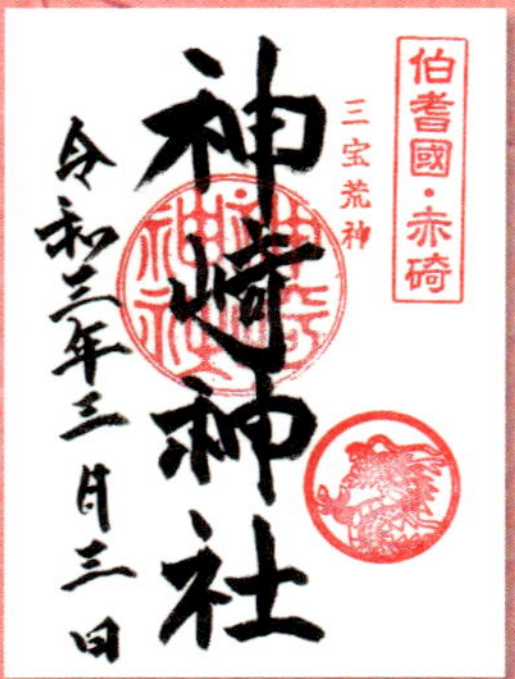

墨書／神崎神社　印／伯耆國・赤碕、三宝荒神、神崎神社、龍の姿印　●拝殿の向拝天井に彫られた龍の印が入ります。無人の授与所があり、神職不在でも御朱印を頂けます

豪快な刀法で彫られた拝殿天井の龍。三つの爪で握られた「幸せの玉」の真下に立ち、恋愛や仕事との良縁をサポートしていただきましょう

お守り

「開運龍御守」（700円）。龍の威光で邪気を祓い幸せをもたらしてくれます。金銀の2色

DATA

神崎神社

創建／不詳
本殿様式／権現造
住所／鳥取県東伯郡琴浦町赤碕210
電話／0858-55-0598
交通／JR山陰本線「赤碕駅」から徒歩20分、または日ノ丸バス「荒神町」から徒歩6分
参拝時間／自由
御朱印授与時間／9:00～17:00
URL http://kanzakijinjya.com/

主祭神

素戔嗚命《スサノオノミコト》

ほかにも海上安全、除災などの御利益が……

みんなのクチコミ!!

7月28日の「波止の祭り」は漁船が御神体を運ぶ船御幸が圧巻です

第三章

御利益別！ 今行きたい神社

Part3

金運

年収アップや宝くじの当選、商売繁盛、一攫千金……。人生をハッピーにしてくれる金運の御利益がある神社をご紹介！

★金運★絶対行きたいオススメ神社 2選

- 金持神社（鳥取）／岩國白蛇神社（山口）
- 出世稲荷神社（島根）／生野神社（山口）
- 宇部護国神社（山口）／代田八幡宮（山口）
- 草戸稲荷神社（広島）
- 金光稲荷神社（広島）／高尾神社（広島）
- 巳徳神社（広島）／沖田神社・道通宮（岡山）
- 徳守神社（岡山）／多鯰ヶ池弁天宮（鳥取）

金運 絶対行きたいオススメ神社 2選

夢をかなえるために金運UPは欠かせない！

欲しいものを買ったり、スキルアップのために投資をしたり、
人生はやりたいことがいっぱいだからこそ、金運UPを狙いたい！
「金持神社」「岩國白蛇神社」は、そんな願いをサポートしてくれます。

絶対行きたい
オススメ神社 1

宝くじの高額当選者が続出！ 金運の聖地

田舎の小さな神社ですが金運アップの御利益は無限大！神域全体には力強い龍神パワーがみなぎっています。

鳥取

金持神社

【かもちじんじゃ】

主祭神

天之常立命《アメノトコタチノミコト》
八束水臣津努命《ヤツカミズオミズヌノミコト》
淤美豆奴命《オミズヌノミコト》

ほかにも願望成就、福招きなどの御利益が……

札所の脇には宝くじ当選や馬券の的中を感謝する絵馬がズラリとかけられています。「年末ジャンボ7億当たりました」「馬単200万円的中」など夢のような当選額が多くの絵馬に書かれている西日本で最強の金運スポットです。「金持」という縁起のいい地名は全国でもここだけで、その御利益にあやかろうと1年を通して国内各地から商売繁盛や開運を求める参拝者が絶えません。参拝前に宝くじを購入し、金福をアップする授与品に祈願して吉報を待ちましょう。

お守り

財運を大きく上げてくれる「開運招福守」（500円）

御朱印帳

御大礼記念の御朱印帳（5000円）。中の紙にも金紙が使われています！

墨書／金運招福、金持神社　印／金持神社、鳥取県日野郡日野町、金運招福　●御朱印は金地と白の書き置き2種です。印の中央には参道の階段と打ち出の小槌が描かれています

玉を持つ龍に運気アップをお願い

拝殿向拝に施された木彫りの龍は佐賀の仏具屋さんが１年間神社に毎月お参りしたのちに奉納したもの。黄金色の宝玉をガッチリと掴んだ龍の姿は眺めるだけで力がみなぎってきそうな運気アップの像です。

みんなのクチコミ!!

古い財布をお焚き上げしてくれる「財布お払い」が1、4、7、10月にあります。お焚き上げ後には印として鉄かすに祈祷をした「金（鉄）の素」が頂けます

DATA
金持神社
創建／810（弘仁元）年
本殿様式／大社造の変形
住所／鳥取県日野郡日野町金持74
電話／0859-75-2591
交通／JR伯備線「根雨駅」から車で6分
参拝時間／自由（授与所開所は10:00～16:00）
御朱印授与時間／10:00～13:00
URL https://www.kamochijinja.jp/

「金運の福袋」（500円）

神社の方からのメッセージ

商売がうまくいくようになった、宝くじが当たり老人ホームを建てられたなど感謝の言葉を多数いただいております。参道脇にある龍神の木は「龍が巻きついている」といわれ、写真を撮るとオーブが映り込むこともあるそうです。

鎮座地は黄金より貴重とされた「玉鋼（たまはがね）」の産地で、原料の鉄を金（かね）と読んでいたことから、金の採れる郷として金持と呼ばれるようになりました。古式の方法で精錬された玉鋼は、日本刀にも使われる最上質の鋼です。

絶対行きたい
オススメ神社 2

福を招くシロヘビに金運アップをお願い

縁起のいいシロヘビは幸福のシンボルです。金運上昇に目ざとい芸能人も参拝に訪れます。

山口

岩國白蛇神社

【いわくにしろへびじんじゃ】

国の天然記念物となっている「岩国のシロヘビ」は弁財天のお使いとして300年以上前から大切にされてきました。そんな岩国市民の後押しで2012年に創建された神社は、参拝して宝くじやLOTOで高額当選したとの報告も多く、金運上昇のパワスポとして通いつめる芸能人も少なくないそうです。悶絶するほどキュートなおみくじや、縁起がいいシロヘビをモチーフにしたお守りを頂けば、ハッピーな未来が待っているかもしれません！

主祭神

田心姫神《タゴリヒメノカミ》　湍津姫神《タギツヒメノカミ》
市杵島姫神《イチキシマヒメノカミ》　宇迦御魂神《ウカノミタマノカミ》

縁起のいいシロヘビ像を探そう

鳥居の扁額や灯篭など境内はシロヘビをモチーフにした装飾でいっぱいです。幸・福・財の3つの米俵にシロヘビ像が巻きつく手水舎で清めれば、運気がアップしてお金に恵まれる御利益も期待できそうです。

御朱印帳はP.26で紹介！

墨書／奉拝、白蛇神社　印／周防岩國、白蛇神社、阿吽のシロヘビ　●世界遺産・嚴島神社の御祭神を勧請して、船で御神霊を迎えました。シロヘビの金印が幸福を招いてくれるそうです

おみくじ

ヘビの頭部の形に紙が折られている「しろへびみくじ」（200円）。チョロチョロと出た舌のような赤いひもがかわいい！

お守り

カードタイプの「金運カード守」（1000円）

財運を大きく上昇させる金箔が入った「不転白蛇守」（1000円）

ほかにも開運、交通安全、健康長寿などの御利益が……

みんなのクチコミ!!

世界的にも珍しい岩国市だけに生息するシロヘビは開運と財運の守り神です！

石灯籠にも赤い目のシロヘビが刻まれ参拝者を出迎えてくれます

DATA

岩國白蛇神社

創建／2012（平成24）年
本殿様式／流造
住所／山口県岩国市今津町6-4-2
電話／0827-30-3333
交通／いわくにバス「今津」や「天神町」から徒歩4分
参拝時間／自由
御朱印授与時間／9:00～17:00
URL https://www.shirohebijinja.com/

神社の方からのメッセージ

岩国藩の米蔵をシロヘビがネズミの害から守ってきたため、岩国市の各所に白蛇堂や祠が作られるようになりました。境内では石像や彫刻、おみくじなどさまざまな姿に形を変えたシロヘビが参拝者を歓迎します。

境内の北側にある「白蛇資料館」は天然記念物シロヘビの観覧場です。通常は冬眠する冬でも元気に動くシロヘビを見ることができます。錦帯橋近くの吉香公園内にもシロヘビの歴史や生態について多角的に学べる「岩国シロヘビの館」があります。

出世運を上げて財を築く!

島根

出世稲荷神社

【しゅっせいなりじんじゃ】

代々の松江領主からも崇敬された稲荷神社です。出世開運の御利益が評判となり、いつの頃からか「出世稲荷」と呼ばれるようになったそうです。「仕事に成功した方や宝くじに当たった方の御礼参りも多いです」と宮司さん。神狐の像を社殿下の祠に奉納すれば財運や商売運が大きくアップします。

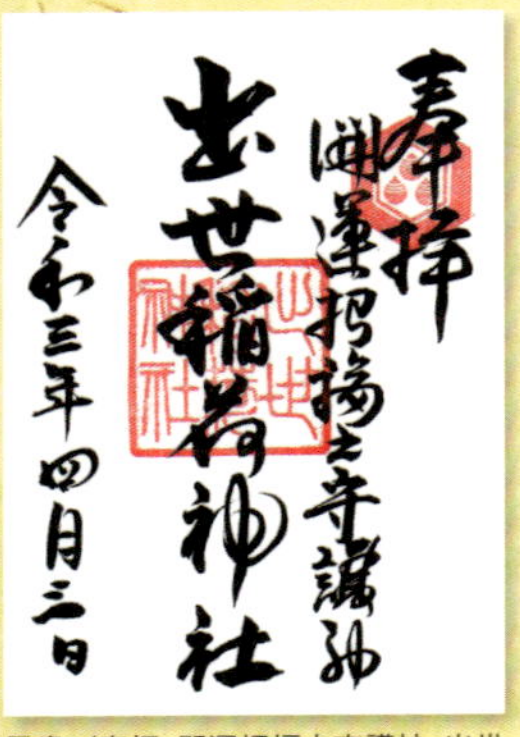

墨書／奉拝、開運招福之守護神、出世稲荷神社　印／神紋（亀甲宝珠）、出世稲荷神社　●外祭などで神職が不在の日もあるので事前に電話で確認を

お守り

開運招福などが祈願されたカード型の御守（800円）

神狐を「下倉（したぐら）さん」と呼ばれる社殿下の祠に奉納すると商売繁盛の御利益が頂けます

DATA

出世稲荷神社

創建／12世紀の鎌倉時代
本殿様式／大社造
住所／島根県松江市寺町183
電話／0852-21-2513
交通／JR山陰本線「松江駅」から徒歩7分
参拝時間／自由
御朱印授与時間／8:30～17:00
URL https://www.shusseinari.org/

主祭神

宇迦御魂神《ウカノミタマノカミ》　誉田別命《ホムダワケノミコト》

ほかにも開運招福、病気平癒などの御利益が……

みんなのクチコミ!!

授与品で迷った場合には宮司さんが参拝者にピッタリ合うお守りを選んでくれます

巨大フクロウ像でビッグな福徳

山口

生野神社

【いくのじんじゃ】

6世紀後半に造られた宮山古墳が残る緑濃い丘に鎮座する古社です。社叢にはフクロウが生息しており、日本最大級のフクロウ石像も境内に奉納されています。首が360度回るフクロウは金回りがよくなり、世の中を広く見渡す目をもつ成功の象徴です。開運や金運アップをお願いしましょう。

墨書／奉拝、旧幡生八幡宮、生野神社　印／神紋（左三つ巴）、生野神社　●昭和20年までは神功皇后伝説に由来する幡生八幡宮の名で崇敬されました

フクロウの像は朗らかに福を呼び、苦労知らずの「不苦労」を招きます

お守り

本州最西端の前方後円墳からパワーを頂く「昇運勾玉御守」（500円）

DATA

生野神社

創建／860（貞観2）年
本殿様式／流造
住所／山口県下関市幡生宮の下町16-18
電話／083-252-1568
交通／JR山陽本線「幡生駅」から徒歩9分、またはサンデン交通バス「宮の下」から徒歩2分
参拝時間／自由
御朱印授与時間／9:00～17:00

主祭神

応神天皇《オウジンテンノウ》　仲哀天皇《チュウアイテンノウ》
神功皇后《ジングウコウゴウ》　宗像三女神《ムナカタサンジョシン》

ほかにも開運、安産、厄除けなどの御利益が……

みんなのクチコミ!!

地元では車祓いや安産祈願、火防の神として信仰されています刀の守護神が貧乏神も退治！

山口

宇部護国神社【うべごこくじんじゃ】

真締川を見下ろす維新山に鎮座し、春には桜の名勝地としてにぎわいます。主祭神は長州藩の永代家老で一願達成を祈願される参拝者も多いそうです。本殿右手の末社・金家来神社は金産みの神を祀り、悪縁を断ち切って金運を上げる刀の守護神です。貧乏との腐れ縁もバッサリ切ってもらいましょう。

金家来神社の天井には日本唯一の指絵画家、濱田珠鳳先生の招運龍神が描かれています

水琴窟手水舎は日本最大級。音色で心も清めます

お守り

「金運鉧守」（1000円）。鉧（けら）は日本刀の材料となる玉鋼のこと。鉄（かね）の母を封じ込めたパワフルな金運守りです

主祭神

福原越後元僴《フクバラエチゴモトタケ》・金屋子神《カナヤゴノカミ》

ほかにも所願成就、開運招福などの御利益が……

墨書／奉拝、宇部護國神社　印／神紋（片喰）、宇部市中央部 宇部護國神社、落款　●御朱印は宮司在社時のみ授与されます

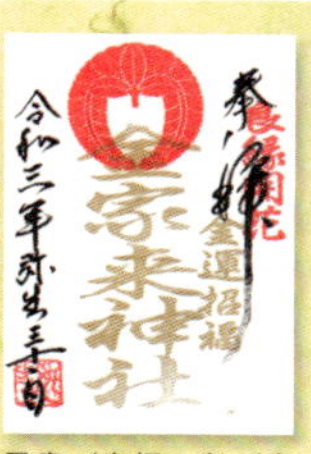

墨書／奉拝　印／良縁開花、神紋（下り藤）、金運招福、金家来神社、落款　●鳥取県安来市の金屋子神社から勧請されました

DATA

宇部護国神社

創建／1866（慶応2）年

本殿様式／三間流造

住所／山口県宇部市中宇部1631

電話／0836-21-4543

交通／宇部市交通局バス「小羽山入口」や「中尾」から徒歩13分

参拝時間／自由

御朱印授与時間／随時

URL https://ubegokoku.jp/

みんなのクチコミ!!

奉納されている「願掛け弾」を撫で「願い玉」を頂くと一願達成するそうです

商都・柳井を見守る竜神さま

山口

代田八幡宮【しろたはちまんぐう】

江戸時代から海港として栄えた旧柳井町の総氏神です。参道に立つ灯篭はかつて灯台の役割を果たし、商都・柳井の発展を見守る「竜神さま」として親しまれてきました。参拝後は1㎞ほど北にある「茶臼山古墳」へも足を延ばしてみましょう。町並みや瀬戸内海を望めば元気もフルチャージできます。

お守り

左から「金魚提灯金運隆昌お守り」（1000円）、「勝守」（700円）。金魚提灯は柳井市の夏の風物詩です

10月第1日曜日の御神幸祭では白壁の町並みを神輿が練り歩きます

主祭神

応神天皇《オウジンテンノウ》

仲哀天皇《チュウアイテンノウ》　神功皇后《ジングウコウゴウ》

ほかにも開運、厄除け、安産などの御利益が……

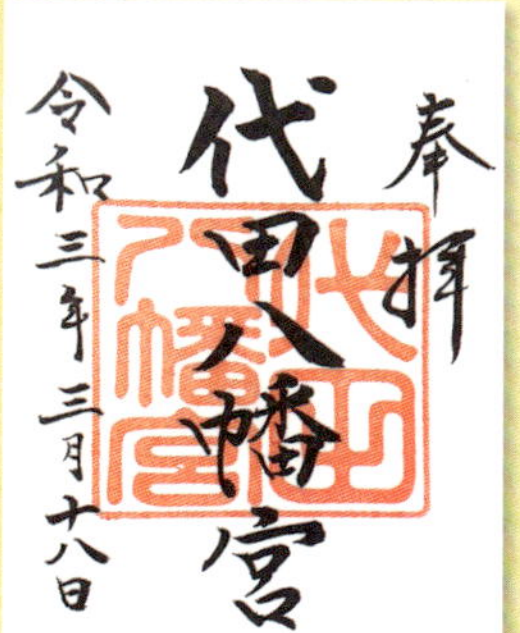

墨書／奉拝、代田八幡宮　印／代田八幡宮　●田植えの際に幣帛（へいはく）が下りて御神徳を得たことが代田八幡宮の社名の由来です

DATA

代田八幡宮

創建／833（天長10）年

本殿様式／権現造

住所／山口県柳井市柳井1880

電話／0820-22-1340

交通／JR山陽本線「柳井港駅」から徒歩13分　参拝時間／自由

御朱印授与時間／9:00～17:00

URL https://www.shirotahachimangu.com/

みんなのクチコミ!!

かつて茶臼山古墳近くに祀られていた茶臼山神社も境内に鎮座しています

主祭神と境内社のパワーで福招き

美しい社殿の周囲には多彩な摂社が鎮座します。暮らしに関わる金運向上や商売繁盛を願いましょう。

広島

草戸稲荷神社【くさどいなりじんじゃ】

稲荷橋から眺める朱塗りの社殿は、緑の森に浮かび上がり神々しいほど。初詣には毎年40万人以上が訪れ、県内2番目の参拝者数を誇ります。強力なパワーを頂ける神社として知られているのです。拝殿の奥に懸造り風の社殿が聳え、本殿は見晴らしのいい最上階に鎮座します。境内には10を数える摂社・末社もあり、先見の明をつける御利益で知られる眼力社は株式やFXなどのトレーダーには強い味方になってくれるでしょう。

主祭神

宇迦之御魂神《ウカノミタマノカミ》

保食神《ウケモチノカミ**》** 大己貴神《オオナムチノカミ》

ほかにも家内安全、厄除祈願などの御利益が……

本殿から遥拝する清々しい1年の始まり

山際に造られた高層建築の本殿からは、芦田川の先に福山市を一望できます。社殿は東を向いているため、元旦の初日の出スポットとしても人気を誇ります。日の出の時間に合わせて参拝しましょう。

おみくじ

全国的にも珍しい大大吉があるおみくじ（200円）

みんなのクチコミ!!

神社参拝後は隣接する明王院へ行きましょう。境内には鎌倉時代に建立された本堂（国宝）、本堂横には朱塗りの優美な五重塔（国宝）が立っています

墨書／奉拝、草戸稲荷神社　印／稲紋印、草戸稲荷神社印　●通常の直書き御朱印のほか、月替りで限定御朱印（書き置き）も頒布されています

墨書／奉拝、草戸八幡神社　印／左三つ巴　●例祭がある9月限定で頒布されます

お守り

レース生地を使ったうさぎ柄の「福守」（1000円）

太鼓橋の稲荷橋は絶好の撮影スポット。緑に浮かびあがる鮮やかな朱色の社殿はまるで森の竜宮です

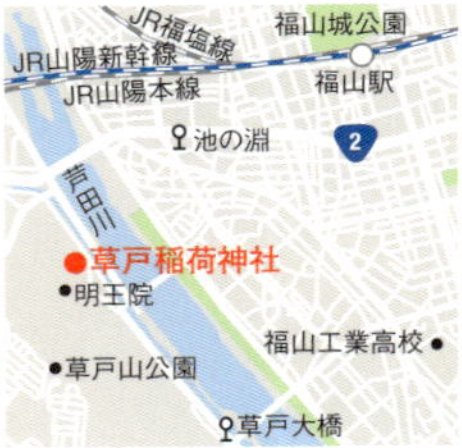

DATA

草戸稲荷神社

創建／807（大同2）年
本殿様式／流造
住所／広島県福山市草戸町1467
電話／084-951-2030
交通／トモテツバス「草戸大橋」や「池の淵」から徒歩15分
参拝時間／自由（本殿の参拝は8:00～16:00）
御朱印授与時間／9:00～16:00
URL https://kusadoinari.com

神社の方からのメッセージ

当社では長い歴史をもつ多数の伝統行事を執り行っています。狐のお面と化粧をした地域の子供たちが神輿をひいて町内を練り歩く「卯之大祭」や、9月の「草戸八幡神社の例大祭」は地元の人たちでにぎわいます。

奈良時代に隣接する明王院の開基、弘法大師が明王院を守護する神社として開いたと伝わる古社です。古くは芦田川の中州に鎮座していましたが、洪水の被害があったため、1655（承応4）年に現在の場所へと移されました。

参道にもお稲荷さんパワーが充満

広島

金光稲荷神社

【きんこういなりじんじゃ】

二葉山山頂に建つ奥宮まで約500段の石段を上ります。120数基もの鳥居が並ぶ石段を進むと御産稲荷社、出世稲荷社といくつもの稲荷社が並びます。まさにお稲荷さんの金運パワーに満ちた参道といえるでしょう。奥宮からは市街や瀬戸内海が一望でき、日常のストレスも癒えるはずです。

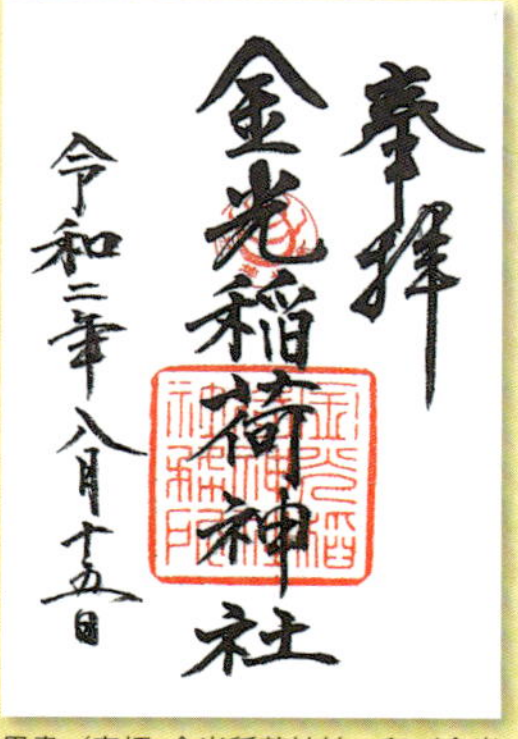

墨書／奉拝、金光稲荷神社　印／金光稲荷、金光稲荷神社社務所　●御朱印は金光稲荷神社の南側にある広島東照宮（→P.111）の社務所で頂けます

奥宮には信仰の対象となった巨石が鎮座します。3月下旬から4月上旬はお花見におすすめです

お守り

神紋には金の文字が入り財運アップも期待できる「肌守」（800円）

主祭神

宇迦乃御魂神《ウカノミタマノカミ》　稲荷大神《イナリオオカミ》

ほかにも家内安全、諸願成就などの御利益が……

DATA

金光稲荷神社

創建／1700年（元禄年間）の頃
本殿様式／流造
住所／広島県広島市東区二葉の里2-1-18
電話／082-261-2954
交通／広電バス「東照宮入口」から徒歩8分
参拝時間／7:00～18:30
御朱印授与時間／広島東照宮にて9:00～16:00
URL https://www.hiroshima-toshogu.or.jp/kinko/

みんなのクチコミ!!

金光稲荷のある二葉山は日本最大規模のシリブカガシの群生林です

福々しい笑顔で金運を引き寄せる

広島

高尾神社

【たかおじんじゃ】

お多福通り抜けで有名です。毎年2月の節分を中心にした8日間、拝殿前には口を開けた巨大なお多福の絵が置かれます。その口から入って参拝すると厄が落ちて運が開けるというのです。浪費グセを治し貯蓄したいなら、お多福パワーを頂きましょう。三柱の御祭神からは勝運も授けてもらえます。

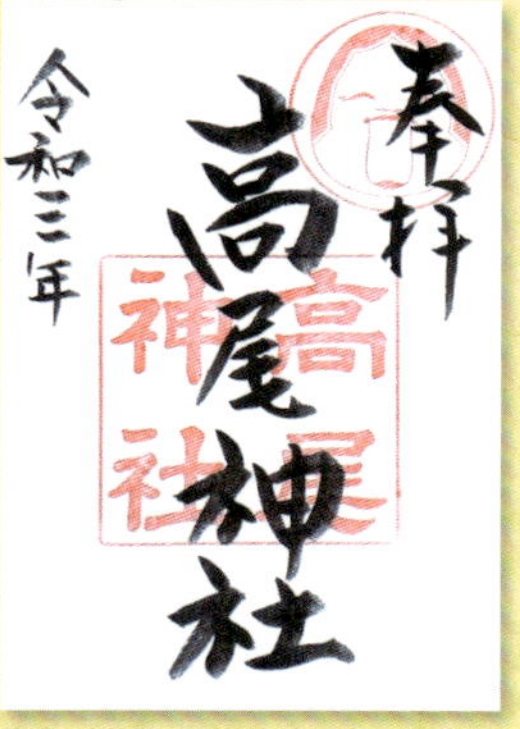

墨書／奉拝、高尾神社　印／お多福印、高尾神社　●四季折々の限定御朱印のほか、お多福通り抜け期間中には特別御朱印も頒布されます

お守り

左から財布に入れて幸運を招く「福守」（1000円）、鬼パワーで厄を祓う「開運ヤブ守」（800円）

お多福通り抜けが行われる厄除大祭では、限定の福よせ熊手や福駒札も頒布されます

主祭神

帯中津日子命《タラシナカツヒコノミコト》

息長帯比売命《オキナガタラシヒメノミコト》　品陀和気命《ホンダワケノミコト》

ほかにも安産子育、開運厄除けなどの御利益が……

DATA

高尾神社

創建／鎌倉時代
本殿様式／三間社流造
住所／広島県呉市焼山中央2-11-11
電話／0823-33-7788
交通／広電バス「昭和市民センター西」から徒歩2分
参拝時間／自由
御朱印授与時間／9:00～16:00
URL https://www.takaojinja.jp/

みんなのクチコミ!!

7月の七夕祭では夜の特別祈願祭に参列（有料）すると限定のステキなお守りが頂けます

財運アップは白玉龍神にお願い

広島

巳徳神社

【みとくじんじゃ】

脱皮ごとに再生することから、金運、財運、出世をもたらす白蛇を龍神様として祀っています。「参拝して会社に戻ったら大口の発注があった」、「夢のお告げで蛇神社を訪れたら体調が戻った」など御利益のエピソードも数多いとか。心を込めて祈願すれば、格別のパワーを頂けそうです。

神門には開運招福の文字が刻まれています。5月の例大祭ではぜんざいやお餅も振るまわれます

社務所では50種類もの授与品が用意されています。「純金箔入り白蛇御守」や「龍招福水晶御守」は金運アップが期待できそうです

主祭神

白玉龍神《シラタマリュウジン》

ほかにも厄除開運、病気平癒、良縁成就などの御利益が……

みんなのクチコミ!!

「護り給え、恵み給え、幸え給え」と3回唱えてから願い事をするのが参拝方法です

墨書／奉拝、白玉龍神、巳徳神社　印／白玉龍神璽、巳徳神社之印　●御朱印は書き置きのみとなっています

DATA

巳徳神社

創建／1982（昭和57）年
本殿様式／住吉造の形式に近いとされる
住所／広島県世羅郡世羅町本郷字1634-1
電話／なし
交通／中国バス「巳徳神社前」から徒歩1分
参拝時間／自由
御朱印授与時間／10:00～17:00

幸せへと導くおきた姫と猿田彦

岡山

沖田神社・道通宮

【おきたじんじゃ・どうつうぐう】

沖新田を開拓する際に産土神として建立され、本殿の床下には潮止めの工事で人柱として身を捧げた、おきた姫が祀られています。この干拓事業で人々の暮らしが豊かになったことから大願成就の神様として親しまれています。境内社の道通宮は白蛇の導きが得られるパワスポとして人気です。

境内左奥の道通宮は導きの神が主祭神。迷いごとがある時に参拝してみましょう

お守り

お財布に入れて金運をアップさせる「白蛇金運お守り」（1000円）

強運をもたらす「んのお守り」（500円）

主祭神

天照大御神《アマテラスオオミカミ》

素戔嗚尊《スサノオノミコト》　軻遇槌命《カグツチノミコト》

倉稲魂命《ウガノミタマノミコト》　句句廼智命《ククヌチノミコト》

おきた姫《ヒメ》　猿田彦命《サルタヒコノミコト》

ほかにも家内安全、厄除け、身体健全、道開きなどの御利益が……

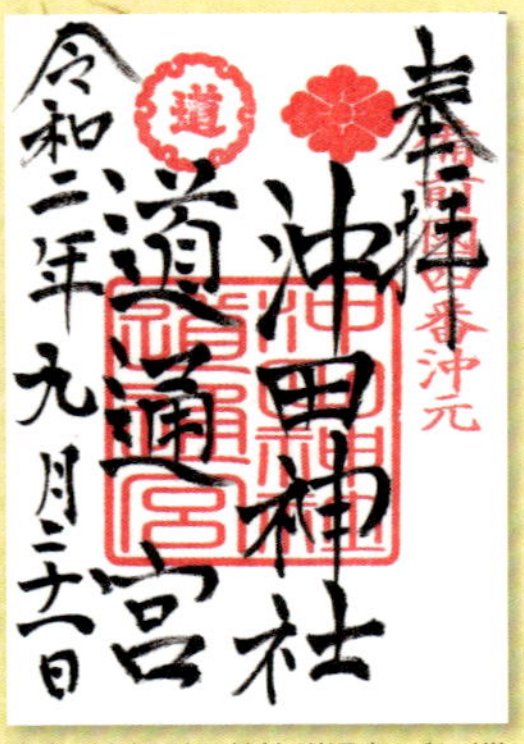

墨書／奉拝、沖田神社、道通宮　印／備前国四番沖元、沖田神社紋、道通宮紋、沖田神社道通宮　●池田綱政公の時代に沖新田として4番目に開拓されました

DATA

沖田神社・道通宮

創建／1694（元禄7）年
本殿様式／権現造
住所／岡山県岡山市中区沖元411
電話／086-277-0196
交通／両備バス沖元線「沖元」から徒歩2分
参拝時間／自由
御朱印授与時間／9:00～16:00
URL www.okita-shine.com

お金の心配を祓ってくれる女神

岡山

徳守神社

【とくもりじんじゃ】

津山城を築く際に城下の総鎮守となり400年以上も町の発展を見守り続けています。境内社の恵毘須・寿福神社、大国主神社はどちらの御祭神も商売繁盛と金運アップの神様。そのうえ、逆境にある女性を助けてくれる善神社まで揃っています。お財布がピンチという女子はマスト参拝です！

墨書／徳守神社　印／津山総鎮守、日月神鎮座、三巴神紋、神璽、とくちゃん干支印　●「日月神」として天照皇大神と月読尊をお祀りしています

境内末社の善神社は女性に良縁を運び逆境でサポートしてくれます

桜吹雪が美しくデザインされた「しあわせまもり」（800円）

主祭神

天照皇大神《アマテラスオオミカミ》

ほかにも健康、安産、厄除けなどの御利益が……

DATA

徳守神社

創建／733（天平5）年

本殿様式／正面三間　側面三間の中山造（入母屋造、妻入型式）

住所／岡山県津山市宮脇町5

電話／0868-22-9532

交通／JR津山線「津山駅」から徒歩15分

参拝時間／9:00～17:00

御朱印授与時間／9:00～17:00

URL https://www.tokumori.or.jp

みんなのクチコミ!!

日本三大神輿とされる金塗り大神輿がガラス戸越しに公開されています

高額当選を狙うなら「巳の日」に祈願！

鳥取

多鯰ヶ池弁天宮

【たねがいけべんてんぐう】

鳥取砂丘の南、多鯰ヶ池のほとりで弁財天と白蛇を祀る社は商人たちが卵や酒を捧げる秘密めいた信仰の場でした。近年は宝くじの高額当選が続出するとの情報が拡散し、県外からも続々と参拝者が訪れます。御朱印も頂ける巳の日に祈願すれば、願いがかなうチャンスがさらにアップするそうです。

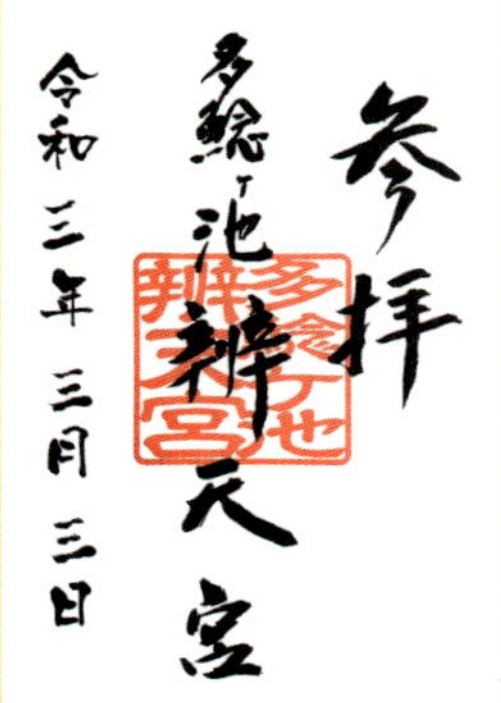

墨書／参拝、多鯰ヶ池辨天宮　印／多鯰ヶ池辨天宮　●御朱印が授与されるのは「巳の日」の午前中のみです。日時はホームページでも確認できます

多鯰ヶ池の最大水深は17.3m。長者の家で奉公していたお種という美女が池の主の蛇になったという伝承が残ります

池に面した「お種の社」を金運上昇を祈りながら時計周りに3回まわるのが参拝方法です

主祭神

弁財天《ベンザイテン》（お種弁天《タネベンテン》）

DATA

多鯰ヶ池弁天宮

創建／不詳　本殿様式／流造

住所／鳥取県鳥取市福部町湯山

電話／090-3179-9911

交通／日本交通バス「砂丘東口」から徒歩1分、「砂の美術館前」から徒歩5分

参拝時間／自由

御朱印授与時間／巳の日の午前中（8:30～12:00）

URL https://www.tanegaike.com/benten/

みんなのクチコミ!!

60日に一度めぐってくる己巳（つちのとみ）の日は金運が最も上昇する弁天様の縁日です！

一般的な神社とは異なりますが、妖怪をモチーフにした御朱印と授与品で話題のスポットをご紹介！

山陰山陽にはこんな御朱印もあります！

水木しげる漫画の人気キャラが総出演

妖怪神社

鳥取県境港市は『ゲゲゲの鬼太郎』で知られる漫画家・水木しげる先生の故郷です。JR境港駅から東へと歩くと、約180体もの妖怪のブロンズ像が並んだ「水木しげるロード」が続いています。みやげ物屋や博物館など妖怪尽くしの昭和レトロな通り沿いには小さな妖怪神社も鎮座。黒御影石と樹齢300年のケヤキを組み合わせた御神体は水木先生が入魂されたもので「妖怪が住みやすい自然環境を守る」との願いが込められた癒やしのスポットです。

鳥居の横木は一反もめん！

みやげ物屋に囲まれた通りの一角にあります

触れると妖怪パワーが授かれるという御神体

水の力でクルクル回る「目玉おやじ清め水」が手水舎です

一反もめんの「縁結び守」(650円)

人気キャラが袋に入っている「ポケットお守り」(各650円)

おみやげとして持ち帰る人も多い「開運招福絵馬」(各800円)

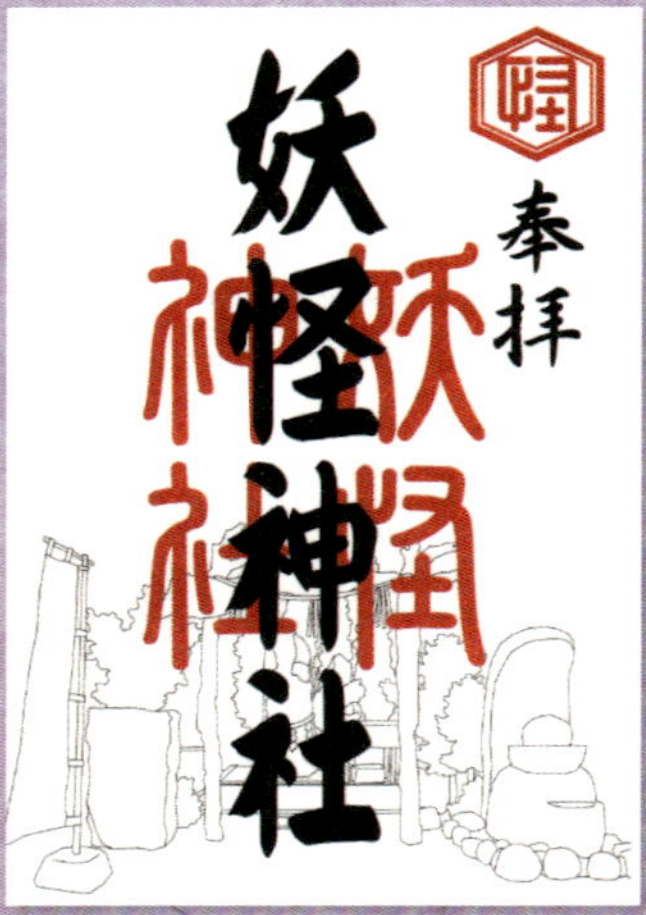

オマケでお札が付きます

墨書／奉拝、妖怪神社　印／神紋(怪)、妖怪神社、神社イラスト　●プリントされた御朱印です。日付は回転ゴム印で押されます

DATA

妖怪神社

創建／2000年
住所／鳥取県境港市大正町62-1
電話／0859-47-0520
交通／JR境線「境港駅」から徒歩3分
参拝時間／自由
御朱印授与時間／10:00～17:00
(妖怪神社隣り「むじゃら」で頒布)
URL http://yo-kai.net/

水木しげるロードは800mも続く妖怪の道！

第三章

御利益別！ 今行きたい神社

Part4

美容・健康

すべての幸せは心と体の健康から。女性はもちろん、老若男女の強い味方になってくれる神様に会いに行きましょう。

★美容・健康★絶対行きたいオススメ神社 2選

- 須佐神社（島根）／由加神社本宮（岡山）
- 稲田神社（島根）／平濱八幡宮 武内神社（島根）
- 御井神社（島根）／賣布神社（島根）
- 浅江神社（山口）／徳佐八幡宮（山口）
- 広島東照宮（広島）／縣主神社（岡山）
- 和氣神社（岡山）
- 日本第一熊野神社（岡山）／壹宮神社（鳥取）
- 賀茂神社（鳥取）／河野神社（鳥取）

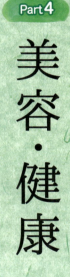

美容◆健康 絶対行きたいオススメ神社 2選

美容と健康をアップする女子の心強い味方

幸せをつかむ魅力的な人になるには男女を問わずヘルシーな心と体が大切！
主祭神の御霊がパワフルな「須佐神社」、厄除けの総本山として信仰される
「由加神社本宮」で願いを伝えて、健康な毎日を授けていただきましょう。

絶対行きたい
オススメ神社 1

島根

須佐神社

【すさじんじゃ】

須佐之男命の御魂を祀るパワースポット

日本神話のヒーローの魂が鎮まる聖地です。厄除けの神徳を頂けるよう心清らかに参拝を。

八岐大蛇《やまたのおろち》を退治した荒ぶる神が、最後の開拓地として選ばれた神話の舞台です。川沿いにある境内は厳かな空気に満ち深呼吸するだけで心が浄化されるかのよう。高さ約12mの御本殿には、須佐之男命の御魂が鎮まり、その裏手で樹齢千三百年の大杉が神々しいオーラを放っています。神社周辺には「須佐の七不思議」と呼ばれるスピリチュアルスポットもあり、やる気や体調が下降気味だと感じたら元気をたっぷりチャージしましょう。

主祭神
須佐之男命《スサノオノミコト》

ほかにも縁結び、夫婦円満、商業繁栄などの御利益が……

生命の源のような御神木からパワーチャージ

境内の奥には「大杉さん」と呼ばれる杉の木が立っています。高さ24m、幹回り6mの巨木はまるで須佐之男命の化身のよう。樹皮を塩井で清めた「大杉さんの木霊」の授与品が頂けます。

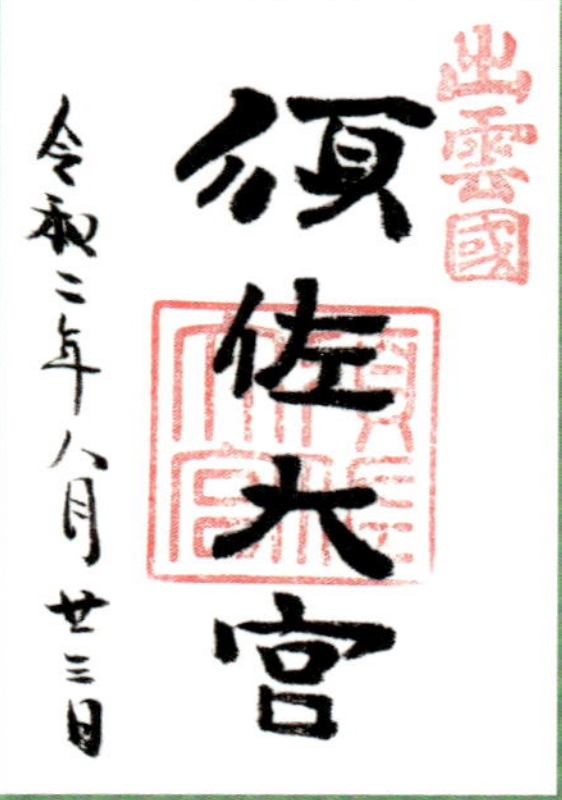

墨書／須佐大宮　印／出雲國、須佐大宮
●「出雲国風土記」にはこの地を気にいった御祭神が「須佐」の名前を地名に残し、自らの御魂を鎮めたと記されています

御朱印帳

「オリジナル御朱印帳」(1500円)。すがすがしい出雲の八雲が描かれています

塩ノ井は稲佐の浜と繋がるとされる聖なる井戸。塩の満ち引きで湧き出る水量も変化するそうです

みんなのクチコミ!!

須佐之男がこの地を清めるために汲んだ「塩ノ井」の水は、浴用に使うと貧血や泌尿器系の病に霊験があるそうです

お守り

神社林の樹木材を使った「攘障災守」(700円)

DATA
須佐神社
創建／神代
本殿様式／大社造
住所／島根県出雲市佐田町須佐730
電話／0853-84-0605
交通／一畑バス「出雲須佐」からタクシーで5分
参拝時間／8:00〜16:00
御朱印授与時間／9:00〜16:00
URL https://www.susa-jinja.jp/

神社の方からのメッセージ

山中にありながら日本海と繋がるとされる「塩ノ井」、男松女松が1本の大木となった「相生の松」、体の色を変え異変を告げたという「神馬」など、神社には「須佐の七不思議」と呼ばれる伝説スポットがあります。

須佐之男命の妃となった稲田比売命（いなたひめのみこと）やその両親である足摩槌命（あしなづちのみこと）と手摩槌命（てなづちのみこと）も祀られています。代々宮司を務める須佐家は足摩槌命の子孫とされ、須佐国造とも呼ばれています。

絶対行きたい
オススメ神社 2

厄除けの総本山で心と体を健やかに

全国に52の分社がある厄除けの総本山です。境内には健康と縁結びのパワスポがめじろ押し！

岡山

由加神社本宮【ゆがじんじゃほんぐう】

表参道から19段、25段、33段、42段、61段と厄除けの石段が続きます。さすが厄除けの総本山。厄年にちなんだ階段を上りきると、すっきり穢れが落ち心と体が軽くなります。浄財箱が一段一段に置かれていて、自分の年齢分の一円玉やお米を奉納しながら上がると、厄除け効果がアップするそうです。御祭神は「求めがあれば必ず応じてくれる（有求必應）」という、とても頼もしい神様で開運や健康運をバックアップしてくださいます。良縁を祈願するなら「縁結びの小路」を通って拝殿の床下に入り、男獅子・女獅子にも、念押しのお願いを！

主祭神
彦狭知命《ヒコサシリノミコト》　手置帆負命《タオキホオイノミコト》

ほかにも方位除け、安産、子授けなどの御利益が……

縁結びの獅子に良縁をお願い
拝殿下のスサノオ神を祀る祠には2体の獅子が鎮座し、女性は右の男獅子、男性は左の女獅子に祈願すると恋愛が成就します。真剣に祈ったらすてきな出会いに恵まれたという感謝の声も多いそうです。

御朱印帳はP.24で紹介！

墨書／奉拝、由加宮、くらしき由加山　印／大権現の印、神籬の印、由加宮宮司印　●神印の神籬（ひもろぎ）は神様の依り代（よりしろ）を示します。御朱印授与の際には神札のような由加大神の御姿も頂けます

三の鳥居が建つ表参道入口から長い厄除けの階段が始まります

「真田紐えんむすびお守り」（800円）。地元の織元と神社の縁で作られたお守りです

お守り

金運アップで幸福を招く「黄金お守り」（800円）。宝くじやtotoが当選したという感謝の声も多いそうです

みんなのクチコミ!!

備前焼で作られた鳥居としては日本一の大きさ。両脇には備前藩主が奉納した、備前焼の狛犬が鎮座します

拝殿の左奥には強いパワーが頂ける磐座信仰の御神体があります

DATA
由加神社本宮
創建／733（天平5）年
本殿様式／比翼入母屋造
住所／岡山県倉敷市児島由加2852
電話／086-477-3001
交通／JR瀬戸大橋線「児島駅」から車で20分
参拝時間／自由
御朱印授与時間／8:30～16:30
URL https://www.yugasan.or.jp

神社の方からのメッセージ

拝殿の右手にあるクスノキの大木では、子授けの御利益が授かれます。備前藩主もこの御神木を参拝し、子供を授かったとの伝承があります。男の子を願うなら右回りに3周、女の子を願うなら左回りに3周して念じます。

由加神社本宮と、香川県の金刀比羅宮を参拝する「ゆがさん・こんぴらさん両参り」。交通事情の悪かった江戸～明治時代に、四国への海上安全をこの地で祈願した風習です。瀬戸大橋が開通した今も、歴史的な参拝ルートとして両参りされています。

美貌の神話ヒロイン生誕地

島根

稲田神社

【いなたじんじゃ】

「日本の原風景」といった情景が広がる奥出雲町の田園地帯で稲の女神をお祀りしています。美しく慈愛に満ちた稲田姫に安産や縁結び、さらに美容アップをお願いする女性も多いのだそうです。参拝後は境内の蕎麦屋で、地場産にこだわった一品を味わって体の中からもキレイになりましょう。

主祭神

稲田姫命《イナタヒメノミコト》

大山祇命《オオヤマズミノミコト》　素戔嗚尊《スサノオノミコト》

ほかにも縁結び、結婚成就などの御利益が……

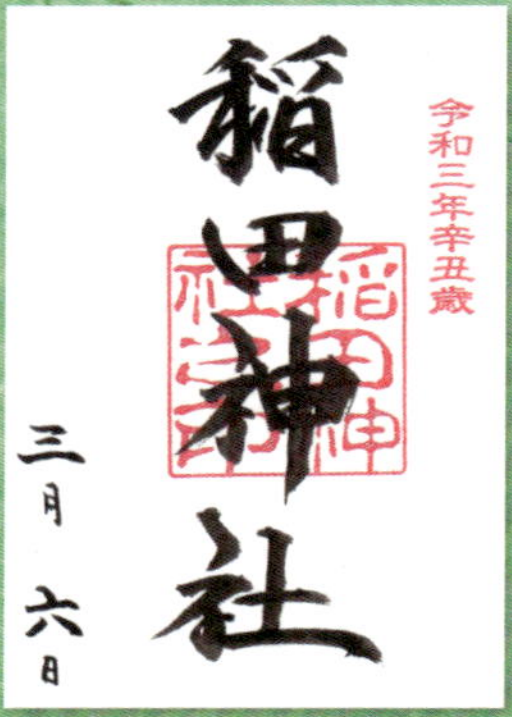

墨書／稲田神社　印／稲田神社之印
●稲田姫がお生まれになった生誕地です。社務所不在時は「姫のそば ゆかり庵」で御朱印を頒布しています

絵馬

稲田姫が櫛に変身して守られた神話にちなむ「櫛絵馬」（800円）

境内の「姫のそば ゆかり庵」で希少な在来種の横田小そばが味わえます
※1月中旬～2月後半は冬期休業となる

DATA

稲田神社

創建／不詳　本殿様式／大社造変形
住所／島根県仁多郡奥出雲町稲原2128-1
電話／0854-52-2560（姫のそば ゆかり庵）
交通／JR木次線「出雲横田駅」から徒歩25分
参拝時間／日の出から日没
御朱印授与時間／11:00～14:30（毎週火曜と第3水曜は休み）

みんなのクチコミ!!

境内の周囲には稲田姫が生まれたときに浸かった「産湯の池」や、へその緒を切られた「笹の宮」も奉られています

人生100年時代を元気に過ごそう

島根

平濱八幡宮 武内神社

【ひらはまはちまんぐう たけうちじんじゃ】

参道を上がると正面に出雲国最古とされる八幡宮、その左には武内神社が寄り添うように鎮座しています。地元で「たけおっつぁん」の名で親しまれている長寿の神に、厄除けや病気平癒をお願いしましょう。本殿裏手に広がる「神秘の森」を散策すれば癒やし効果で健康もアップしそうです。

主祭神

應神天皇《オウジンテンノウ》　仲哀天皇《チュウアイテンノウ》

神功皇后《ジングウコウゴウ》　武内宿禰命《タケウチノスクネノミコト》

ほかにも開運厄除、交通安全などの御利益が……

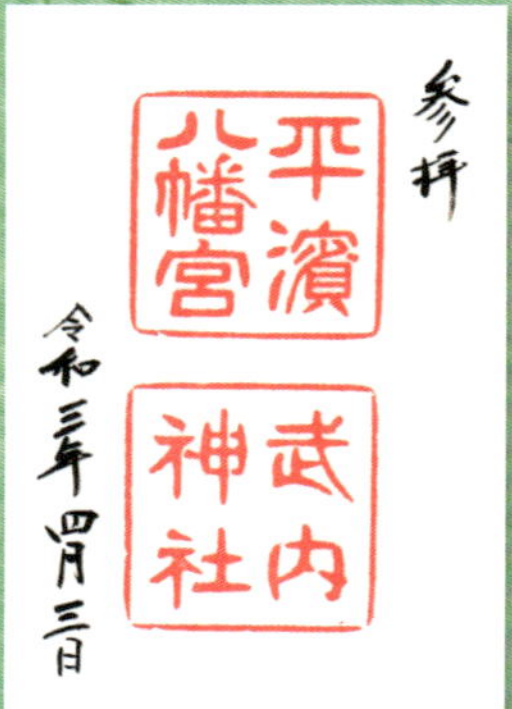

墨書／参拝　印／平濱八幡宮、武内神社　●境内社の武内神社印も入ります。八幡三神にお仕えした武内宿禰は日本最初の大臣です

お守り

病気平癒が祈願された「薙守」（1500円）には神木の梛の葉が納められています

「やるき達磨」の頭に水をかけて諸願成就を祈りましょう

DATA

平濱八幡宮 武内神社

創建／1111（天永2）年
本殿様式／流造
住所／島根県松江市八幡町303
電話／0852-37-0435
交通／松江市営バス「武内神社前」から徒歩2分、またはJR山陰本線「東松江駅」から徒歩15分
参拝時間／自由
御朱印授与時間／9:00～16:30頃

安産へと導く女性の強い味方

島根

御井神社【みいじんじゃ】

境内を包み込む里山の景観は今も神話の世界が息づいているかのよう。因幡の白うさぎ神話で大国主と結ばれた八上姫は、新たな妃を恐れてこの地で木俣神を産みました。産湯として使った生井《いくい》・福井《さくい》・綱長井《つながい》の3つの井戸は今も母子の守り神として参拝されています。安産と子授けの聖地です。

墨書／奉拝、御井神社　印／神紋（二重亀甲に三）、御井神社　●木俣神の産湯に使われた三井戸は日本最古の掘り抜き井戸です

安産や子授に御利益があるハートのクリスタルを抱いた撫でうさぎ

左から「開運厄除守」、「安産御守」（各1000円）

DATA

御井神社

創建／不詳
本殿様式／大社造
住所／島根県出雲市斐川町直江2518
電話／0853-72-3146
交通／リムジンバス出雲空港線「小原」から徒歩23分
参拝時間／自由
御朱印授与時間／9:00～16:00（要事前連絡）
URL https://mii-jinja.jp/

主祭神

木俣神《コノマタノカミ》

ほかにも病気平癒、母子健康などの御利益が……

みんなのクチコミ!!

木俣神を産んだ八上姫は因幡国一の美女と謳われました。縁結びや美人祈願もOKです

潮の恵みで健康をチャージ!

島根

賣布神社【めふじんじゃ】

宍道湖と中海に囲まれた水郷松江の産土神です。潮の流れにすむ「生命の祖神」をお祀りしているので、神前で祈祷された「御塩守」は浄化の力が強く災いから守ってくれます。樹齢400～500年の松や榎の御神木からは、本来あるべき健やかな自分へ戻る「蘇り」のエネルギーを頂けます。

拝殿や本殿では龍の彫刻が必見です。荒川亀斎や小林如泥など名匠の作品が圧巻です

墨書／参拝、賣布神社　印／賣布神社　●6世紀に編纂された出雲国風土記に賣布社（めふのやしろ）と記された古社です

墨書／祓へ清めの社、賣布神社　印／出雲国風土記之社、神紋（二重亀甲花菱）　●書き置きには松江の湖岸風景の印も押されます

御朱印帳はP.26で紹介!

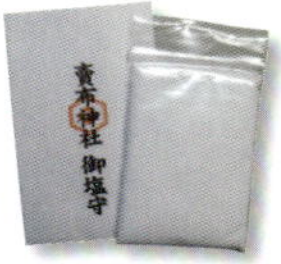

「御塩守」（500円）。お清めはもちろん、料理に使うと体内から浄化されるそうです

「錦守」（1000円）

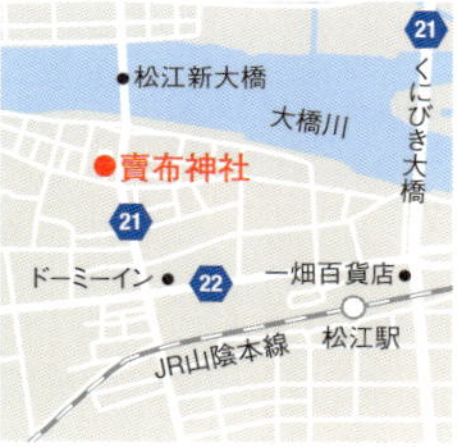

DATA

賣布神社

創建／不詳
本殿様式／大社造
住所／島根県松江市和多見町81
電話／0852-24-3698
交通／JR山陰本線「松江駅」から徒歩8分
参拝時間／自由
御朱印授与時間／9:00～17:00

主祭神

速秋津比賣神《ハヤアキツヒメノカミ》

ほかにも祓え清め、生命力の蘇りなどの御利益が……

みんなのクチコミ!!

御朱印を待っている間にお清めの「お塩番茶」を振る舞っていただけます

山口

浅江神社【あさえじんじゃ】

シャクナゲの花で心身を癒やす

毎年4～5月になると約30種300本のシャクナゲの花が咲き誇ります。高貴な花木のアロマに包まれる境内を参拝すれば、心身がリフレッシュされて健やかに整うかのよう。木目が美しい壮麗な社殿に季節の花々が映えて、地元では結婚式を控えたカップルの前撮りスポットとしても知られています。

墨書／奉拝、浅江神社　印／奉拝、社印　●明治の時代から使用される宝珠のような社印は由来も記されている文字も不明です

しゃくなげ祭りでは邦楽のコンサートなども開催されます

神社オリジナル品種のシャクナゲ「宮華宝」。世界でここにだけ咲きます

DATA
浅江神社
創建／1872（明治5）年
本殿様式／八幡造
住所／山口県光市浅江1-8-1
電話／0833-71-0860
交通／中国JRバス「浅江町」から徒歩2分、またはJR山陽本線「光駅」から徒歩15分
参拝時間／自由
御朱印授与時間／社務所在勤時のみ（不定）
URL https://ashrine.webnode.jp/

主祭神
別雷公命《ワケイカヅチノミコト》　玉依姫命《タマヨリヒメノミコト》
神日本磐余彦尊《カムヤマトワレヒコノミコト》など七柱

ほかにも開運厄除け、勝運、金運などの御利益が……

みんなのクチコミ!!

1月中は御朱印に各年の干支の手書きイラストが入ります

山口

徳佐八幡宮【とくさはちまんぐう】

山口を代表する桜の名勝地

十種の神宝を埋めたという伝承が残る十種《とくさ》ケ峰（＝徳佐ケ峰）を北西側に望むかつての県社です。山口県随一の桜スポットとして知られ、春になると370mの参道はしだれ桜の一重の花で可憐に色づきます。広々とした境内は四季を通じて参拝者を癒やしてくれる心と体のオアシスです。

墨書／奉拝、徳佐八幡宮、名勝しだれ桜　印／徳佐八幡宮印、しだれ桜印　●西日本一と謳われた桜の印が押されます。不在も多いので事前連絡を

阿東は米の名産地。10月第1日曜の例祭で収穫を祝い神様に感謝を捧げます

参道のしだれ桜は1825（文政8）年に植樹されました

DATA
徳佐八幡宮
創建／1182（寿永元）年
本殿様式／八幡造
住所／山口県山口市阿東徳佐中3673
電話／083-957-0413
交通／JR山口線「徳佐駅」から徒歩10分
参拝時間／自由
御朱印授与時間／9:00～16:00

主祭神
誉田別尊《ホムタワケノミコト》
足仲彦尊《タラシナカツヒコノミコト》　気長足姫尊《オキナガタラシヒメノミコト》

ほかにも強運、厄除け、家族繁栄、交通安全などの御利益が……

家康公を祀る城下町広島の総鎮守

広島

広島東照宮【ひろしまとうしょうぐう】

参道から51段の石段を上ると、朱色の塔門と回廊が広がります。最強の成功運をもつ家康公は、母親の於大《おだい》の方《かた》が薬師如来に祈願し誕生しました。その薬師如来の化身とされる天下人を慕い、病気平癒の祈願者が後を絶ちません。本殿右手の御産《おさん》稲荷社では、安産や子宝の御利益を授かれます。

墨書／奉拝、広島東照宮　印／三つ葉葵紋、東照宮広島、広島東照宮社務所 ●徳川家の家紋である三つ葉葵の神紋が丸印で入ります

御朱印帳

「オリジナル御朱印帳」(2100円)。参道から唐門へと続く51段の階段と翼廊が描かれています

お守り

境内に咲く梅の花をデザインした「安産御守」(800円)

主祭神
徳川家康公《トクガワイエヤスコウ》

ほかにも勝運、厄除けなどの御利益が……

みんなのクチコミ!!

唐門と長さ42mの翼廊は、被爆の焼失を免れ創建の頃から存在する建造物です

DATA
広島東照宮
創建／1648(慶安元)年
本殿様式／一間社流造
住所／広島県広島市東区二葉の里2-1-18
電話／082-261-2954
交通／JR「広島駅」から徒歩8分、または広島バス・広電バス「東照宮入口」から徒歩5分
参拝時間／自由
御朱印授与時間／9:00〜16:00
URL https://www.hiroshima-toshogu.or.jp/

一期一会の絵入りアート御朱印!

岡山

縣主神社【あがたぬしじんじゃ】

田園地帯にポツンと鎮座する神社ですが、唯一無二のアート御朱印を求めて、日本各地から参拝者が訪れます。月替りの限定は伝説の大蛇ミズチ、季節の風物詩、そして神社を守るネコの3種類。神職は御朱印を描かれる際に一人ひとりの表情を見守りながら心を込めて仕上げてくださいます。

限定御朱印と御朱印帳はP.16・27で紹介!

墨書／奉拝、縣主神社　印／宮司之印、縣主神社神紋 ●通常の御朱印は書き置きのシールタイプです。平日は不在の場合もあります

岩絵の具で描かれる月替り限定御朱印。すべて表情が異なる一点物です

境内の「蛟神社」にあるミズチ像には金運をアップする御利益があります

主祭神
縣守《アガタモリ》　(鴨別命《カモワケノミコト》)

ほかにも金運上昇、粘り強さアップなどの御利益が……

みんなのクチコミ!!

神職おひとりで御朱印を描かれています。とても忙しいのに気さくに話しかけてくれる心配りがうれしいです

DATA
縣主神社
創建／不詳　本殿様式／不明
住所／岡山県井原市木之子町3909
電話／0866-62-8456
交通／井原線「井原駅」から車で7分、または「早雲の里荏原駅」から徒歩25分
参拝時間／自由
御朱印授与時間／平日10:00〜12:00、土・日・祝10:00〜14:00(参拝後に受付、御朱印は書き終えてからの郵送)

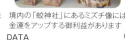

パワー抜群！イノシシに足腰の健康を祈る

和気清麻呂公の生誕地に鎮座します。健康の根源となる元気な足腰をイノシシ像に祈願しましょう。

岡山

和氣神社【わけじんじゃ】

神域を守護するのは、4体の狛イノシシです。和気清麻呂公が旅の途中で足が萎えてしまった際、300頭のイノシシが行く道を誘導。無事に危機を乗り越え、到着先では足もすっかり治っていました。この故事にちなんだ足腰・健康を守護する御神徳はとてもパワフル。痛みや病気からの回復だけでなく、けがをしないように参拝する有名アスリートも多いのだとか。神社が鎮座する藤野の地は、藤が咲き乱れる原野だったそうです。藤の種類が日本一の藤公園も隣接し、藤まつりでは限定御朱印が頂けます。

主祭神

鐸石別命《ヌデシワケノミコト》　和気清麻呂命《ワケノキヨマロノミコト》

和気広虫姫命《ワケノヒロムシヒメノミコト》

ほかにも厄除け、開運、安産、学業成就などの御利益が……

霊猪を撫でて健康運アップ

拝殿前に備前焼の「撫で猪」が安置されています。白備前の陶彫を手がける窯元から奉納され、像を撫でると厄除けや足腰健康の御利益が頂けるそうです。親子の仲睦まじい表情にも癒やされます。

限定御朱印と御朱印帳はP.16・27で紹介！

墨書／和氣神社　印／和氣清麻呂公生誕地、山桜紋、和氣神社　●古くは和気氏の氏神として遠祖が祀られ「和気神」と称されていました。和氣神社の御朱印帳を頂くとイノシシの限定印が入ります

全国から約100種類の藤を収集した藤公園。4月下旬から5月中旬に藤まつりが開催されます

みんなのクチコミ!!

日本最古の私立学校「弘文院」を建てた清麻呂公は学問の神様です。社殿の裏で「名付け石」を納めて、学業成就を祈願しましょう！

絵馬

絵馬（700円）

お守り

「足腰守」（700円）。けが除けの祈願もされています

日本一の藤公園に生える藤の実が入った「健康御守」（700円）

参道に建つ巨大な和気清麻呂像。災いを祓う神として信仰されています

DATA
和氣神社
創建／不詳
本殿様式／流造
住所／岡山県和気郡和気町藤野1385
電話／0869-93-3910
交通／JR山陽本線「和気駅」から車で10分
参拝時間／自由
御朱印授与時間／9:00～16:30
URL http://wake-jinjya.com/

神社の方からのメッセージ

春は桜（芳嵐園）や藤（藤公園）、秋には紅葉（紅葉山）、冬はツバキ（椿苑）など、四季の移ろいが楽しめる神社です。古くから和気氏一族の氏神を祀っており、和気清麻呂命はこの和気藤野で生まれ育ちました。

和気清麻呂は奈良時代の「道教事件」の際に、皇家の系譜を守った天皇の側近です。皇位を奪おうとした道鏡の野望を阻んだため、道教により大隅国へ流刑となりました。道鏡が失脚すると都に呼び戻され、平安京を造営する責任者としても手腕を振るいました。

部位別のからだ守りをゲット！

岡山

日本第一熊野神社

【にほんだいいちくまのじんじゃ】

本殿の手前には「蘇りの橋」と呼ばれる小さな橋が架かっています。渡ると心魂が蘇生するとされるので不安や心の穢れをリセットしましょう。授与所に置かれている頭、髪、心臓、リンパなど部位ごとの「からだ守り」は60以上。膀胱や臀部などもしっかりと守ってくれる女性の強い味方です。

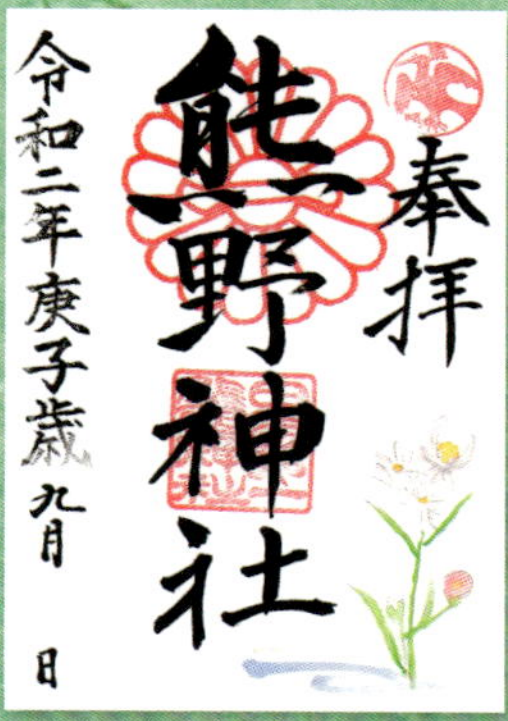

墨書／奉拝、熊野神社　印／八咫烏印、社紋（十六菊に一の文字）、日本第一熊野神社社紋　●花の挿絵が入る月替わり御朱印も頂けます

お守り

「からだ守り」（各1000円）。気になる部位や病気の種類は、今後も増え続けるそうです

境内社の八尾羅宮は日本で唯一とされるいじめ除けのお宮です

DATA

日本第一熊野神社

創建／701（大宝元）年
本殿様式／春日造、入母屋造
住所／岡山県倉敷市林684
電話／086-485-0105
交通／下電バス「熊野神社入口」から徒歩10分、またはJR瀬戸大橋線「木見駅」から徒歩20分
参拝時間／自由
御朱印授与時間／随時頒布
URL https://kumano-jinjya.com

主祭神

伊邪那美命《イザナミノミコト》

ほかにも人間関係を希望へ導く御利益が……

女神様に子宝と安産をお願い

鳥取

壹宮神社

【いちのみやじんじゃ】

安産、子授けの女神である下照姫命をお祀りし古くは「一宮大明神」として崇敬されていました。朝妻縁起などの古文書によると奈良時代に村の老夫婦が祈願して娘を授かり、その娘は宮中に奉公に出て帝にみそめられ、皇后になられたのだとか。境内の「産石《うぶいし》」に腰掛けて安産を祈願しましょう。

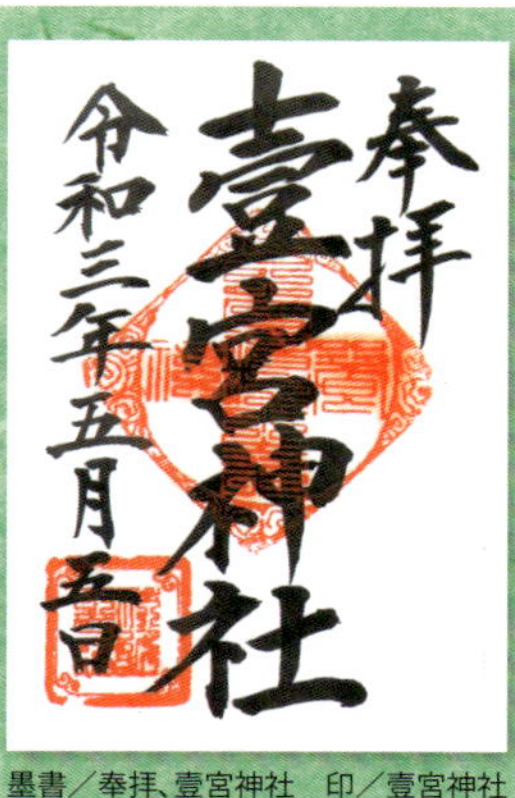

墨書／奉拝、壹宮神社　印／壹宮神社印　●古くから御神札にも使われる印を押していただけます。不在の場合もあるので電話で事前確認を

お守り

安産御守や錦守は社務所で授与しています

参道脇にある産石に腰掛けると安産の御利益があると伝えられています

DATA

壹宮神社

創建／不詳　本殿様式／大社造
住所／鳥取県西伯郡大山町上萬1124
電話／0859-53-4060
交通／日本交通バス「一の宮神社前」から徒歩1分
参拝時間／9:00～17:00
御朱印授与時間／9:00～16:00
URL http://www.chukai.ne.jp/~nksat1996/

主祭神

天忍穂耳命《アメノオシホミミノミコト》　秋津師姫命《アキツシヒメノミコト》
下照姫命《シタテルヒメノミコト》　瓊瓊杵尊《ニニギノミコト》

ほかにも農産業振興などの御利益が……

みんなのクチコミ!!

神社の南東に神体山である孝霊山がそびえ、境内には遥拝所の「すくね塚」があります

ホタル舞う天女神話の伝承地

鳥取

賀茂神社【かもじんじゃ】

平安時代中期に京都の上賀茂神社の御祭神を勧請して祀った神社です。樹木が茂る参道を歩くと音が吸い込まれていくかのよう。神橋の先には天女が昇天をした伝承が残る「夕顔の井戸」があり、清めの水として持ち帰る方も多いそうです。梅雨から初夏にかけてホタルが幻想的に舞います。

主祭神

賀茂別雷神《カモワケイカヅチノカミ》

ほかにも安産、交通安全、家内安全などの御利益が……

夕顔の井戸の神水は容器を持参すれば持ち帰ることができます

絵馬

「絵馬」(500円)。天女伝承は神社の西にある打越山の名前の由来となりました

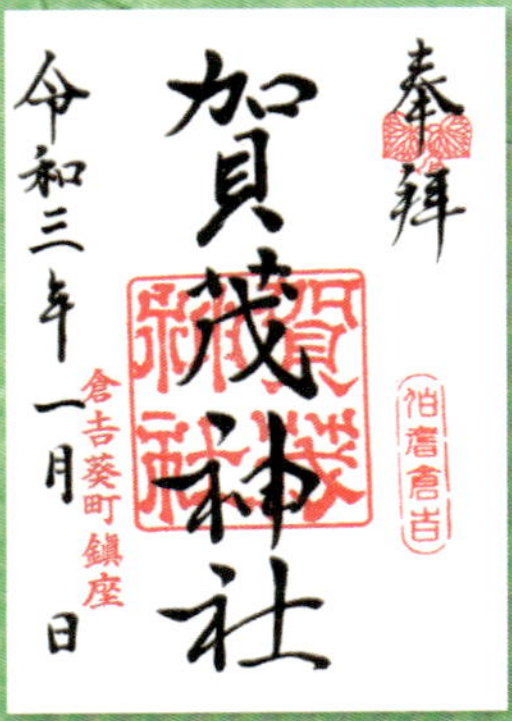

墨書/奉拝、賀茂神社　印/社紋(二葉葵)、伯耆倉吉、賀茂神社、倉吉葵町鎮座　●京都の上・下賀茂神社と同じ社紋が押されます

DATA
賀茂神社
創建/不詳
本殿様式/入母屋造
住所/鳥取県倉吉市葵町586
電話/0858-22-4479
交通/日本交通バス「宮川町」から徒歩8分、または日本交通バス「総合運動公園入口」から徒歩4分
参拝時間/自由
御朱印授与時間/9:00～17:00

みんなのクチコミ!!

鳥取県有数の初詣スポットとなっている厄除けの社です。境内を取り巻く保存林はホタルの生息地となっています

手と足の形代で健康の助け合い

鳥取

河野神社【こうのじんじゃ】

鎌倉期に実在した巨人「三穂太郎《さんぼたろう》」の手足が奉られ、四肢の病いやケガの回復を祈願する「おかげ参り」の風習で知られます。奉納された手や足の形代《かたしろ》を持ち帰り、願いが成就したら新しい形代を返納する習わしが今も受け継がれているのです。社頭に並ぶ形代の数が歴史とパワーを物語ります。

主祭神

須佐之男命《スサノオノミコト》

大己貴命《オオナムチノミコト》　宇賀魂命《ウガタマノミコト》

忍穂耳命《オシホミミノミコト》　彦火々出見尊《ヒコホホデミノミコト》

火産霊命《ホムスビノミコト》　大山祇命《オオヤマツミノミコト》

願いがかなったら「御手形代・御足形代」を返納します。自分で納得できる初穂料を納めましょう

授与品

地元の木材が使われている「御形代」も社務所で頒布されています

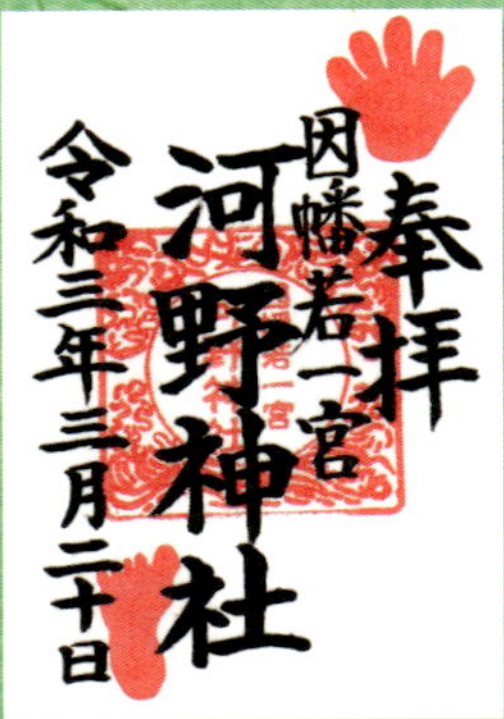

墨書/奉拝、因幡若一宮、河野神社　印/手形・足形印、因幡若一宮河野神社　●「にゃくいちさん」と呼ばれ地元で親しまれています

DATA
河野神社
創建/1916(大正5)年
本殿様式/流造
住所/鳥取県八頭郡智頭町三吉475
電話/0858-78-0116
交通/JR因美線「土師駅」から徒歩10分
参拝時間/自由
御朱印授与時間/在社時なら随時(不在もあるので電話で事前確認)

みんなのクチコミ!!

宮司さんは話し好きで御朱印や風習についての話をじっくり伺えました

第三章 御利益別！ 今行きたい神社

Part5

仕事・学業

試験合格やビジネスの成功、キャリアアップなど、夢の実現を神様がサポート！ 目標に向かって進む人の強い味方です。

★仕事・学業★絶対行きたいオススメ神社 2選

- 防府天満宮（山口）／松陰神社（山口）
- 隠岐神社（島根）／多鳩神社（島根）
- 玉若酢命神社（島根）／春日神社（山口）
- 花岡八幡宮（山口）／古熊神社（山口）
- 備後護國神社（広島）
- 豊国神社（広島）／倉吉八幡宮（鳥取）

仕事・学業　絶対行きたいオススメ神社 2選

ビジネスも勉強も、成功の道を切り開きテッペン目指す！

「防府天満宮」と「松陰神社」は目標へ突き進む人を成功へと導いてくれます。
キャリアアップや試験合格など、夢の実現を決意したら迷わず参拝しましょう！
人生の壁を感じたときには、明るい将来へのインスピレーションも頂けます。

絶対行きたい
オススメ神社 1

学問の神を祀る日本最初の天満宮

受験からキャリアアップのための資格試験まで中国地方随一と名高い最強の合格パワーをGET！

山口

防府天満宮【ほうふてんまんぐう】

菅原道真公がご逝去なされた翌年に創建された全国で最初の天満宮です。樹齢800年のクスノキが枝を広げる石段を上がると朱色の楼門が青空に浮かび上がるかのよう。平安様式の雅な社殿に鎮まる学問の神様に試験合格はもちろん、集中力や折れない心など人生に必要な力を授けてもらいましょう。菅公が愛した梅が1100本も植えられた境内には夢をかなえる牛の像もあります。頭を撫でると知恵を授かり、痛む箇所をさすれば回復するそうです。

主祭神

菅原道真公《スガワラノミチザネコウ》　天穂日命《アメノホヒノミコト》
武夷鳥命《タケヒナドリノミコト》　野見宿禰《ノミノスクネ》

ほかにも厄除け、交通安全などの御利益が……

受験必勝のマストアイテム

「受験御守セット」のはちまきは志望校に合格したら感謝を込めて返納する人が多く、神社ではこれを洗濯して縁起のよい「合格はちまき」として無料で配布しています。

限定御朱印と御朱印帳は P.17・27 で紹介

墨書／奉拝、防府天満宮　印／扶桑菅廟最初、防府天満宮　●日本初の天満宮として「扶桑菅廟最初」の印が入ります。毎月25日の天神さまの縁日では限定御朱印も頒布されます

牛の像は参道や社殿手前にあります。心を込めてやさしく撫でて願いを成就させましょう

お守り

「LOVE神社絆御守」(800円)。世の中が愛に満ち幸せになるよう願いが込められています

みんなのクチコミ!!

2月第3日曜～3月第1日曜の梅まつりでは舞（紅わらべ）など奉納行事が行われ、境内は梅の香りに包まれます

DATA
防府天満宮
創建／904（延喜４）年
本殿様式／入母屋造
住所／山口県防府市松崎町14-1
電話／0835-23-7700
交通／JR山陽本線「防府駅」から徒歩20分
参拝時間／6:00～20:00
御朱印授与時間／8:30～20:00
URL https://www.hofutenmangu.com/

受験に落ちない御神徳で空の安全を祈願した「航空安全御守」(1000円)

神社の方からのメッセージ

道真公は丑年生まれで、亡くなられたのも丑の日とされています。2月の節分祭に合わせて行われる「牛替神事」は11月の御神幸祭に供奉する神牛役をくじによって決め、生きた牛が当選される福運者もいらっしゃいます。

境内にある大専坊は貴人の応接所でした。毛利元就が大内氏を攻める際に本陣を設置したり、豊臣秀吉や石田三成も訪れています。幕末には長州諸隊の屯所がおかれ、出兵を止める高杉晋作と総大将の来島又兵衛が激論を交わした歴史の舞台として知られています。

絶対行きたい
オススメ神社 2

志をもってお参りを！ 明治維新始まりの地

幕末の志士たちが学びを深めた学問の聖地です。前向きに未来へ向かう人を心強く応援します。

山口

松陰神社

【しょういんじんじゃ】

幕末の激動はこの場所から始まりました。行動する思想家・吉田松陰をお祀りし、その実家のあった敷地に創建された神社です。鳥居をくぐると参道の左手には松下村塾があります。わずか八畳の学び舎ですが、ここで松陰から薫陶を受けた若者たちが新時代のヒーローとなりました。すぐれた教育者だった御祭神の行動力にあやかり心願成就を祈る参拝者も多いそうです。志をもって生きるあなたの背中を、力強く押してくれます。

主祭神
吉田矩方命《ヨシダノリカタノミコト》

ほかにも所願成就などの御利益が……

新しい時代を作った松下村塾

松陰が私塾で教えたのはわずか1年でしたが高杉晋作など幕末の志士たちや、初代総理大臣となる伊藤博文らを輩出しました。松陰の魂が宿る歴史的なパワースポットはユネスコ世界文化遺産にも登録されています。

御朱印帳はP.26で紹介

墨書／奉拝、はぎ、至誠　印／社紋（五瓜角立左万字）、松陰神社、松下村塾　●至誠とは誠意や真心の意味です。中国の思想家・孟子の一節である「至誠を尽くせば人の心は必ず動く」が松陰の座右の銘でした

みんなのクチコミ!!

境内北側の80mほどの小径は「学びの道」と呼ばれ、松陰の言葉を記した25基の句碑が並びます。志をもった生き方に感化される場所です

宝物殿至誠館の有料ゾーンには吉田松陰の遺品や遺稿が展示されています

「傘みくじ」（300円）

お守り

吉田松陰の書が入った「至誠守」（800円）。人間の成長にも御利益があります

短冊が2枚入っている「所願成就守」（800円）。1枚はお守りに入れ、もう1枚は神社に納め祈願してもらいましょう

DATA

松陰神社

創建／1907（明治40）年
本殿様式／流造
住所／山口県萩市椿東1537
電話／0838-22-4643
交通／JR山陰本線「東萩駅」から徒歩15分
参拝時間／自由
御朱印授与時間／8:00～17:00
URL https://showin-jinja.or.jp/

神社の方からのメッセージ

松陰先生が黒船でのアメリカ密航に失敗して捕らえられ、幽閉された「吉田松陰幽囚ノ旧宅」も世界文化遺産です。社殿左手の「松門神社」では高杉晋作、木戸孝允、伊藤博文ら塾生や門下生など53柱をお祀りしています。

境内の「宝物殿至誠館」には無料ゾーンもあり吉田松陰の生涯や萩の関連史跡などがパネル展示されています。「吉田松陰歴史館」では松陰の生涯を70体以上のろう人形で再現しています（有料）。幕末から明治維新にかけて時代の潮流を知るのに絶好の場所です。

文武両道の神がさらなる高みへ

島根

隠岐神社
【おきじんじゃ】

「新古今和歌集」の編纂事業を進めた和歌の名手であり武芸にも秀でた後鳥羽天皇をお祀りしています。隠岐に配流され19年間過された地に昭和14年に創建されました。貴族から武士へ政権が代わる時代に波乱の生涯を送られた文武両道の神に開運を祈願し、難局を乗りきる力を頂きましょう。

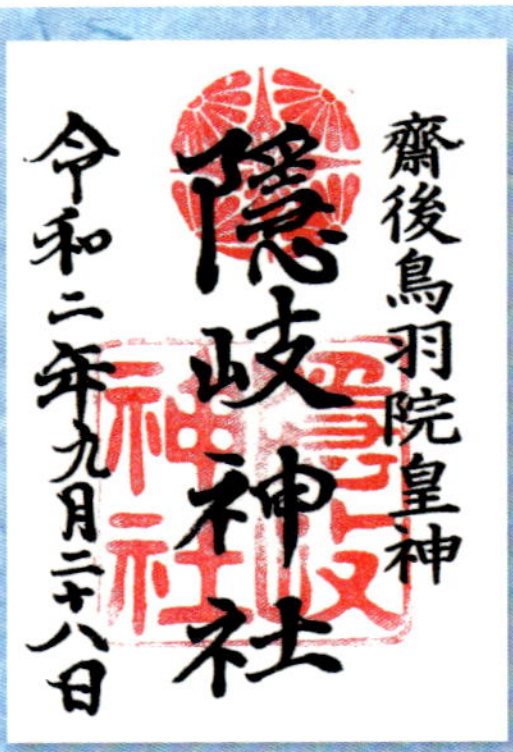

墨書／齋後鳥羽院皇神、隠岐神社　印／神紋（菊浮線）、隠岐神社　●境内に隣接して後鳥羽天皇の隠岐山陵があります。御朱印授与は事前に電話確認を

御朱印帳

隠岐神社の神紋をあしらった「オリジナル御朱印帳」(2000円)

宝物庫は隠岐で唯一の校倉造。神輿が奉納されています

DATA
隠岐神社
創建／1939(昭和14)年
本殿様式／隠岐造
住所／島根県隠岐郡海士町大字海士1784　電話／08514-2-0464
交通／海士交通路線バス･豊田線「隠岐神社」からすぐ
参拝時間／日の出から日没
御朱印授与時間／9:30～16:00
URL https://www.facebook.com/okijinja/?locale=ja_JP

主祭神
後鳥羽天皇《ゴトバテンノウ》

ほかにも開運、厄除け、病気平癒などの御利益が……

みんなのクチコミ!!

参道は隠岐一番の桜並木です。神社の宝物は海士町後鳥羽院資料館で見学できます

道を切り開く強力サポーター

島根

多鳩神社
【たばとじんじゃ】

苔むした石段を進むと、神気に満ちた静寂で音が吸い込まれるかのよう。本殿の軒先には八咫烏《やたがらす》を招くための神饌台が備え付けられています。神々を道案内した三本足の神鳥を敬い、今も祭事では神米が献上されているのです。就職や進学などで迷ったなら導きの鳥にサポートしてもらいましょう。

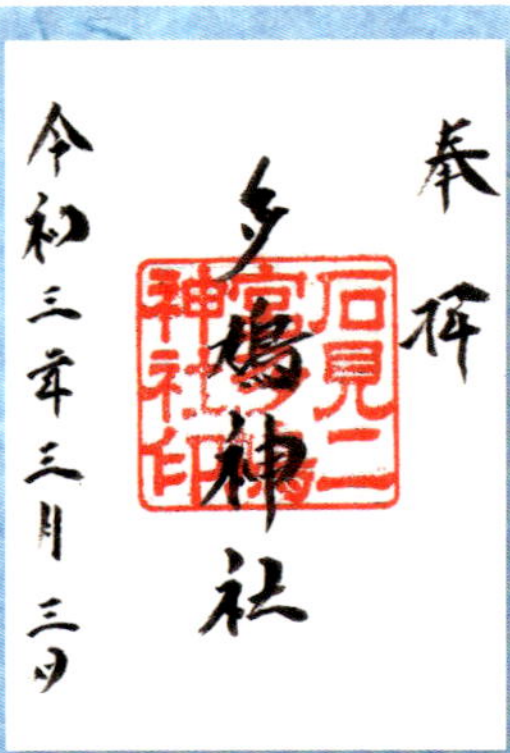

墨書／奉拝、多鳩神社　印／石見二宮多鳩神社印　●日本海を見渡す多鳩山に鎮座したのが神社の始まりとされ社名の由来となりました

本殿に設置されたブランコのような神饌台。お祓いした米が載せられます

お守り

左から神木の葉を封入した「なぎ守り」(300円)、日本代表の勝利を祈念する「サッカー御守」(500円)

DATA
多鳩神社
創建／835(承和2)年
本殿様式／大社造
住所／島根県江津市二宮町神主イ307
電話／0855-53-4396
交通／石見交通バス「二の宮」から徒歩20分
参拝時間／10:00～16:30頃
御朱印授与時間／11:00～16:00頃
URL https://uzumaki2725.wixsite.com/tabato-jinja

主祭神
事代主命《コトシロヌシノミコト》　賀茂建角身命《カモタケツノミノミコト》

ほかにも家内安全、安産祈願などの御利益が……

みんなのクチコミ!!

社務所脇のナギの木は、葉が切れにくいことから夫婦円満や縁結びの祈願スポットです

霊力が宿る島の開拓神を祀る

島根

玉若酢命神社【たまわかすみことじんじゃ】

大きな気が宿るパワースポットとして神話時代から崇められた隠岐の島。その島の総社は随神門の脇で樹齢2000年とされる八百杉がオーラを放ち、悠久の歴史を感じさせます。聖なる島を開拓した神をお祀りしているので、プロジェクトの達成など大きな仕事も成功へ導いてくれるでしょう。

墨書／隠岐国総社、玉若酢命神社　印／玉若酢命神社、駅鈴印　●隠岐最古の神社です。御朱印は隠岐家宝物館内で授与されます

根周りが20mにもおよぶ八百杉。不老長寿の伝説が残る大木です

授与品

出世や幸せを呼ぶ「駅鈴」(1800円～)。奈良時代から始まった駅伝制では駅鈴で身分を証明しました

DATA
玉若酢命神社
創建／不詳
本殿様式／隠岐造
住所／島根県隠岐郡隠岐の島町下西701
電話／08512-2-7170
交通／西郷港から車で5分
参拝時間／自由
御朱印授与時間／8:00～17:00

主祭神
玉若酢命《タマワカスノミコト》

ほかにも五穀豊穣、交通安全などの御利益が……

みんなのクチコミ!!
隣接する宝物殿に展示された「駅鈴」は国内で唯一現存するものです

大願成就へ導く萩の産土神

山口

春日神社【かすがじんじゃ】

旧萩城三の丸にあたる城下町で大きなクスノキに包まれ鎮座しています。高杉晋作や木戸孝允の生家も神社から目と鼻の先。幕末維新の英傑たちも少年時代この境内で遊んでいたのかもしれませんね。主祭神は出世開運をかなえる言霊の神です。人生やビジネスの大願成就を心強く応援してくれます。

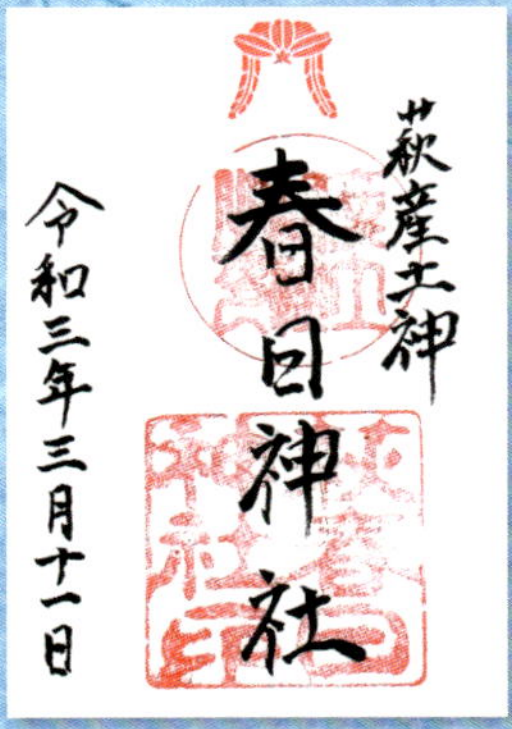

墨書／萩産土神、春日神社　印／社紋(下がり藤)、産土神社印、萩春日神社印　●下がり藤の印は裾が広がっているととても珍しい形です

お守り

所願成就が祈念されている「春日御守」(600円)

石造の狐の足にヒモを結んで祈願すると失くし物が見つかるとの伝説があります

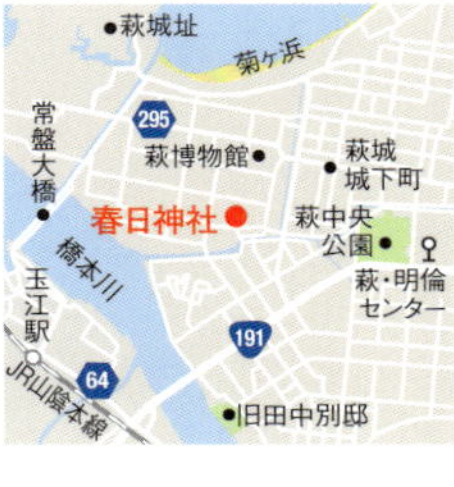

DATA
春日神社
創建／1608(慶長13)年
本殿様式／切妻造
住所／山口県萩市大字堀内285
電話／0838-22-0462
交通／中国JRバス「萩・明倫センター」から徒歩13分、またはJR山陰本線「玉江駅」から徒歩20分
参拝時間／自由
御朱印授与時間／9:00～16:00
URL https://kasugajinja.com/

主祭神
天児屋命《アメノコヤネノミコト》
武甕槌命《タケミカヅチノミコト》　姫大神《ヒメオオカミ》
経津主命《フツヌシノミコト》　磐筒之男命《イワツツノオノミコト》

ほかにも開運、厄除けなどの御利益が……

みんなのクチコミ!!
神社周辺は武家屋敷が残る歴史保全地区で江戸時代の情緒たっぷり

山口

花岡八幡宮【はなおかはちまんぐう】

高い目標を目指す女性を応援！

旧山陽道の宿場町に鎮座し、大内義隆や豊臣秀吉など数多の武将から崇拝されてきました。境内にある願掛け神馬は、額を撫で祈願するとかなうといわれるパワスポです。資格試験合格でキャリアアップ、上司や部下との関係を改善するなど、細かなビジネスシーンでも良運を授けてくれます。

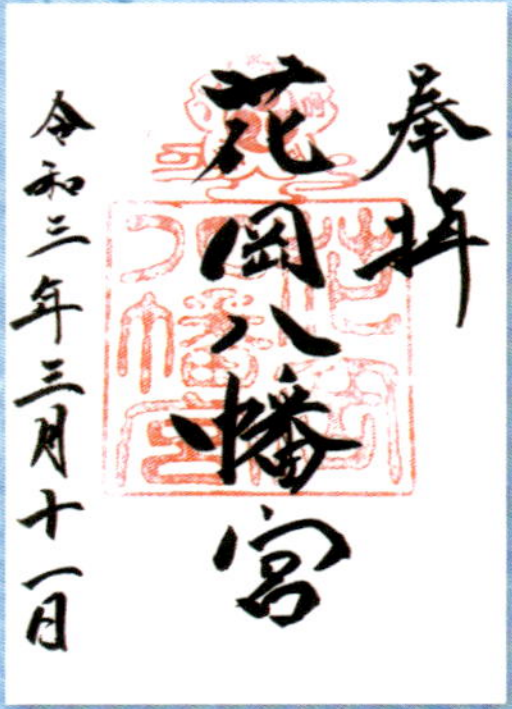

墨書／奉拝、花岡八幡宮　印／花霞に神紋（左三つ巴）、花岡八幡宮　●創建時に一夜で山が花で覆われたという伝説から花岡と名づけられました

仕事運もアップさせる願掛け神馬。この銅像を奉納した庄屋は見事大願を成就したそうです

お守り

「一願御守」（700円）。何事もウマくいくようにと祈願されています

主祭神

誉田別尊《ホムダワケノミコト》

姫大神《ヒメオオカミ》　息長足姫命《オキナガタラシヒメノミコト》

ほかにも開運、勝運、安産などの御利益が……

DATA

花岡八幡宮

創建／709（和銅2）年

本殿様式／三間社流造

住所／山口県下松市末武上戎町400

電話／0833-44-8570

交通／JR岩徳線「周防花岡駅」から徒歩14分

参拝時間／自由

御朱印授与時間／9:00～17:30

URL https://www.hanaokahachiman.com/

みんなのクチコミ!!

境内の多宝塔は藤原鎌足の創建と伝わる国指定重要文化財です

山口

古熊神社【ふるくまじんじゃ】

試験突破の心強い味方です

道真公と一緒にご子息の福部童子もお祀りする「山口の天神さま」です。学者として最高位である文章《もんじょう》博士だった御祭神が、受験や就活などで頼もしい味方になってくれます。本殿正面の3つの蟇股《かえるまた》の彫刻は、松竹梅を組み合わせた装飾としては日本最古のもの。よい未来へと導く吉祥の象徴です。

墨書／奉拝、古熊天神　印／神紋（幼剣梅鉢紋）、古熊神社　●菅公のご子息もお祀りした家庭円満をもたらしてくれる天神さまです

お守り

左から「学業御守」、芸道やスポーツ上達が祈願された「技芸上達守」（各500円）

御神幸祭（ごじんこうさい）では古式ゆかしい装束をまとった300人の大行列が市内を練り歩きます。山口三大祭りのひとつです

主祭神

菅原道真公《スガワラノミチザネコウ》

ほかにも厄除け、技芸上達、家庭円満などの御利益が……

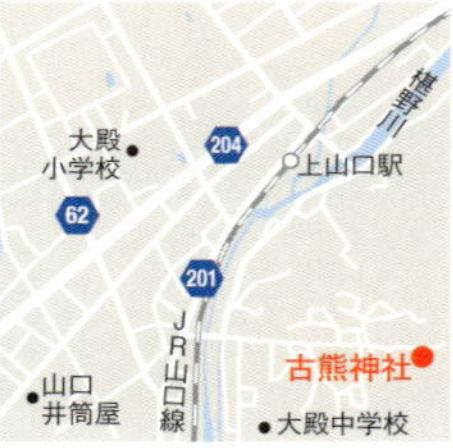

DATA

古熊神社

創建／1373（応安6）年

本殿様式／入母屋造

住所／山口県山口市古熊1-10-3

電話／083-922-0881

交通／JR山口線「上山口駅」から徒歩13分、またはJR山口線「山口駅」から徒歩15分（タクシーで3分）

参拝時間／自由

御朱印授与時間／8:00～17:00

URL https://www.furukumajinja.com/

みんなのクチコミ!!

楼門のような拝殿は重要文化財に指定されています。室町時代の山口特有の建築様式です

立身開運を目指すならマスト参拝

将軍や老中を輩出した文武両道の祖霊は、心願成就の守り神です。英霊にも深い感謝を捧げましょう。

広島

備後護國神社【びんごごこくじんじゃ】

1957（昭和32）年に、英霊を祀る備後神社と、阿部家の祖霊を奉斎した阿部神社を合併して設立されました。神門はふたつあり、どちらから上っても同じ社殿に到着します。福山藩主・阿部家の祖である大彦命は四道将軍として活躍した古代のヒーローです。拝殿北側には藩校「誠之館」を設立し近代教育の礎を築いた阿部正弘公像も鎮座しています。名君を輩出した阿部家の文武両道パワーで、最強の立身開運をかなえましょう！

主祭神

英霊 31,450 柱

大彦命《オオヒコノミコト》　武沼河別命《タケヌナカワワケノミコト》

豊韓別命《トヨカラワケノミコト》　阿部正勝公《アベマサカツコウ》

などの祖霊と藩主

ほかにも安産、厄除けなどの御利益が……

阿部正弘公像にキャリアアップ祈願

25歳で江戸幕府の老中になった阿部正弘公は鎖国を解いて、日本近代化の舵取りをしたエリート閣僚の先駆けです。拝殿脇にある石像の下をくぐって、就職試験の突破やキャリアアップを祈願しましょう。

宮本武蔵の腰掛けた石が、旧阿部神社の南側参道にあります。武運長久のパワースポットです

みんなのクチコミ!!

拝殿の南側には安産祈願像があります。男女の赤ちゃんの石像をなでると御利益が頂けるそうです

墨書／奉拝、備後護国神社　印／桜紋、備後護國神社　●「奉拝」の文字を「初詣」や「安産祈願」に変えたり、並び数字の日付を金文字で記していただけることもあります

墨書／奉拝、阿部神社　印／阿部鷹の羽紋、阿部神社　●違い鷹の羽にマダラ模様が入る社紋です

お守り

学業成就の「合格守」（各1000円）

文武両道のパワーを授かる「仕事守」（1000円）

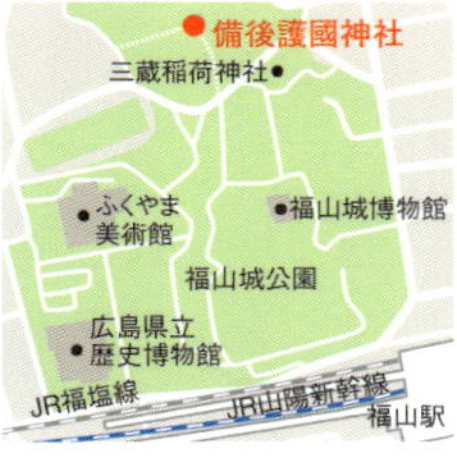

DATA

備後護國神社

創建／1813（文化10）年
本殿様式／権現造
住所／広島県福山市丸之内1-9-2
電話／084-922-1180
交通／JR「福山駅」から徒歩8分
参拝時間／自由
御朱印授与時間／9:00～16:00
URL https://bingo-gokoku.jp

神社の方からのメッセージ

安産祈願の評判が高く、遠方から参拝にいらっしゃる女性の方も多いです。御祈願は妊娠5ヵ月に入った最初の戌の日がよいとされています。西側表参道の「下拝殿・神門」の周りに15基ある慰霊碑もぜひお参りください。

参道は西側と南側に2本あります。西側は境内まで真っ直ぐ延びる表参道で、石段を上らなくても参拝できる下拝殿があります。南側は旧阿部神社の参道で、境内側の神門には阿部神社の扁額が残っています。御朱印の授与所は南参道の神門の脇にあります。

人や仕事との縁をパワーアップ

広島

豊国神社【ほうこくじんじゃ】

天井を見上げると大きな杓子が奉納されています。戦勝祈願のため奉納された杓子は「めし(飯)とる」、つまり敵軍を召し取るからとか。勝利へのこだわりが感じられます。御祭神は農民から天下人へ登りつめた英雄なので、ビジネスとのよい縁を結びキャリアアップも期待できそうです。

社殿内は壁がなく、海風が吹き抜けて開放的です。厳島神社も望めます

丸瓦には「王」の文字が刻まれています。金箔が施され、秀吉の財運にあやかれるかも!

主祭神

豊臣秀吉公《トヨトミヒデヨシコウ》　加藤清正公《カトウキヨマサコウ》

ほかにも勝運、所願成就の御利益が……

みんなのクチコミ!!

社殿の内部には絵馬や特大サイズの杓子が飾られています。今も宮島は木製の杓子の生産量が日本一です

墨書／奉拝、豊國神社　印／五七の桐紋、豊國神社、宮島千畳閣　●別称である「千畳閣」は畳857枚分の広さがあることに由来します

DATA
豊国神社
創建／1587(天正15)年
本殿様式／入母屋造
住所／広島県廿日市市宮島町1-1
電話／0829-44-2020(厳島神社)
交通／宮島口フェリーターミナルよりフェリーで10分
参拝時間／8:30～16:30
御朱印授与時間／8:30～16:30
URL http://www.itsukushimajinja.jp

通り抜け参りで所願成就!

鳥取

倉吉八幡宮【くらよしはちまんぐう】

戦国時代の山城の名残を留める緑深い丘の上に鎮座しています。大鳥居から108段の石段を上り拝殿で祈ったら、後ろに回り込んでみましょう。本殿前の床下を西側から東側へ通り抜けると「願いが通じる」という受験や就活の必勝スポットです。本殿の下は磐座なので強いパワーを放っています。

本殿の下でこうべを垂れて強く祈れば所願成就するそうです

安産や学業成就が祈願された「肌守」や「開運守」(各500円)

主祭神

応神天皇《オウジンテンノウ》

神功皇后《ジングウコウゴウ》　素戔嗚命《スサノオノミコト》

武内宿禰命《タケウチノスクネノミコト》　宇迦之魂命《ウカノミタマノミコト》

ほかにも厄除け、安産などの御利益が……

みんなのクチコミ!!

二の鳥居の先の右手にいる子持ち狛犬を撫でると安産の御利益が!

墨書／奉拝、倉吉八幡宮　印／伯耆倉吉、社紋(三つ盛亀甲に花菱紋)　●毛利家から崇敬されたため広島の厳島神社と同じ社紋になったそうです

DATA
倉吉八幡宮
創建／1486(文明18)年
本殿様式／権現造
住所／鳥取県倉吉市八幡町3626-3
電話／0858-22-4785
交通／日本交通バス「みどり町」から徒歩1分、または「広瀬町」から徒歩13分
参拝時間／8:30～18:00
御朱印授与時間／8:30～18:00

第三章

御利益別！ 今行きたい神社

Part 6

勝運

仕事もスポーツも、恋愛も、何ごとにも勝負はつきもの。人生の勝ち組になれるようこちらの神様にお願いしてみましょう。

★勝運★絶対行きたいオススメ神社 2選

◆物部神社（島根）／白崎八幡宮（山口）

◆長浜神社（島根）

◆染羽天石勝神社（島根）／松江護國神社（島根）

◆忌宮神社（山口）

◆春日神社（山口）

◆亀山神社（広島）

◆清神社（広島）／勝田神社（鳥取）

勝運　絶対行きたいオススメ神社 2選

仕事も恋愛も勝運でバラ色の人生をGET！

憧れの夢を実現したい、悪い流れをリセットしたい、ここが人生の分かれ目……
絶対に負けられない場面が来たら勝運を引き寄せる神様に会いに行きましょう。
山陰 山陽には、ここ一番というときに底力を授かれる神社がめじろ押しです。

絶対行きたい
オススメ神社 1

ここぞの勝負で、パワーを発揮する強い味方

物部氏の祖神をお祀りする石見国一宮です。必勝祈願で競馬ファンや関係者も訪れます。

島根

物部神社【もののべじんじゃ】

春日造として日本一の大きさを誇る御本殿の裏手には占い・祈祷の始祖とされる神が古墳に鎮まります。拝殿の左脇にある「勝石」は降臨した御祭神が腰掛たという伝説があり触れるとすべての願いをかなえる勝運を授かれるのだそうです。「勝石を撫でて試合に勝った試験に合格という話をよく聞きます」と神職。戦での砲弾避けや雨乞いなど古来から脈々と続く祈祷の聖地で勝利をつかみましょう。

主祭神

宇摩志麻遅命《ウマシマジノミコト》(可美真手命《ウマシマデノミコト》)

ほかにも試験合格、病気平癒、鎮魂などの御利益が……

競馬女子は神馬像で必勝祈願を

拝殿の左手前にあるパーソロン号の神馬像は馬主が氏子だった縁で奉納されました。七冠馬シンボリルドルフの父馬として血統で一時代を築いた大種馬の像には、勝負運を祈願する競馬ファンが全国から訪れます。

御朱印帳はP.27で紹介！

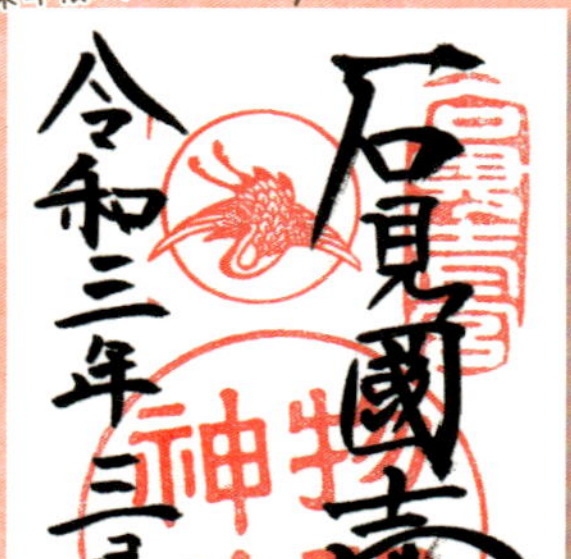

墨書／石見國壱宮　印／石見壱宮、神紋（ひおい鶴）、物部神社　●太陽を背負った鶴は勝運をもたらす御祭神のお使いです。全国で唯一、物部神社だけの神紋とされます

勝石には注連縄が張られています。まずは拝礼してから願いを込めて触れパワーを頂きましょう

一つひとつ手作りされた「翔運守」（1000円）は毎月1日の限定授与品です。家の高い位置につるすと御利益がアップします

みんなのクチコミ!!

手水舎には勾玉の形をした5つの石が埋め込まれており、触れると勝運や財運など御利益が授かれます

お守り

なんにでも勝てるよう祈願されている「勝守」（1000円）。受験や就職でも力をくれます

DATA
物部神社
創建／513（継体天皇8）年
本殿様式／春日造
住所／島根県大田市川合町川合1545
電話／0854-82-0644
交通／石見交通バス「物部神社前」から徒歩1分
参拝時間／自由
御朱印授与時間／8:30～17:00
URL https://www.mononobe-jinja.jp/

神社の方からのメッセージ

鎮魂祈祷を日本で最初に行ったとされる物部氏の祖神をお祀りしています。神武天皇の即位の際にも国の発展と天皇家の子孫繁栄を祈願し、これが当社の鎮魂祭（みたましずめのまつり）の起源とされます。

戦国武将の大内氏や毛利氏も戦勝を祈願して武具を奉納しています。物部神社から12kmほど南西にある石見銀山（世界遺産）は最盛期には世界の産銀量の約3分の1を占めた宝の山で、戦国時代の中国地方の覇権争いの鍵となり、社殿も戦火に巻き込まれています。

絶対行きたい
オススメ神社 2

人生を成功へと導く必勝守をGET！

龍が空を舞うスピリチュアルな神社のお守りで勝運を招き、先を見通す力も頂きましょう。

山口

白崎八幡宮

【しらさきはちまんぐう】

錦川の清流が今津川と門前川へ分岐する河岸に鎮座する山口県随一のパワースポットです。社殿の上空には龍が舞うとされ、縁起を担ぐ文化人や芸能人も参拝に訪れます。拝殿前の手水舎は地下131mから汲みあげた今津川の伏流水で、清涼感のある御神水を口に含めば龍王の力で運気もアップしそうです。お守りの凄いパワーは全国的に有名で、必勝守をラケットバッグに付けた女子プレーヤーが全豪オープンで優勝したことも話題に！

神水で清める叶い石のお守り

社務所で授かれる神石守（叶い石）は所願成就のお守り（初穂料1000円）です。まずは札に名前や願いごとを書き、お守り袋に入った石を龍の手水舎で清めてから、拝殿裏の干支石像に触れて願いを唱えましょう。

限定御朱印と御朱印帳はP.19・25で紹介

墨書／奉拝、白崎八幡宮　印／神紋（丸に三つ引き両紋）、白崎宮　●鎌倉中期に白鷺の姿の神霊が舞い降り、領主が奉斎したのが神社の始まりです。旧岩国17ヶ庄の産土神です

雷と白虎が刺繍された「必勝守」（1300円）。最強の勝負お守りとしてプロアスリートも身に付けます

お守り

「千里将願神札」（1000円）。岩国産の蓮の実が祈封された守り札で先見の明が授かれます

墨書／白崎八幡宮、岩國、千里将願、幸魂奇魂　印／神紋、白崎宮　●先を見通す力が頂けそうです

墨書／岩国白崎八幡宮、百万一心　印／神紋、白崎宮　●力を合わせれば大成する意が込められます

主祭神

應神天皇《オウジンテンノウ》　仲哀天皇《チュウアイテンノウ》
神功皇后《ジングウコウゴウ》

ほかにも厄除け、悪縁切り、金運などの御利益が……

みんなのクチコミ!!

境内末社の劔神社には武甕槌大神が祀られています。勝運はこちらでも祈願しましょう。剣で悪縁も切ってくれます！

DATA

白崎八幡宮

創建／1250（建長2）年
本殿様式／八幡造
住所／山口県岩国市今津町6-12-23
電話／0827-29-1122
交通／いわくにバス「八幡」から徒歩3分
参拝時間／自由
御朱印授与時間／9:00～17:00
URL https://www.sirasaki.com/

神社の方からのメッセージ

宮島の嚴島神社を参詣されたあとに、西方面を訪問されるのなら岩国市の錦帯橋とともに当社もぜひお参りください。勝負運や厄除け、縁結びなどに御利益のあるスポットが多数点在する「感動体験型」の神社です。

白崎八幡宮から川沿いに3km西には美しい5連の木造アーチ橋「錦帯橋」が架かっています。1673（寛文13）年に城下町を繋ぐ橋として、岩国藩主の吉川氏により建造された「日本三名橋」のひとつです。白崎八幡宮のオリジナル御朱印帳にも錦帯橋が描かれています。

必勝祈願！ パワフルな国引きの神様

人生の大一番で参拝したい出雲神話の舞台です。勝負に勝つ神様が恋愛も試合もバックアップ！

島根

長浜神社【ながはまじんじゃ】

お祀りしているのは『出雲国風土記』の冒頭に登場する「国引きの神」。朝鮮半島や北陸などの土地を綱で引き寄せて縫い合わせ、今の島根半島を造ったというスケールの大きな神話の主人公です。海の向こうから土地を引っ張ってきた「綱引きの祖」は武運の神として信仰され、加藤清正はここで百日祈願をして朝鮮出兵でも勝利しました。試合でも恋愛でも「ここぞ」という正念場で参拝すればライバルに打ち勝つパワーを授かれます。

主祭神
八束水臣津野命《ヤツカミズオミツヌノミコト》

ほかにもスポーツ上達、子授け、安産の御利益が……

みんなのクチコミ!!

スポーツ上達や不動産を守護する神様です。恋愛や金運などの願いもかなえます

三社鳥居に守られた夫婦石（めをといし）

「国引き神話」で引き寄せた土地を繋ぎ止めるための杭として「要石」が出雲各地に打たれました。そのひとつが本殿裏にある夫婦石です。男石・女石を撫でながら祈願すると、夫婦円満や子授けの御利益が頂けます。

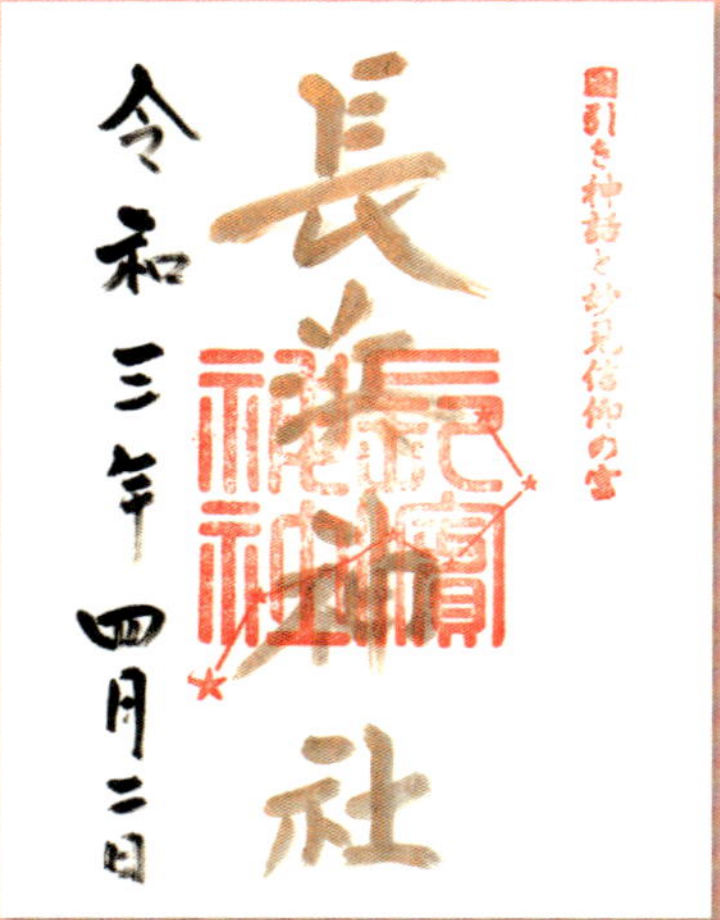

墨書／長浜神社　印／国引き神話と妙見信仰の宮、長浜神社、北斗七星印　●神社名は金文字で浄書していただくこともできます。北斗七星に祈る妙見信仰の宮としても崇敬されています

お守り

鎮座地の妙見山が表裏で描かれている「勝守」（500円）

拝殿の正面に設置された「厳藻かけ」。出雲地方では海で体を浄めた証として海藻を持って参拝する風習が残っています

抜き札の「絵馬」（500円）。ハート部分のみ抜き出して身につけましょう

絵馬

綱引きの神が勝利も引き寄せてくれる「絵馬」（500円）

DATA
長浜神社
創建／710（和銅3）年以前
本殿様式／大社造変態
住所／島根県出雲市西園町上長浜4258
電話／0853-28-0383
交通／出雲市バス外園線「長浜神社前」から徒歩10分、または一畑バス「さざなみ学園前」から徒歩20分
参拝時間／自由
御朱印授与時間／9:00～17:00
URL http://www.nagahamajinja.com/

神社の方からのメッセージ

土日は出張祭典も多いため御朱印の授与は事前にご確認ください。宮司不在時には紙の色が選べる書き置きを用意しています。春になると境内や駐車場は桜の観賞スポットとなります。

「国引き神話」の巨大な綱は長浜神社が鎮座する海岸線のことで繋ぎ止める杭は三瓶山（大田市）に打たれました。この神話に由来した「縁結手形・願ひ綱」は長浜神社で手形に願いを書き、三瓶山近くの佐比賣山神社の「叶え杭」に結ぶ、良縁祈願の両参りです。

勝運のパワーをチャージする

島根

染羽天石勝神社【そめばあめのいわかつじんじゃ】

山陰と山陽を結ぶ交通の要衝地で、春日氏の始祖をお祀りしています。もともとは社殿を設けず、弁天池の背後にある注連岩を自然崇拝していた古来からのパワースポットです。徳川幕府からも祈願社として加護されてきた歴史をもち、大事な試合や受験を控えた学生の参拝姿も目に付きます。

墨書／奉拝、式内社正一位、石州・益田、染羽天石勝神社　印／御本殿國重文、神紋（徳川宗家三葉葵）、式内社染羽天石勝神社之印　●徳川家由来の神紋です

御朱印帳

宮司お手製の御朱印帳（500円）。1583年に創建された御本殿は国指定重要文化財です

境内に鎮座している注連岩は一枚岩に樹木が生い茂り強いパワーを感じます

主祭神

天石勝命《アメノイワカツノミコト》

DATA

染羽天石勝神社

創建／725（神亀2）年

本殿様式／三間社流造

住所／島根県益田市染羽町1-60

電話／0856-22-3619

交通／石見交通バス「片山」や「堀川橋」から徒歩4分

参拝時間／日の出から日没

御朱印授与時間／9:00〜16:00

みんなのクチコミ!!

神楽殿として建立された拝殿は宮島の豊国神社（千畳閣）にそっくりでビックリ！

人生を大勝利へと導く英霊の社

島根

松江護國神社【まつえごこくじんじゃ】

国宝松江城内の上御殿跡に鎮座します。参道には「大勝利祈願」と力強く書かれた幟が並び、背筋がしゃんと伸びるよう。郷土や国のために生命を捧げた英霊たちは、今も私たちの幸せを守り、夢にひたむきな人を応援してくれます。参拝すれば困難に打ち勝つ強い意志が湧いてくるはずです。

絵馬

屠龍・隼・双軽・疾風の4種類がある「陸軍機絵馬」（1000円）

主祭神

出雲・隠岐地方の御出身の英霊 22,928 柱

お守り

明日への活力を頂ける「大勝利守」や「肌守」（各600円）

みんなのクチコミ!!

英霊の御心を伝える本が社務所で入手できます

墨書／奉拝、松江護國神社　印／神紋、松江護國神社　●神紋には陸軍の星マークと海軍の桜があしらわれています

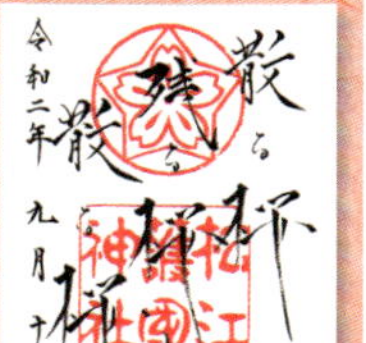

墨書／散る桜 残る桜も散る桜　印／神紋、松江護國神社　●英霊の遺詠が入った御朱印もたくさん用意されています

DATA

松江護國神社

創建／1939（昭和14）年

本殿様式／神明造

住所／島根県松江市殿町1-15

電話／0852-21-2454

交通／松江市営バス「塩見縄手」から徒歩5分

参拝時間／9:00〜17:00

御朱印授与時間／9:00〜17:00（書き置きの授与が基本となる）

URL https://www.matsuegokoku.com

勝運UPはここ！ 八幡神が強力サポート

皇軍の勝利を祝う「天下の奇祭」で知られ、二宮さんと親しまれる城下町の守護神です。

山口

忌宮神社

【いみのみやじんじゃ】

周防灘を望む城下町・長府で文武に秀でた八幡神をお祀りする勝運スポットです。神宮皇后が九州を平定する際、7年間滞在した豊浦宮の跡地に創建され、天下の奇祭「数方庭祭《すほうていさい》」で今も幟を上げ皇軍の勝利を祝います。戦国武将からも勝運の社として崇敬され、足利尊氏や豊臣秀吉も戦勝祈願に訪れました。本殿の右手にある荒熊稲荷神社も勝負事への強い御利益があり、大相撲の力士も参拝に訪れるほど。戦いだけでなく逆境を打破するパワーも頂きましょう。

主祭神

仲哀天皇《チュウアイテンノウ》

神功皇后《ジングウコウゴウ》　応神天皇《オウジンテンノウ》

ほかにも文武成就、安産などの御利益が……

力士が必勝祈願する荒熊稲荷神社

江戸時代に長州藩11代藩主が京都の伏見稲荷大社から勧請した社で、勝運と失くし物の御神徳で知られます。魁傑や大乃国など昭和の名力士は、ここで必勝祈願をした後に本場所で優勝を飾りました。11月3日の「三日相撲」は荒熊稲荷神社の秋の例大祭で、奉納行事として相撲大会も行われます。

「勝守」（800円）。2本つなぎ合わせて作られた夏祭りの大幟が描かれています

みんなのクチコミ!!

境内にある「相撲資料館」には魁傑関（放駒親方）の化粧まわしや大銀杏の髷（まげ）も展示されています

御朱印帳はP.23で紹介！

墨書／奉拝、忌宮神社　印／神紋（白鳥）、忌宮神社　●「忌」は神聖という意味です。神紋は仲哀天皇の父・日本武尊が白鳥になったことに由来します

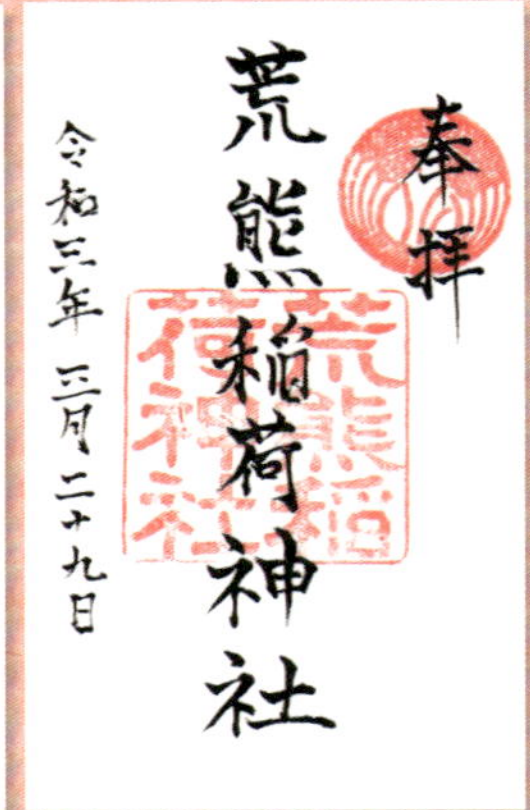

墨書／奉拝、荒熊稲荷神社　印／神紋（抱き稲穂）、荒熊稲荷神社　●1848（嘉永元）年に再建されたお稲荷さんには失くし物発見もお願いできます

お守り

財布に入れるカードタイプの「仕事守」（800円）

「数方庭祭」は仲哀天皇が敵将を打ち取り、歓喜した皇軍が旗を振って敵将の屍の周りを踊ったことが起源と伝えられています

DATA

忌宮神社

創建／193（仲哀天皇2）年
本殿様式／入母屋造
住所／山口県下関市長府宮の内1-18
電話／083-245-1093
交通／サンデン交通バス「城下町長府」から徒歩5分
参拝時間／自由（12月7～15日の御斎神事の期間中は参拝不可）
御朱印授与時間／8:30～16:30
URL http://iminomiya-jinjya.com/

神社の方からのメッセージ

8月7～13日にかけて「数方庭祭」が行われます。大幟と呼ばれる20～30mの竹を担ぐ男衆の勇壮な「幟舞い」と七夕飾りを持つ女性たちの美しい行列が境内の鬼石を囲むように周回し、天下の奇祭と呼ばれています。

長府港の東の海上1～2kmに浮かぶ満珠島（まんじゅとう）と干珠島（かんじゅとう）は忌宮神社の飛び地境内です。神功皇后が龍神から授かった珠を海に返してふたつの島が生まれたという伝説が残っており、櫛崎城跡のある関見台公園から眺めることができます。

勝利と勇気を授ける最強の武神

絶大なパワーをもつ日本神話きっての武闘派が勝利への執着心と折れない心をもたらします。

山口

春日神社
【かすがじんじゃ】

勝運

心癒やされる田園風景を進むと春にはピンクに色づく桜並木の先に緑の参道が見えてきます。ツツジや藤など季節の花々を眺めながら鳥居をくぐると神鹿の像がお出迎え。御祭神は地上界を統治する最後の切り札として天照大神が遣わした剣の化身です。大国主に国譲りを承諾させた軍神に、遊びたい誘惑を振り払い、ついでに怠け癖も断ち切ってもらいましょう。健康でストイックな生活が勝利への第一歩です。

幸せを招く
ハート桜

一の鳥居の左手にある桜は角度によってハート型に見える写真映えスポット。陽光桜という品種でソメイヨシノより少し早い時期に咲き、3月中旬から下旬が見頃です。開花時期には神様との縁が祈願された、貼り絵仕様のハート桜が入る限定御朱印も頂けます。

主祭神

武甕槌命《タケミカヅチノミコト》　斎主命《イワイヌシノミコト》
天児屋根命《アメノコヤネノミコト》　比賣神《ヒメノカミ》

ほかにも仕事運、厄除け、病気平癒、家内安全などの御利益が……

限定御朱印はP.15で紹介!

墨書／奉拝、絆　印／周防春日神社牟禮、ハート桜印、鬼印　●牟禮（むれ）は神社の鎮座地です。通常の御朱印は浄書される言葉や印が季節ごとに変わります。通常、特別御朱印ともに書き置きでの頒布です

お守り

ハート桜の下でお祓いされる「幸おまもり」（1000円）。たくさんの幸せが訪れるよう「幸」と桜の木を合わせた創作文字が入ります

「勝守」（700円）。負けられない試合や試験に勝利をもたらします！

みんなのクチコミ!!

1月には社務所の裏にある禊所に井戸水を張り、水の霊力で身を清める「大寒みそぎ」の神事が行われます

おみくじ

「多幸つぼみくじ」（500円）。蛸壺の伝統工法を継承した郷土愛たっぷりのおみくじです

秋例祭「鬼まつり」では鬼太鼓が奉納されお神輿が地域を練り歩きます

DATA
春日神社
創建／1186（文治2）年
本殿様式／春日造
住所／山口県防府市大字牟礼1354
電話／0835-38-1185
交通／JR山陽本線「防府駅」から車で15分
参拝時間／自由
御朱印授与時間／9:00～17:00
URL https://hofu-kasugajinja.jimdofree.com/

神社の方からのメッセージ

勝運の神をお祀りしているので競輪選手などプロアスリートの参拝も多いです。御朱印に入る鬼の印は先代の宮司が40年前にデザインしたもので、当社のシンボルマークとしてお守りや交通安全ステッカーにも使われています。

10月に行われる例祭は「鬼まつり」と呼ばれています。江戸時代後期に鬼面をかぶって民家を訪ねると酒や食べ物を振る舞われたため、農村の遊びとしてこの地域に根付いたそうです。現在は例祭の当日と、節分の日に自作の鬼面をかぶった氏子が境内に出没します。

広島

亀山神社

【かめやまじんじゃ】

キャリアアップをかなえる開運パワー

勝負・学問・安産などあらゆる願いをサポート!夢をかなえる「勝守り」で未来を切り開きましょう。

瀬戸内海を望む高台に鎮座する、軍港として栄えた呉市の氏神様です。強力な勝運パワーをもつ八幡神をお祀りして、明治時代から海軍の歴代司令官も参拝に訪れました。今も呉出身のプロ野球選手やJリーガーなど、勝負の世界で生きるアスリートからあつく信奉されています。大事なプレゼンの成功や資格試験合格なども全集中でサポートしてくださるので、キャリア志向の女性もぜひ参拝を!

主祭神

帯中津日子命《タラシナカツヒコノミコト》

息長帯日売命《オキナガタラシヒメノミコト》 品陀和気命《ホンダワケノミコト》

ほかにも安産、商売繁盛などの御利益が……

鬼面をかぶったヤブが神を導く秋祭り

10月第2日曜の例大祭では、神様に奉納する新米を乗せた「俵みこし」をヤブと呼ばれる鬼が先導して練り歩きます。通行人を竹の棒で威嚇するヤブは神様の道案内と警護役。呉ならではのユニークな鬼は木製の御朱印帳にも描かれています。

御朱印帳はP.23で紹介!

墨書/奉拝、亀山神社　印/神紋(二つ輪違い日月紋、亀山神社)、亀山神社社務所之印　●703年から宮原村亀山に鎮座した古社です。社紋は15世紀半ばに土豪から奉納された太刀と白羽の箭に刻まれた紋が由来です

プロアスリートたちも肌身離さず身に付ける「勝守り」(800円)

お守り

「身代わり御守」(800円)。旅立つ前に頂いて道中や進路の安全をお願いしましょう

御神木が返り咲きをかなえる「乙女椿の御守」(800円)

みんなのクチコミ!!

地元では「八幡さん」として親しまれ、春には参道の桜並木が楽しめます

二の鳥居脇にある狛犬には太平洋戦争の呉空襲でナパーム焼夷弾が直撃した跡が生々しく残ります

DATA

亀山神社

創建/703(大宝3)年
本殿様式/三間社流造
住所/広島県呉市清水1丁目9-36
電話/0823-21-2508
交通/JR呉線「呉駅」から徒歩15分、または広電バス「和庄小学校下」から徒歩3分
参拝時間/5:30～17:00
御朱印授与時間/9:00～16:00
URL https://www.kameyama-jinja.com/

神社の方からのメッセージ

境内からは町並みと瀬戸内海を望めます。晴天の午前中も綺麗ですが、参道は西向きなので夕暮れ時もすばらしいです。県内屈指の初詣スポットで、年初には呉地方総監を始め、海上自衛隊呉地方隊の皆さまも参拝されます。

10月の秋祭り(例大祭)は呉市で最大規模のお祭りです。約300mにわたって露店が並び、多くの人でにぎわうため「人祭り」とも呼ばれます。呉独特のヤブ(鬼)は、軍港の町に集まった全国各地の慣習や作法が融合したものといわれています。

三本の矢のパワーで全戦全勝

広島

清神社【すがじんじゃ】

毛利家にあつく信仰された神社です。毛利元就は戦のたびに必勝祈願に訪れ生涯200戦で負けなしでした！ 多くの金メダリストたちからも崇敬され毛利家由来の授与品「弓と三本の矢」をこぞって求めます。キャリアアップに加え「ここぞ！」という場面で力が発揮できるよう参拝しましょう。

墨書／安芸吉田郡山鎮座、清神社 印／清神社神璽、清神社印 ●神代よりの鎮座と伝わる古社です。神職不在もあるので事前に連絡を入れましょう

授与品

「必祥祈願箸」（550円）。元就の「三矢の訓」にちなみ3本の箸が入った縁起物です

推定樹齢千年以上の大杉は安芸高田市の天然記念物。5本の御神木が横一列に並んで、厳かなパワーを放っています

主祭神

素戔嗚尊《スサノオノミコト》

ほかにも合格祈願、厄除けなどの御利益が……

DATA
清神社
創建／不詳　本殿様式／入母屋造
住所／広島県安芸高田市吉田町吉田477
電話／0826-42-0123
交通／広電バス「安芸高田市役所前」から徒歩8分、またはJR芸備線「向原駅」から車で15分
参拝時間／自由
御朱印授与時間／10:00～15:00頃
URL https://ameblo.jp/sugajinja-yoshida/

みんなのクチコミ!!

サンフレッチェ広島が必勝祈願に毎年訪れます。オリンピック金メダリストの参拝も多いそうです

絶対勝利を願うなら参拝を！

鳥取

勝田神社【かったじんじゃ】

御祭神は天照大神と須佐之男命の誓約《うけい》で生まれた五皇子の長兄。「勝」の字が3つも入る縁起のいい御名で、勝運と商売繁盛の神様として信奉されてきました。K-1の格闘家やオリンピックに出場するアーチェリー選手も参拝に訪れ、チャンピオンやメダリストの栄光を勝ち取っています！

墨書／奉拝、勝田神社 印／勝田神社 ●古くは弓ヶ浜に鎮座し、1553（天文22）年に勝田山にある今の社地に遷座した地域の産土神です

お守り

「勝守」（700円）の絵柄は兜と弓矢の2種類。弓道やアーチェリー選手に評判です

絵馬

「必勝絵馬」（1000円）。焼印で兜と神社の神紋が入ります

主祭神

正勝吾勝勝速日天之忍穂耳命《マサカツアカツカチハヤヒアメノオシホミミノミコト》

ほかにも商売繁盛、試験合格の御利益が……

DATA
勝田神社
創建／不詳
本殿様式／流造
住所／鳥取県米子市博労町2-10
電話／0859-22-5415
交通／JR境線「博労町駅」から徒歩1分
参拝時間／自由
御朱印授与時間／9:00～17:00
URL https://katsutajinja.or.jp/

みんなのクチコミ!!

隣接する米子東高校の野球部も大会前は必勝祈願に訪れます。山陰では唯一、甲子園の決勝に進出しています

まだまだあります！
編集部オススメ！授与品

授与品は、神職が参拝者の幸せを願い、思いを込めて考えられたものです。ぴったりの授与品を選んで身に付ければ、心強い味方になってくれます。

白兎神社（鳥取） P.66

縁結び御守り　1000円
頂くだけで幸せな気持ちになれるうさぎの耳付きお守りです。大国主の恋愛も成就させた白うさぎが人と人の縁を結びつけてくれます！

白うさぎおみくじ　500円
因幡の白うさぎ神話に由来したキュートなおみくじです。陶製なので旅の思い出にもピッタリ

丸いしっぽも後ろに付きます

琴崎八幡宮（山口） P.85

安全守　1000円
警察官や消防士など安全に留意したい職種の方への特別な安全守です。陸・海・空それぞれの自衛官向けお守りもあります

太皷谷稲成神社（島根） P.71

想い叶うまもり　800円
縁起のいい千本鳥居が諸願成就へ導いてくださいます。紐の結び目が「ロ」と「十」となって「叶」の文字へと通じます

商売繁昌守　1500円
お稲成さんが金運や蓄財の御利益を授けてくれます。全国で唯一の「稲成」の社名には大願成就のパワーが込められています

亀山八幡宮（山口） P.54

ふく絵馬　500円
郷土玩具「ふく笛」をモチーフにした絵馬です。下関でフグは「ふく」と呼ばれる縁起のいい魚。幸福を祈願しましょう

ステッカー守　1000円
愛らしい亀は長寿健康のシンボルです。自動車の後部ウインドーに貼れば後続車もニッコリと和んで安全ドライブ間違いなし！

御袖天満宮（広島） P.91

袖守り　800円
神社の御神体である菅原道真公の片袖をモチーフにしています。就職や受験はもちろん、人や物との縁を結んでくれます

梅いちりん守り　800円
道真公が愛した梅は1年で最初に咲く花です。よい知らせが誰よりも早く手に入るようにとの願いが込められています

日本第一熊野神社（岡山） P.113

からだ守り　各1000円
頭、目、心臓、シナプスなど部位ごとのからだ守りは60種以上と日本一の豊富さ！ 実際に御利益を頂けたという感謝の声もたくさん頂くそうです

今後もお守りの種類は増えます！

第三章

御利益別！ 今行きたい神社

Part 7

レア御利益

医療の神様や自転車の神様などユニークな御利益の神社をセレクトしました。願いや悩みに合った神様を見つけましょう。

★レア御利益★絶対行きたいオススメ神社２選

- 賀茂神社天満宮（鳥取）／玉祖神社（山口）
- 水若酢神社（島根）／佐波神社（山口）
- 大山神社（広島）
- 太歳神社（広島）／早稲田神社（広島）
- 天津神社（岡山）／玉井宮東照宮（岡山）
- 粟嶋神社（鳥取）

レア御利益 絶対行きたいオススメ神社 2選

ピンポイントなお願いなら、開運を導く個性派神社へ

願いや悩みが人それぞれなように、神様の御神徳もさまざまです。
ピッタリの御利益を授かれば、人生のピンチもチャンスに変わるはず。
パーソナルな願いをかなえてくれる自分に合った神様を探しましょう。

絶対行きたいオススメ神社 1

雷様と天神様が道を明るく照らす

パワフルな御祭神が厄災を祓って幸福を招きます。試験合格から健康長寿まで人生をフルサポート！

鳥取

賀茂神社天満宮【かもじんじゃてんまんぐう】

歴代城主からも崇敬された米子の総鎮守には、人生百年時代を先取りしたような伝承が残っています。戦国時代の頃、子供のいない長者が境内の井戸で身を清め祈願したところ、なんと88歳で子宝に恵まれたそうです。この霊験が評判となり「八十八の子」が「米の子」そして「米子」という地名も生まれたのだとか。御祭神は災いを取り除く雷様と天神様の強力なタッグ。進学・就職・出産・子育てなど人生の節目や成長を見守り、将来への道筋を明るく照らしてくださいます。

所願完徹の「願掛け貫き石御守り」(1300円)。境内の宮水で「貫き石」を浄化し願いを込めた石を巾着に入れます

お守り

財布に入れて常に守護してもらう「カード型御守り」(1300円)

御朱印帳はP.27で紹介！

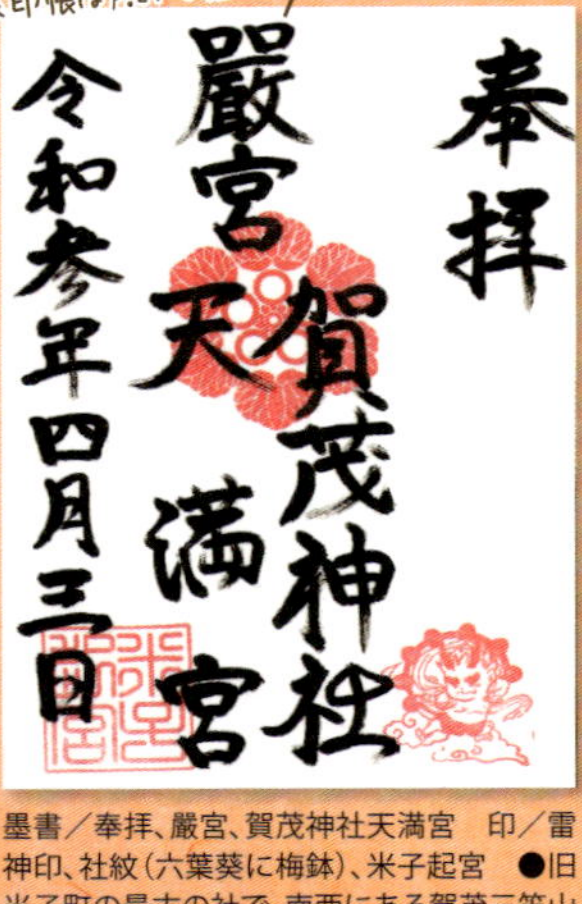

墨書／奉拝、嚴宮、賀茂神社天満宮　印／雷神印、社紋(六葉葵に梅鉢)、米子起宮　●旧米子町の最古の社で、南西にある賀茂三笠山を神体山として崇めたことが信仰の起源です

伝説の井戸から湧き出る神水

88歳に子宝を授けた境内の井戸は「宮水」と呼ばれる米子三名水のひとつです。ペットボトルで持ち帰り、浴用として使うと心身の清祓となります。米子城があった賀茂三笠山が水源地とされる恵み水です。

境内の左奥にある武内神社。長寿と病気回復の御利益があります

主祭神

別雷神《ワケイカヅチノカミ》　菅原道真神《スガワラノミチザネノカミ》
倉稲魂神《ウカノミタマノカミ》　素戔嗚神《スサノオノカミ》 他五柱

ほかにも諸願成就、商売繁盛、学業成就などの御利益が……

みんなのクチコミ!!

境内社の武内神社には360歳以上の長命だった武内宿禰が祀られ、オオカミ信仰の木野山神社も合祀された健康祈願のパワスポです

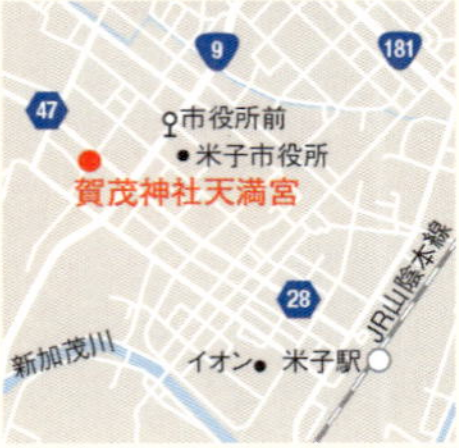

DATA
賀茂神社天満宮
創建／不詳
本殿様式／大社造変形
住所／鳥取県米子市加茂町2-212
電話／0859-22-5780
交通／JR山陰本線「米子駅」から徒歩12分、または日ノ丸バス「市役所前」から徒歩5分
参拝時間／自由
御朱印授与時間／9:00～17:00
URL https://www.kamoten.org/

神社の方からのメッセージ

授与品にはオリジナルキャラクターの「厳(いつき)くん」が一家揃って描かれています。核家族化が進み家族間が疎遠になっている昨今、日本古来からの「家族の絆」を大切にしてほしいという願いが込められています。

参拝の手順は宮水で清めてから、隣にある遥拝所を2度くぐります。東を向いて伊勢神宮や賀茂別雷神社などを遥拝し、さらに西を向いて賀茂三笠山(米子城跡)や出雲大社などを遥拝してから、拝殿へと向かいます。くぐることで所願成就の「おかげ」を頂けるそうです。

絶対行きたい
オススメ神社 2

明日への視界を良好にする勾玉《まがたま》の神様

三種の神器を作った物作りの神様をお祀りする神代からの歴史が伝わる周防国一宮です。

山口

玉祖神社

【たまのおやじんじゃ】

勾玉の紋が御幕に入る神門を抜けると境内を黒柏鶏《くろかしわけい》が闊歩していました。鳴き声で太陽神を呼ぶ力があり、天孫降臨で地上に降りてきたという伝説の鶏は、週末など天気のよい日に放し飼いされているそうです。「天岩戸神話」に登場する八坂瓊勾玉《やさかにのまがたま》を作られた御祭神は、宝石やカメラなど玉(=レンズ)を扱う業界の守護神としても知られます。悩み事で心がモヤモヤしていたら迷わず参拝し、未来への焦点をピッタリ合わせましょう。

主祭神
玉祖命《タマノオヤノミコト》

ほかにも家内安全、所願成就などの御利益が……

メガネを供養する「玉の祭」

レンズは「玉」とも読まれることから「カメラ・宝石・時計・メガネの神様」として崇敬され、毎年4月10日に近い日曜には古メガネが供養されます。例祭前夜には奉納相撲のような「占手神事」も行われます。

限定御朱印と御朱印帳はP.16・26で紹介!

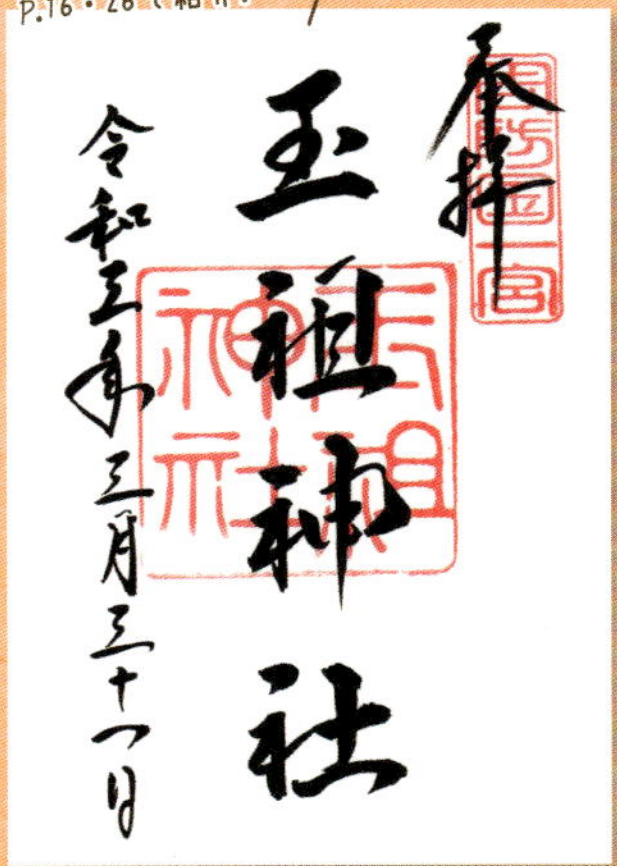

墨書/奉拝、玉祖神社　印/玉祖神社、周防国一宮　●玉祖神社の総本社です。御祭神が作られた八尺瓊勾玉は天孫降臨のときにニニギ尊に授けられた三種の神器のひとつです

お守り

左から虎目石の「天然石勾玉」(2000円)、京組紐の「結玉守」(1000円)、「勾玉守」(700円)。古来から最高の護符とされる勾玉が幸福を引き寄せてくれます

みんなのクチコミ!!

神門や拝殿には神秘的な勾玉紋が入った幕が下げられています。向拝にある扁額の文字も玉のようにまるまるとしたユニークな書体です

光沢ある羽毛の黒柏鶏は山口県と島根県でわずかに飼育されています

「黒柏肌守り」(800円)

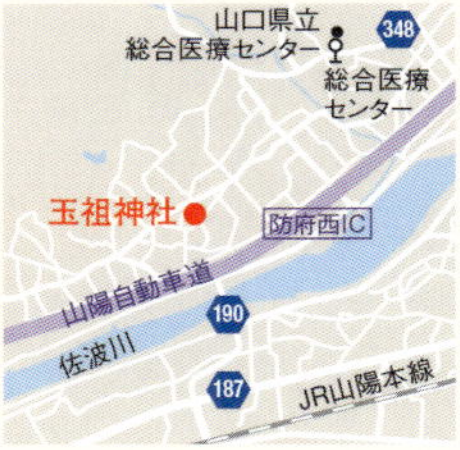

DATA
玉祖神社
創建/不詳
本殿様式/流造
住所/山口県防府市大字大崎1690
電話/0835-21-3915
交通/中国JRバス「総合医療センター」から徒歩16分
参拝時間/自由
御朱印授与時間/9:00～16:30

神社の方からのメッセージ

当社は玉祖命が高天原から最初に黒柏鶏を連れてきたという伝承が伝わる「黒柏発祥の地」です。天岩戸神話で神々が鳴かせた「常世の長鳴鳥」はこの黒柏鶏だとされ、国指定の天然記念物にもなっています。

社伝によると玉祖命がこの地でお鎮まりになったことが神社創建の由来です。神社から800mほど北にある玉の岩屋(たまのいわや)がその墳墓と推測されています。民家の軒先をくぐった田んぼの真っただ中で、石玉垣に囲まれた小さな石碑が立っています。

大陸への玄関口の守り神

島根

水若酢神社

【みずわかすじんじゃ】

日本と大陸を結ぶ海路の要衝として栄え、石器時代から黒曜石の交易地だった隠岐国の一宮です。水若酢命は勅令を受けて島の開発と防衛を司った守護神で、今も海で生きる島民たちから広く信仰を集めています。緑豊かな境内には2基の古墳も残り、太古からの島の歴史を感じさせます。

墨書／隠岐國一宮、水若酢神社　印／隠岐壱宮、水若酢神社印　●延喜式神名帳に名神大社と記されている格式の高い隠岐国の一宮です

高さ約16mの本殿は隠岐造として最大規模。大社造と春日造、神明造を合体させたような神社建築です

御朱印帳

国指定重要文化財の本殿と拝殿が描かれた御朱印帳（2000円）

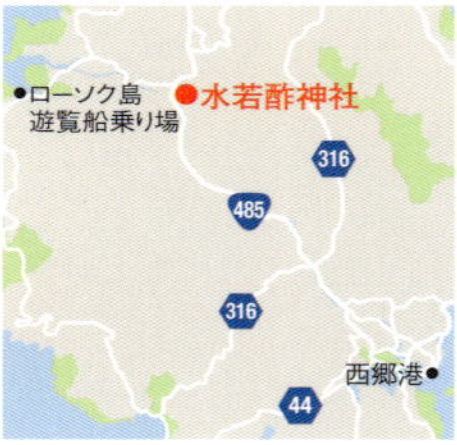

DATA

水若酢神社

創建／約1700～2000年前

本殿様式／隠岐造

住所／島根県隠岐郡隠岐の島町郡723

電話／08512-5-2123

交通／西郷港から車で20分

参拝時間／自由

御朱印授与時間／9:00～17:00

主祭神

水若酢命《ミズワカスノミコト》

ほかにも航海安全、交通安全などの御利益が……

みんなのクチコミ!!

令和の偶数年5月3日に行われる神幸祭では山車曳や流鏑馬が必見！

御祭神のオールスターが勢揃い

山口

佐波神社

【さばじんじゃ】

山口県内で唯一現存する総社です。中世に国司が管轄した地域のおもな神様をお祀りしているので天照大神や大国主命などキラ星のような24柱に一度の参拝でご挨拶できます。拝殿の右には鐘紡防府工場の守護神だったお稲荷さんもあるので、女子力や美容アップはこちらでお願いしましょう。

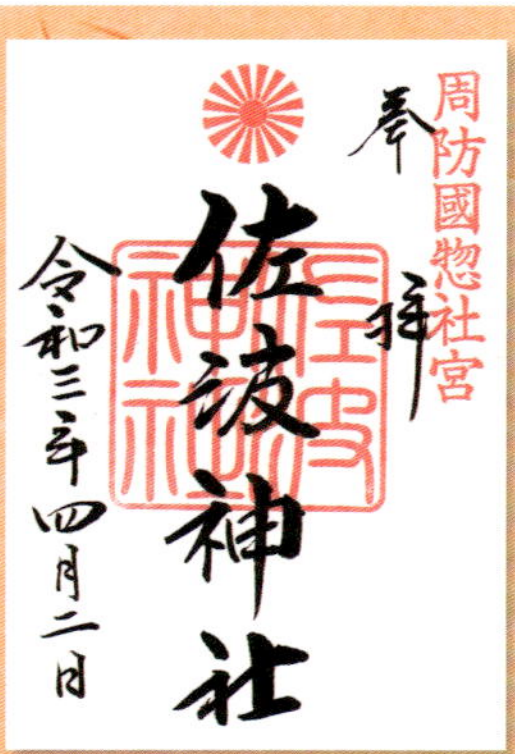

墨書／奉拝、佐波神社　印／周防國惣社宮、神紋（十六日足）、佐波神社　●宮司おひとりのお宮なので御朱印の授与は事前に電話で確認しましょう

参道右手には『同期の桜』や『防府囃子』を作曲した防府市出身の大村能章先生の歌碑も立ちます

お守り

左から御神紋が入った「肌守」、幸せを呼ぶ「さくら守」（各500円）

DATA

佐波神社

創建／不詳

本殿様式／流造

住所／山口県防府市惣社町6-2

電話／0835-22-3268

交通／JR山陽本線「防府駅」から車で8分

参拝時間／自由

御朱印授与時間／9:00～17:00

主祭神

天照皇大神《アマテラスオオミカミ》

ほかにも縁結び、商売繁盛などの御利益が……

みんなのクチコミ!!

社務所は鳥居の西側にあります。一見すると民家ですが玄関に張られたしめ縄が目印です

サイクリストならマスト参拝！

しまなみ海道沿いに祀られる自転車の神様です。耳の神様や七福神宝船などパワースポットも満載！

広島

大山神社

【おおやまじんじゃ】

小高い丘から瀬戸内の島々を見渡す、因島で最古の神社です。日本で唯一、自転車の神様をお祀りし、世界各国のサイクリストが参拝に訪れます。交通安全や旅の安全の祈祷を愛車と一緒に受けられ、盗難防止の御利益も頂ける自転車の守り神です。境内の右奥にある耳明《みみご》神社は、耳の病気回復のほか「情報の神様」としても崇敬されています。天からの声に耳を澄ませば、ITベンチャーの起業やデジタルメディアでの成功も夢ではありません。

主祭神

オオヤマヅミノオオカミ
大山積大神

ほかにも厄除け、縁結び、勝利開運、建築交通などの御利益が……

見張り台から多島美を満喫

「日本最大の海賊」として日本遺産に認定されている村上水軍。大山神社は中世に水軍の守護神として崇敬されたそうです。境内には見張り台が再現されていて瀬戸内海が望めます。

お守り

交通安全が祈願された「自転車肌御守」（1000円）。しまなみ海道を神主と巫女が疾走する絵柄です

耳明神社の祠には特殊神事で祀られたサザエの貝殻が置かれています。福耳神社や有徳神社とも呼ばれ、耳から徳が入り運が開けるそうです

みんなのクチコミ!!

ツール・ド・フランスに出場し日本人として初めて完走した別府文之選手の巨大絵馬も奉納されています。サイクリストの聖地です！

御朱印帳はP.27で紹介！

墨書／奉拝、大山神社　印／三島紋、大山神社　●社紋は分霊を勧請した日本総鎮守の大山祇神社と同じ紋です。草書体のダイナミックな墨書は神様のパワフルな御力を表します

墨書／奉拝、自転車神社　印／ハート自転車印、大山神社印　●青印は海のイメージ

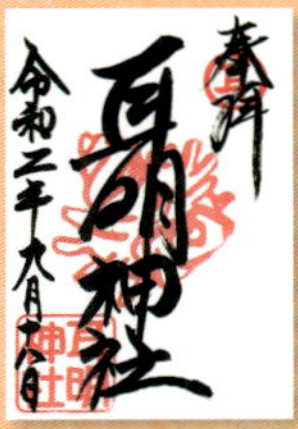

墨書／奉拝、耳明神社　印／丸耳印、サザエ、耳明神社　●サザエ印が中央に入ります！

DATA

大山神社

創建／773（宝亀4）年
本殿様式／一間社流造
住所／広島県尾道市因島土生町1424-2
電話／0845-23-6000
交通／おのみちバス「宇和部」から徒歩5分
参拝時間／9:00～17:00　御朱印授与時間／9:00～17:00（平日～16:30）
URL https://ooyama.jinja.net

神社の方からのメッセージ

サイクリストに境内の休憩所を開放したところ、欧米やアジアからの参拝も増え、自転車神社と呼ばれるようになりました。授与所には自転車関連のお守りや絵馬を各種用意しており、自転車に特化したお祓いも受けられます。

「せとうち七福神」は大山神社から、対潮院（因島）、光明坊（生口島）、向雲寺（大三島）、観音寺（伯方島）、高龍寺（大島）まで、しまなみ海道沿いに鎮座しています。大山神社では、大黒、恵美須、七福神満願印と、3種類の御朱印を頂けます。

広島

もののけの里で霊石に祈願を

太歳神社【だざいじんじゃ】

江戸時代の怪奇譚「稲《いの》生《う》物怪録《もののけろく》」の舞台となった比熊山の麓に鎮座しています。16歳の少年が妖怪と対峙する実話は、今もアニメの題材として語り継がれているのです。境内に祀られている巨大な「神籠石《こうごいし》」は神霊が降臨する磐座です。厳かにパワーを放つ霊石から強運をチャージしましょう。

墨書／奉拝、三次、太歳神社　印／もののけの里、朝霧之宮、太歳神社社務所之印　●鎮座地の三次は江戸時代に綴られた妖怪物語の舞台です

お守り

神社を舞台にしたアニメとコラボした「開運肌守」（500円）

高さ3.7mの「神籠石」には神石と刻まれています。1200年ほど前まで比熊山の山頂の祭場で御神体として信奉されました

DATA
太歳神社
創建／808（大同3）年
本殿様式／三間社入母屋造
住所／広島県三次市三次町1112-2
電話／0824-62-3732
交通／備北交通バス「太才神社」から徒歩1分
参拝時間／自由
御朱印授与時間／10:00〜16:00

主祭神
木花佐久夜毘売命《コノハナサクヤヒメノミコト》

ほかにも安産、子授け、美容などの御利益が……

みんなのクチコミ!!

比熊山山頂には「稲生物怪録」で触れると死ぬとされた「たたり石」があります。境内から30分

広島

元気をチャージする龍脈の宮

早稲田神社【わせだじんじゃ】

神社が鎮座する牛田山は龍の形をした「龍脈」といわれています。龍脈とは地中を流れているエネルギーの通り道のこと。まさに大地の気がみなぎるパワースポットなのです。お祀りする八幡三神のなかでも特に母神のお力が強いとされ、新たな一歩を踏み出す女性を力強くサポートします。

墨書／安藝國牛田鎮座、垚乃宮、早稲田神社　印／注連縄、三つ巴紋、早稲田神社、早稲田神社参拝記念　●毎月1日に月替わり御朱印も頒布しています

お守り

「稲穂御守」（700円）。実りある人生になるように祈願されています

御神木のヤマモモは原爆の爆風にも耐えたもの。神霊が宿るとされ、古来からの信仰の対象となっています

DATA
早稲田神社
創建／1511（永正8）年
本殿様式／神明造
住所／広島県広島市東区牛田早稲田2-7-38
電話／082-221-1885
交通／広電バス「牛田旭」から徒歩3分
参拝時間／自由
御朱印授与時間／9:00〜17:00
URL https://wasedajinja.jp/

主祭神
帯中津日子命《タラシナカツヒコノミコト》
品陀和気命《ホンダワケノミコト》　生長帯日売命《オキナガタラシヒメノミコト》

ほかにも旅行安全、諸芸成就などの御利益が……

みんなのクチコミ!!

境内には弥生時代の墳墓があり、縄文時代の出土品も展示されています

名工も崇敬する備前焼の神様

岡山

天津神社

【あまつじんじゃ】

備前焼の郷として知られる伊部《いんべ》地区の氏神様は随身門、狛犬、陶板を敷き詰めた参道など境内は備前焼で埋め尽くされています。窯元作家の奉納品も置かれまるで野外美術館のよう！　御祭神は医薬の神と学問の神様なので就活や進学を成功へ導き、技術の上達を願って職人さんも参拝に訪れます。

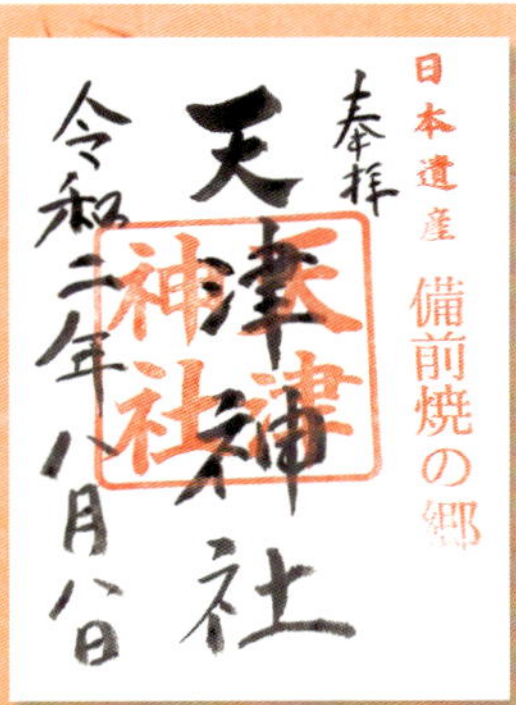

墨書／奉拝、天津神社　印／日本遺産備前焼の郷、天津神社　●備前焼は「日本六古窯」として日本遺産に認定されています。御朱印は神門の脇にある宮司宅で頂けます

絵馬

医療の神・神農さんが描かれた「備前焼絵馬」（1000円）

お守り

「左馬健康守り」（500円）には健康に恵まれる「左馬」と記された備前焼を封入しています

参道や社殿の塀は備前焼作家の陶板が埋め込まれています。人間国宝の作品も探してみましょう

DATA

天津神社

創建／不詳
本殿様式／神明造
住所／岡山県備前市伊部629
電話／0869-64-2738
交通／JR赤穂線「伊部駅」から徒歩10分
参拝時間／自由
御朱印授与時間／9:00～17:00頃（神職不在の場合もあり）

主祭神

少彦名命《スクナヒコノミコト》
菅原道真公《スガワラミチザネコウ》　天太玉命《アメノフトタマノミコト》

ほかにも病気平癒、学業成就などの御利益が……

みんなのクチコミ!!

随身門の壁面は備前焼の陶板で美しく装飾された芸術作品です！

龍神様と家康公のダブルパワー

岡山

玉井宮東照宮

【たまいぐうとうしょうぐう】

龍神様を祀る玉井宮と家康公を奉斎する東照宮が合わせて鎮まります。玉井宮は病気で苦しむ人々を治癒し死者をも蘇生させたことが創建由緒。勝負運の神徳をもつ家康公も薬師如来の生まれ変わりとされる病気平癒の神様です。けがの回復や体調に不安があれば迷わず参拝しましょう。

御朱印帳はP.23で紹介！

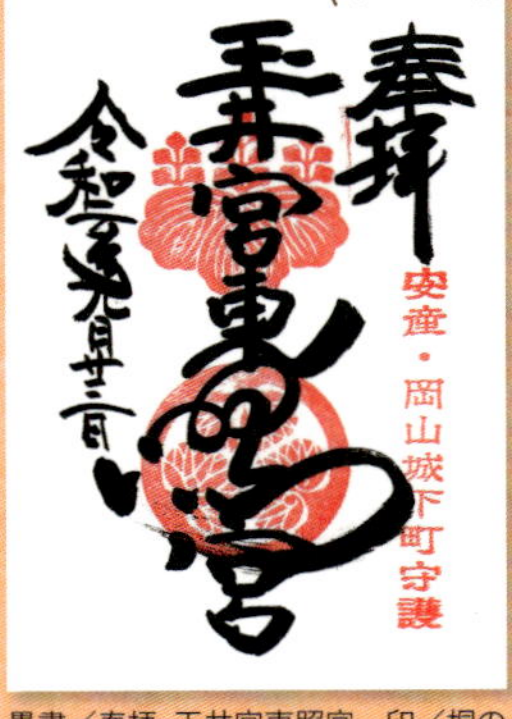

墨書／奉拝、玉井宮東照宮　印／桐の御紋、三つ葉葵紋、安産・岡山城下町守護　●天を駆ける龍のような筆使いが印象的です

本殿の奥には龍神を祀るふたつの境内社があります。左手の白龍社では厄除けや病気回復を、右手の金龍社では金運アップをお願いしましょう

「パンツ守り」（500円）には女性の無病息災が祈願されています

お守り

路面電車の滑り止め砂が封入された「合格行き砂守り」（1000円）

DATA

玉井宮東照宮

創建／不詳
本殿様式／三間社流造
住所／岡山県岡山市中区東山1-3-81
電話／086-272-0407
交通／両備バス「東山一丁目」から徒歩2分
参拝時間／自由
御朱印授与時間／9:00～16:00
URL https://www.tamaigutousyouguu.com/

主祭神

豊玉比売命《トヨタマヒメノミコト》　彦火々出見命《ヒコホホデミノミコト》
玉依比売命《タマヨリヒメノミコト》　徳川家康公《トクガワイエヤスコウ》

ほかにも開運厄除け、仕事運などの御利益が……

みんなのクチコミ!!

10月の龍神祭では神輿やだんじりが勇壮に町内を練り歩きます

ミステリアスな伝説が残る女性の強い味方

医療の神様を祀る神話の伝承地で、美と若さを保つアンチエイジングの御利益をお願いしましょう。

鳥取

粟嶋神社【あわしまじんじゃ】

「一寸法師」のモデルとされる少彦名命をお祀りしています。医療・温泉・酒造などで人に癒やしと安らぎを与えてくれた小さな神はこの地から不老不死の「常世《とこよ》の国」へと旅立ちました。古来から神が宿る山として信仰され187段の急な石段を健康のために毎日上り下りする人も多いのだとか。神域には人魚の肉など不思議な伝承が今も息づいています。心と体をいつまでも若々しく保ちたい女性を応援するスピリチュアルな聖地です。

主祭神

少彦名命《スクナヒコナノミコト》　大己貴命《オオナムチノミコト》
神功皇后《ジングウコウゴウ》　高皇産霊神《タカミムスヒノカミ》
神皇産霊神《カミムスヒノカミ》　菅原道真命《スガワラノミチザネノミコト》
他二柱

ほかにも病気平癒、安産子授けなどの御利益が……

悩める女性をサポートする伝説の八百姫

境内の裏側には人魚伝説の洞穴があります。人魚の肉を知らずに食べた娘は18歳から年をとらなくなったことを嘆いて800歳まで洞窟で暮らしたそうです。今も洞窟で鎮まる「八百姫」がいろいろな悩みをもつ女性を加護するパワースポットです。

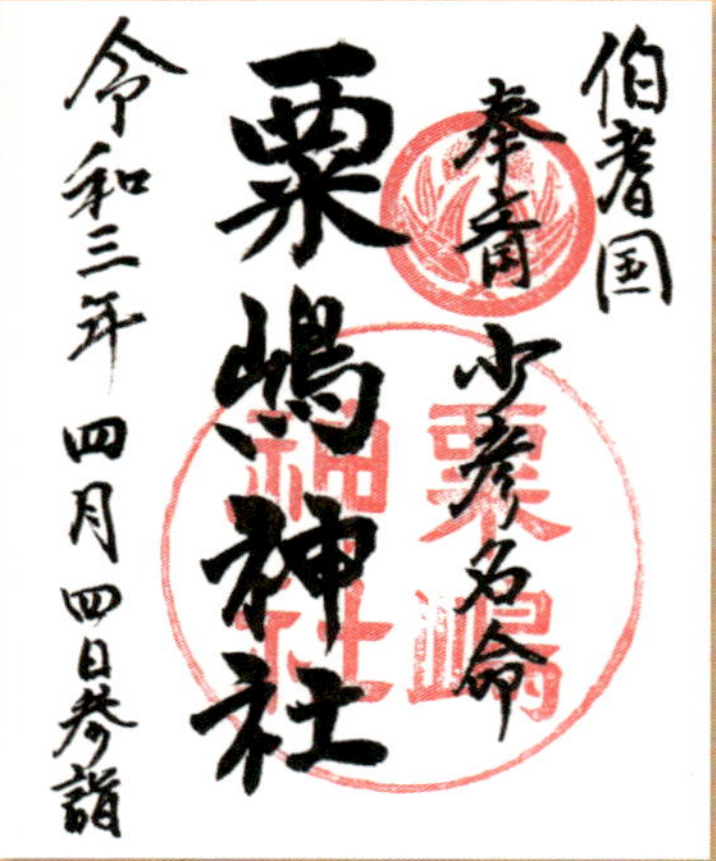

墨書／伯耆国、奉斎少彦名命、粟嶋神社　印／抱き粟紋、粟嶋神社　●「伯耆国風土記」では少彦名命は手に乗るほど小さかったため粟の穂に弾かれて常世の国へ渡ったそうです。神紋にも粟があしらわれています

この地で御祭神が最初に触った岩を祀る「お岩さん」。医療の神様に病気平癒を祈願しましょう

お守り

健康と長寿が祈願された「錦守」（600円）。医療の神が元気を授けます

山頂の遥拝所からは弓ヶ浜で随一の美景が望め、天気がよければ大山が姿を現します

みんなのクチコミ!!

砂地が続く弓ヶ浜半島ですが神社の神域には原生林が残り、米子水鳥公園も南西側に広がっています

絵馬

少彦名命「絵馬」（1000円）。錦湾からの眺望と御祭神がもたらした粟が描かれています

DATA
粟嶋神社
創建／不詳
本殿様式／大社造変形
住所／鳥取県米子市彦名町1405
電話／0859-29-3073
交通／日ノ丸バス「粟島神社前」から徒歩5分
参拝時間／自由
御朱印授与時間／9:00～17:00

神社の方からのメッセージ

神社が鎮座する山はかつて海に浮かぶ小島で「神奈備山（かんなびやま）」として信仰されました。参道から右手に回り込んだ先にある「お岩さん」は少彦名命が舟で粟嶋に上陸された最初の場所で、難病苦難の守り神です。

社殿は標高38mの小高い丘の山頂にあり、社殿の奥には少彦名命と一緒に国造りをした大国主が鎮まる出雲大社の遥拝所があります。社殿左手の丘を少し下りると東側に中海の大パノラマが広がり、伯耆富士の大山、そして伊勢神宮が遥拝できます。

城主の家紋で歴史めぐり

山陰 山陽の名城で頂ける御城印

戦国武将が群雄割拠した山陰 山陽には
各地に名城が残っています。
御朱印さんぽのついでに足を延ばして
御城印もゲットしましょう！

※記念品である「御城印」は参拝の証である神社の「御朱印」とは意味合いがまったく異なります。御朱印帳とは分けて保管しましょう

ハート型を
探して！

近世城郭を代表する国宝

松江城

全国に12城しか残っていない天守が現存する国宝の城で、煤と漆で黒く塗られた威風堂々のたたずまいが印象的。天守へと続く坂道にある「ハートの石垣」を見つけると幸せになれるそうです！

墨書／登閣記念、国宝天守、松江城　印／丸に葵紋（松平家）、星付き分銅紋（堀尾家）、平四つ目結（京極家）

DATA
住所／島根県松江市殿町1-5
電話／0852-21-4030
交通／一畑バス「国宝松江城県庁前」から徒歩5分
開館時間／8:30～18:30（10/1～3/31は～17:00）
URL https://www.matsue-castle.jp

堀は船で
めぐれます

広島のシンボル“鯉城”

広島城

毛利輝元により築城された西日本有数の規模を誇った城です。原爆で倒壊しましたが復興のシンボルとして復元され、天守閣の内部は歴史博物館になっています。お堀にすむ鯉は運気アップの出世魚です。

墨書／登城記念、広島城　印／一文字三ツ星（毛利家）、沢瀉（福島家）、違鷹羽（浅野家）

DATA
住所／広島県広島市中区基町21-1
電話／082-221-7512
交通／アストラムライン「県庁前駅」から徒歩10分
開館時間／9:00～18:00（12～2月は～17:00）
URL https://www.rijo-castle.jp/

石積みが残る城跡

鳥取城

球型に積み上げられた巻石垣など戦国時代から江戸時代にかけての遺構が圧巻です。山頂までは徒歩30分ほどなのでトレッキング気分で訪問してみましょう。麓にある白亜の洋館「仁風閣《じんぷうかく》」は国の重要文化財です。

墨書／国指定史跡、鳥取城　印／丸に揚羽蝶、角輪紋、鳥取城印
●鳥取池田家のふたつの家紋が押されます

DATA
住所／鳥取県鳥取市東町2丁目
電話／0857-26-3595（仁風閣）
交通／日ノ丸バス「西町」から徒歩7分
開館時間／火～日9:00～17:00（仁風閣）
URL https://www.tbz.or.jp/jinpuukaku

※御城印は城跡内にある「仁風閣」で購入できます。
休館日の月曜のほか年末年始もお休みです

後楽園も
見逃せない

川辺に立つ漆黒の城

岡山城

黒漆塗りの天守閣から「烏城」とも呼ばれ、旭川を隔てて北側には日本三名園の「後楽園」も広がります。城造りの名手・豊臣秀吉の指導で築城されたため、御城印には桐の紋も大きく入っています。

墨書／登城記念、岡山城　印／剣片喰と兒文字（宇喜多家）、備前蝶（池田家）、三つ巴（小早川家）、五七桐（豊臣家）

DATA
住所／岡山県岡山市北区丸の内2-3-1
電話／086-225-2096
交通／岡電バスまたは両備バスの「県庁前」から徒歩10分
開館時間／9:00～17:30（12/29～31は休館日）
URL https://okayama-castle.jp/

お寺シリーズ

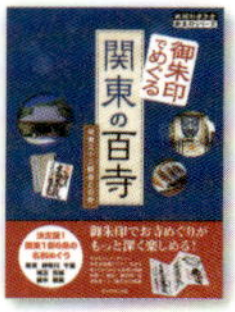

御朱印でめぐる
関東の百寺
〈坂東三十三観音と古寺〉
定価1650円(税込)

御朱印でめぐる
秩父の寺社
〈三十四観音完全掲載〉改訂版
定価1650円(税込)

御朱印でめぐる
高野山
三訂版
定価1760円(税込)

御朱印でめぐる
東京のお寺
定価1650円(税込)

御朱印でめぐる
奈良のお寺
定価1760円(税込)

御朱印でめぐる
京都のお寺
改訂版
定価1650円(税込)

御朱印でめぐる
鎌倉のお寺
〈三十三観音完全掲載〉三訂版
定価1650円(税込)

御朱印でめぐる
全国のお寺
週末開運さんぽ
定価1540円(税込)

御朱印でめぐる
茨城のお寺
定価1650円(税込)

御朱印でめぐる
東海のお寺
定価1650円(税込)

御朱印でめぐる
千葉のお寺
定価1650円(税込)

御朱印でめぐる
埼玉のお寺
定価1650円(税込)

御朱印でめぐる
神奈川のお寺
定価1650円(税込)

御朱印でめぐる
関西の百寺
〈西国三十三所と古寺〉
定価1650円(税込)

御朱印でめぐる
関西のお寺
週末開運さんぽ
定価1760円(税込)

御朱印でめぐる
東北のお寺
週末開運さんぽ
定価1650円(税込)

テーマシリーズ

寺社の凄い御朱印を
集めた本から鉄道や船の印を
まとめた1冊まで
幅広いラインアップ

御朱印でめぐる
東京の七福神
定価1540円(税込)

日本全国
この御朱印が凄い！
第弐集 都道府県網羅版
定価1650円(税込)

日本全国
この御朱印が凄い！
第壱集 増補改訂版
定価1650円(税込)

一生に一度は参りたい！
御朱印でめぐる
全国の絶景寺社図鑑
定価2497円(税込)

日本全国
日本酒でめぐる酒蔵
&ちょこっと御朱印〈西日本編〉
定価1760円(税込)

日本全国
日本酒でめぐる酒蔵
&ちょこっと御朱印〈東日本編〉
定価1760円(税込)

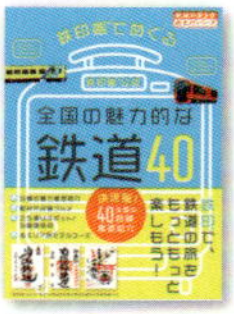

鉄印帳でめぐる
全国の魅力的な鉄道40
定価1650円(税込)

御船印でめぐる
全国の魅力的な船旅
定価1650円(税込)

関東版ねこの御朱印&
お守りめぐり
週末開運にゃんさんぽ
定価1760円(税込)

日本全国ねこの御朱印&
お守りめぐり
週末開運にゃんさんぽ
定価1760円(税込)

沿線シリーズ

人気の沿線の
魅力的な寺社を紹介。
エリアやテーマ別の
おすすめプランなど
内容充実

御朱印でめぐる
東急線沿線の寺社
週末開運さんぽ
定価1540円(税込)

御朱印でめぐる
中央線沿線の寺社
週末開運さんぽ
定価1540円(税込)

聖地シリーズ

山・森・水・町・島の
聖地として
お寺と神社を紹介

御朱印でめぐる
全国の寺社 聖地編
週末開運さんぽ
定価1760円(税込)

御朱印でめぐる
関東の寺社 聖地編
週末開運さんぽ
定価1760円(税込)

www.arukikata.co.jp/goshuin/ 検索

地球の歩き方　御朱印シリーズ 28

御朱印でめぐる山陰 山陽の神社　週末開運さんぽ　改訂版
2025年3月18日　初版第1刷発行

著作編集 ● 地球の歩き方編集室

発行人 ● 新井邦弘
編集人 ● 由良暁世
発行所 ● 株式会社地球の歩き方　　　　　発売元 ● 株式会社Gakken
　　　　〒141-8425　東京都品川区西五反田 2-11-8　　　〒141-8416　東京都品川区西五反田 2-11-8

印刷 ● 大日本印刷株式会社

企画・編集 ● 小高雅彦〔有限会社シエスタ〕
執筆 ● 小高雅彦、土屋朋代、免田結真
デザイン ● 又吉るみ子、伊藤和美、大井洋司〔MEGA STUDIO〕
イラスト ● ANNA、湯浅祐子〔株式会社ワンダーランド〕
DTP ● 株式会社ダイヤモンド・グラフィック社
マップ制作 ● 有限会社どんぐり・はうす
撮影 ● 小高雅彦、土屋朋代
校正 ● ひらたちやこ
監修 ● 株式会社ワンダーランド
取材協力 ● 島根県観光連盟、隠岐の島町観光協会、西ノ島町観光協会、広島県観光連盟
写真協力 ● iStock、島根県、山口県、広島県、岡山県、鳥取県、南部町観光協会、三戸良彦
編集・制作担当 ● 松崎恵子

●本書の内容について、ご意見・ご感想はこちらまで
〒141-8425 東京都品川区西五反田 2-11-8
株式会社地球の歩き方
地球の歩き方サービスデスク「御朱印でめぐる山陰 山陽の神社　週末開運さんぽ　改訂版」投稿係
URL▶ https://www.arukikata.co.jp/guidebook/toukou.html
地球の歩き方ホームページ（海外・国内旅行の総合情報）
URL▶ https://www.arukikata.co.jp/
ガイドブック『地球の歩き方』公式サイト
URL▶ https://www.arukikata.co.jp/guidebook/

発行後に初穂料や参拝時間などが変更になる場合がありますのでご了承ください。
更新・訂正情報：https://www.arukikata.co.jp/news/support/

●この本に関する各種お問い合わせ先
・本の内容については、下記サイトのお問い合わせフォームよりお願いします。
　URL▶ https://www.arukikata.co.jp/guidebook/contact.html
・在庫については　Tel▶ 03-6431-1250（販売部）
・不良品（落丁、乱丁）については　Tel▶ 0570-000577
　学研業務センター　〒354-0045　埼玉県入間郡三芳町上富 279-1
・上記以外のお問い合わせは　Tel▶ 0570-056-710（学研グループ総合案内）
© Arukikata. Co., Ltd.
本書の無断転載、複製、複写（コピー）、翻訳を禁じます。
本書を代行業者等の第三者に依頼してスキャンやデジタル化することは、たとえ個人
や家庭内の利用であっても、著作権法上、認められておりません。
All rights reserved. No part of this publication may be reproduced or used in any
form or by any means, graphic, electronic or mechanical, including photocopying,
without written permission of the publisher.
※本書は 2021 年 7 月に初版発行したものの最新・改訂版です。

学研グループの書籍・雑誌についての新刊情報・詳細情報は、下記をご覧ください。
学研出版サイト　▶ https://hon.gakken.jp/
地球の歩き方　御朱印シリーズ　https://www.arukikata.co.jp/goshuin/

読者プレゼント
ウェブアンケートにお答えいただい
た方のなかから抽選で毎月3名の方
にすてきな賞品をプレゼントします！
詳しくは下記の二次元コード、また
はウェブサイトをチェック。

URL▶ https://arukikata.jp/gshues